한 번에 합격,
자격증은 이기적

이렇게
기막힌
적중률

KB191923

자격증 독학, 어렵지 않다!
수험생 합격 전담마크

이기적 스터디 카페

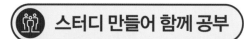 스터디 만들어 함께 공부

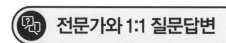 전문가와 1:1 질문답변

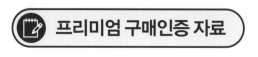 프리미엄 구매인증 자료

 365일 진행되는 이벤트

이기적 스터디 카페 🔍

인증만 하면, 고퀄리티 강의가 무료!

100% 무료 강의

STEP **1**
이기적
홈페이지
접속하기

STEP **2**
무료동영상
게시판에서
과목 선택하기

STEP **3**
ISBN 코드
입력 & 단어
인증하기

STEP **4**
이기적이 준비한
명품 강의로
본격 학습하기

영진닷컴 이기적

1년 365일 이기적이 쏜다!

365일 진행되는 이벤트에 참여하고 다양한 혜택을 누리세요.

EVENT ❶

기출문제 복원

- 이기적 독자 수험생 대상
- 응시일로부터 7일 이내 시험만 가능
- 스터디 카페의 링크 클릭하여 제보

이벤트 자세히 보기 ▶

EVENT ❷

합격 후기 작성

- 이기적 스터디 카페의 가이드 준수
- 네이버 카페 또는 개인 SNS에 등록 후
  이기적 스터디 카페에 인증

이벤트 자세히 보기 ▶

EVENT ❸

온라인 서점 리뷰

- 온라인 서점 구매자 대상
- 한줄평 또는 텍스트 & 포토리뷰 작성 후
  이기적 스터디 카페에 인증

이벤트 자세히 보기 ▶

EVENT ❹

정오표 제보

- 이름, 연락처 필수 기재
- 도서명, 페이지, 수정사항 작성
- book2@youngjin.com으로 제보

이벤트 자세히 보기 ▶

N Pay 20,000원
네이버페이 포인트 쿠폰

영진닷컴 쇼핑몰 30,000원

- N페이 포인트 5,000~20,000원 지급
- 영진닷컴 쇼핑몰 30,000원 적립
- 30,000원 미만의 영진닷컴 도서 증정

※이벤트별 혜택은 변경될 수 있으므로 자세한 내용은 해당 QR을 참고하세요.

이렇게
기막힌
적중률

SW코딩자격 엔트리
2급(3급 포함)

"이" 한 권으로 합격의 "기적"을 경험하세요!

YoungJin.com Y.
영진닷컴

이 책의 차례

PART 01   기본기능 익히기

PART 02   출제유형 익히기

이 책의 구성

❶ 기본기능 익히기

엔트리 프로그램을 처음 사용하는 수험생들을 위해 프로그램 설치부터 자세하게 설명했습니다. 엔트리를 처음 실행했을 때 당황하지 않도록 파일을 열고 저장하는 방법을 따라해보고 기본화면이 어떻게 구성되어 있는지 차근차근 알아보세요.

❷ 출제유형 익히기

이제 시험에 문제들이 어떻게 출제되는지 알아볼까요? 문항 번호 순서대로 따라하면서 출제유형을 파악할 수 있습니다. 2급과 3급 출제유형이 같은 듯 다른 듯 하지만 엔트리를 공부하면서 모두 알아두면 좋은 기능들입니다.

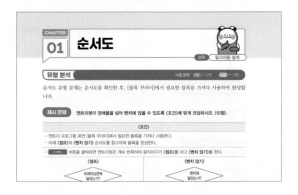

❸ 공개문제 따라하기

무료 동영상 강의와 함께 실제 시행처에서 공개한 문제를 풀어보세요. 이전까지 기능별로 따로 공부한 문제들을 2급과 3급 문제로 나눠서 풀어볼 수 있습니다. 따라하다가 이해가 어려운 부분은 동영상 강의와 이기적 스터디 카페를 활용해 보세요.

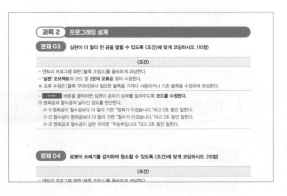

❹ 출제예상문제 풀어보기

실제 시험을 보는 것처럼 출제예상문제를 풀어볼 수 있습니다. 시험 시간에 맞춰 문제를 풀어보고 정답 파일과 비교해 보면서 실력을 점검해 보세요. 2급과 3급 문제로 나누어져 있으니, 시험을 보려는 급수에 맞게 문제를 풀 수 있습니다.

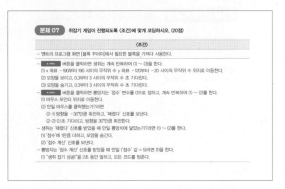

학습 파일 다운로드

❶ 이기적 홈페이지 회원가입하기

영진닷컴 이기적 홈페이지(https://license.youngjin.com)에 접속하여 회원가입을 해주세요. 이미 회원가입이 되어 있다면 다음 단계로 넘어가 주세요.

❷ 이기적 홈페이지 로그인하기

회원가입을 완료했다면 가입하신 아이디와 비밀번호로 로그인을 해주세요.

❸ [자료실] - [기타] 게시판 접속하기

메뉴 가운데에 있는 [자료실] 게시판에 마우스를 가져가면 아래로 과목 게시판이 열립니다. [기타] 게시판을 클릭해 주세요.

❹ 학습 자료 다운로드하기

[7646] 이기적 SW코딩자격 2급(3급 포함)(엔트리) 게시글을 클릭해서 들어가 주세요. 상단의 '첨부파일'의 내용을 클릭해서 저장하신 후, 압축을 풀면 도서를 공부하면서 필요한 학습 자료를 사용할 수 있습니다.

시험의 모든 것

STEP 01 응시 자격 조건 확인하기

- 제한 없음
- 시행처 다시 한번 확인

STEP 02 SW코딩자격 시험 접수하기

- 한국생산성본부(license.kpc.or.kr)
- 엔트리 offline v2.1.18

STEP 03 시험 응시하기

- 시험 입실 시간 확인
- 신분증, 수험표, 기타 준비물 지참

STEP 04 합격자 발표 확인하기

- 100점 만점에 70점 이상
- license.kpc.or.kr에서 발표

❶ SW코딩자격이란?

디지털 시대의 미래 인재 핵심 역량인 컴퓨팅 사고력을 평가하기 위한 자격시험입니다.

❷ SW코딩자격의 특징

① 전문 자격기관인 한국생산성본부에서 시행하는 자격

- 산업발전법에 의거하여 설립된 한국생산성본부에서 시행
- 공정성, 객관성, 신뢰성을 갖춘 자격시험

② 컴퓨팅 사고력 기반 문제해결능력을 평가하기 위한 자격

- 코딩을 통하여 컴퓨팅 사고력을 신장시킬 수 있도록 과정을 구성
- 단순·반복식 코딩 기술(skill) 평가를 지양하며, 상황 기반(context-based)의 창의적 문제 해결력 평가

③ 취득을 위한 자격이 아닌 활용을 위한 자격

- 자격 취득이 목표인 시험 지양
- 학습 과정을 통해 학습자가 4차 산업혁명기의 시대 선도적 역량을 키울 수 있도록 하기 위한 자격 지향

❸ 시행처

- 한국생산성본부
- license.kpc.or.kr

❹ 응시 자격

- 제한 없음
- 반드시 시행처 확인

❺ 시험 프로그램

엔트리 offline v2.1.18

➏ 시험 과목 및 시험 시간

구분	과목	시험 시간
2급	알고리즘 설계	45분
3급	프로그래밍 설계	

➐ 출제 범위

| 문항 번호 | 2급 | | 3급 | |
	문항 유형	배점	문항 유형	배짐
1	순서도	각 10점	순서도	각 10점
2	순서도		순서도	
3	오류 수정		주어진 블록 조합하기	
4	오류 수정		주어진 블록 조합하기	
5	미완성 부분 코딩		주어진 블록 조합하기	
6	미완성 부분 코딩		미완성 부분 코딩	
7	전체 코딩	각 20점	전체 코딩	각 20점
8	전체 코딩 *리스트		전체 코딩	

➑ 합격 기준

- 100점 만점에 70점 이상
- license.kpc.or.kr에서 합격자 발표

저자의 말

미래인재 핵심 역량을 키우는 것은 이미 국가 경쟁력의 중요한 사안으로 주목받고 있습니다. 실생활의 여러 문제를 컴퓨팅 사고력(CT : Computational Thinking)을 통해 창의적으로 해결하는 능력을 키움으로써 그 역량을 키워갈 수 있다는 인식의 결과, 이미 세계 각국에서는 코딩 교육을 공교육 과정으로 앞다투어 도입하여 가르치고 있습니다. 우리나라 역시 2018년을 기점으로 공교육에서 코딩 교육을 의무 과정으로 시작하게 되었습니다. 이에 한국생산성본부(KPC : Korea Productivity Center)는 디지털 시대의 미래인재 핵심 역량인 컴퓨팅 사고력 배양의 저변을 확대할 수 있도록 일찍이 자격시험을 마련하여 운영해 왔습니다. 즉, 2017년에 'SW코딩자격'이 처음으로 시작된 이후, 많은 수험자들이 'SW코딩자격'에 관심을 가지고 응시하였으며, 매년 꾸준히 높은 참여율을 보였습니다.

이 책은 SW코딩자격 시험을 준비하는 학습자들이 실전에 대비할 수 있도록, 실제 시험과 유사한 방식으로 구성되었습니다. 새롭게 개편된 문제 유형들에 대한 충분한 이해를 돕기 위해, 각 문제 유형에 대한 자세한 설명이 포함되어 있어 학습자가 문제를 보다 명확히 이해할 수 있도록 설계되었습니다. 또한, 공개된 샘플 문제들을 꼼꼼히 분석하여, 학습자가 단계적으로 문제 풀이 과정을 따라갈 수 있도록 친절하고 상세한 해설을 추가하였습니다. 이러한 설명을 읽어가며 문제 풀이 과정을 하나씩 이해하며 해결해 보시기 바랍니다. 필요한 핵심 개념을 자연스럽게 익힐 수 있도록 구성하여 초보자도 자신감을 가지고 학습을 이어갈 수 있을 것입니다. 시험을 앞두고, 실력을 더욱 탄탄히 다질 수 있도록 다양한 출제 예상 문제를 수록하였습니다. 이를 통해 학습자는 시험 전에 충분한 연습과 함께 자신감을 쌓을 수 있을 것입니다. 이 책은 단순히 문제를 푸는 데 그치지 않고, 시험에 대한 전략적 접근과 실전 감각을 높여줄 수 있는 든든한 가이드 역할을 할 것입니다. SW코딩자격 시험의 성공적인 결과를 목표로 하는 모든 수험자에게 필수적인 학습 자료가 될 것이라 여겨집니다.

학습 과정을 통해 여러분은 단순히 시험 대비를 넘어, 실생활과 학습에서 유용하게 활용할 수 있는 사고력과 창의력을 기를 수 있을 것입니다. 또한, 이 책은 합격을 위한 가장 정확하고 효과적인 길잡이가 되어드릴 것을 약속드립니다. 공부를 하며 때로는 어려움을 느끼더라도, 그것이 성장의 과정임을 믿으시고 끝까지 도전하시길 바랍니다. 시험을 준비하시는 모든 분들께 힘찬 응원의 메시지를 전합니다.

감사합니다.

저자 최경희, 이민경

PART 01

기본기능
익히기

CHAPTER 01 엔트리 오프라인 설치

SW코딩자격 시험(엔트리)은 엔트리 2.1.18 데스크탑 버전을 사용하고 있습니다. 이에 맞게 도서는 2.1.18 버전을 기준으로 구성되었습니다.

① 다운로드 하기

❶ 엔트리를 설치하기 위해 엔트리 홈페이지 (https://playentry.org/)에 접속합니다.

❷ 엔트리 메인 로고에 마우스 포인터를 위치시키고 [다운로드]를 선택합니다.

❸ 엔트리 오프라인 프로그램에서 사용하고 있는 운영체제를 선택하여 설치 파일을 다운로드합니다.

② 설치하기

❶ 다운로드한 설치 파일을 실행하여 엔트리 설치 창을 엽니다.

❷ 설치하려는 구성 요소를 선택하고 [다음]을 클릭합니다.

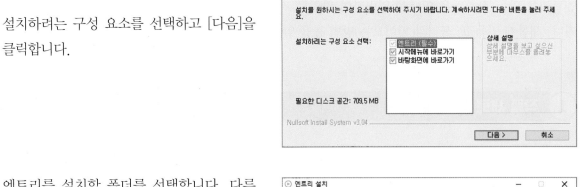

❸ 엔트리를 설치할 폴더를 선택합니다. 다른 폴더에 설치하고 싶다면 [찾아보기]를 클릭하여 원하는 폴더를 지정합니다.

❹ 설치할 폴더를 선택하였으면 [설치]를 클릭합니다. 엔트리 설치가 시작됩니다.

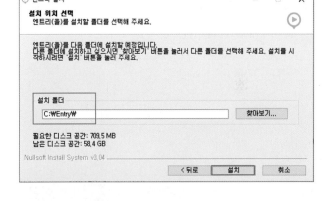

❺ 엔트리 설치가 완료되었으면 '엔트리 실행하기'를 체크하고 [마침]을 클릭합니다.

❻ 엔트리 오프라인 버전이 실행되었습니다.

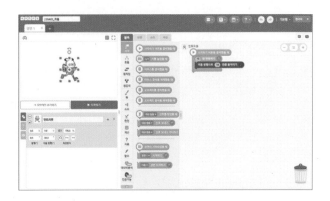

파일 열기 및 저장

엔트리로 만든 작품들은 이름을 입력하여 파일로 저장할 수 있습니다. 엔트리 작품을 컴퓨터에 저장하거나, 새롭게 만들고, 불러와 열어보는 방법 등을 알아봅시다.

1 작품 새로 만들기

작품을 새롭게 만들고 싶다면 다음과 같은 방법들 중 하나를 사용해 시작하도록 합니다.

❶ 엔트리 화면의 맨 위 왼쪽에 위치한 [파일(파일)] 메뉴를 눌러 [새로 만들기]를 선택합니다.

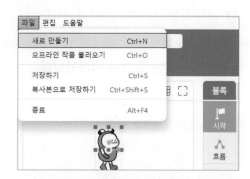

❷ 엔트리 화면 위 오른쪽에 [파일(▤·)] 아이콘 메뉴를 눌러 [새로 만들기] 선택합니다.

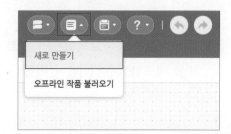

② 작품 불러오기

컴퓨터에 저장해 둔 다른 엔트리 작품을 불러와 사용해 봅시다. 다음과 같은 방법들 중 하나를 사용해 작품을 불러옵니다.

❶ 엔트리 화면의 맨 위 왼쪽에 위치한 [파일([파일])] 메뉴의 [오프라인 작품 불러오기] 선택합니다.

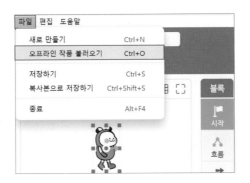

❷ 엔트리 화면 위 오른쪽에 [파일([□])] 아이콘 메뉴를 눌러 [오프라인 작품 불러오기] 선택합니다.

작품을 다 만든 후 저장할 때에는 [저장하기]와 [복사본으로 저장하기]를 구분해 저장합니다. 만일 원본은 그대로 두고 지금 작업 중인 작품을 복사본으로 한 개 더 저장하고 싶다면 [복사본으로 저장하기]를 선택해 저장합니다. 이름을 다르게 해서 저장해야 원본을 덮어쓰지 않고 별도로 저장됩니다.

▶ **저장하기**

다음과 같은 방법들 중 하나를 사용해 작품을 저장합니다.

❶ 엔트리 화면의 맨 위 왼쪽에 위치한 [파일(파일)] 메뉴의 [저장하기]를 눌러 작품을 컴퓨터에 저장합니다.

❷ 엔트리 화면 위 오른쪽에 [저장하기(🖫▾)] 아이콘 메뉴를 눌러 [저장하기] 선택합니다.

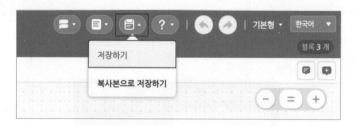

[저장하기 메뉴]

▶ **복사본으로 저장하기**

다음과 같은 방법들 중 하나를 사용해 작품을 복사본으로 저장합니다.

❶ [파일(파일)] 메뉴의 [복사본으로 저장하기]를 눌러 별도의 파일로 저장합니다.

❷ 엔트리 화면 위 오른쪽에 [저장하기(🖫▾)]를 눌러 [복사본으로 저장하기] 선택하여 복사본으로 저장합니다.

.... **Tip**

저장하기로 저장하면 원래 있던 원본이 바뀐 내용으로 저장됩니다. 반면에 복사본으로 저장하면, 불러온 원래 파일의 내용이 그대로 유지되어 파일이 하나 그대로 있고, 새로 변경된 내용으로 새로운 파일이 생성되어 저장됩니다.

CHAPTER 03

엔트리 기본화면 구성

엔트리 오프라인 프로그램을 설치한 후 엔트리를 실행해 봅시다. 엔트리 기본화면 구성은 다음과 같이 영역을 구분하여 살펴볼 수 있습니다.

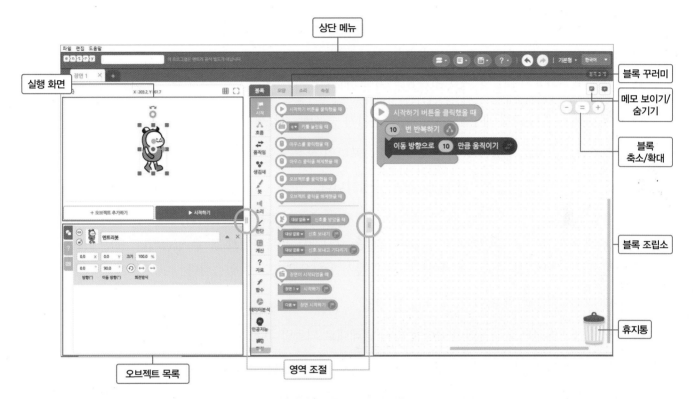

[엔트리 기본화면 구성 안내]

① 상단 메뉴

엔트리 기본화면 구성 중 상단 메뉴의 각 기능을 살펴봅시다.

[엔트리 상단 메뉴]

❶ 엔트리 로고 : 엔트리 로고가 표시됩니다.

❷ 작품 이름 : 작품의 이름을 다른 이름으로 변경 가능합니다.

❸ 언어 선택 : [블록 코딩]과 [엔트리파이선] 두 가지 중 선택 가능합니다.

❹ 파일 : 작품을 새로 만들거나 저장해 두었던 오프라인 작품을 불러올 수 있습니다.

❺ 저장하기 : 작품을 저장하거나 복사본으로 저장합니다.

❻ 도움말 : [블록 도움말] 선택 후 각 블록을 선택하면 해당 블록을 설명합니다. [하드웨어 연결 안내]
를 선택하고, 블록을 클릭하면 해당 블록 설명을 오브젝트 목록창에서 볼 수 있습니다. 또한 [엔트리
파이선 이용 안내]를 선택하면 가이드와 예제 문서를 다운로드할 수 있습니다.

❼ 입력 취소 : 작업을 바로 이전으로 되돌립니다.

❽ 다시 실행 : 이전으로 되돌렸던 작업을 다시 원래대로 되돌립니다.

❾ 기본형/교과형 : [기본형]과 [교과형(실과)] 두 가지 중 선택 가능합니다.

❿ 언어 : 엔트리 프로그램의 사용 언어를 한국어, English 중에서 선택할 수 있습니다.

실행 화면은 오브젝트의 실행 모습을 보여주는 곳입니다. 구성 내용을 알아봅시다.

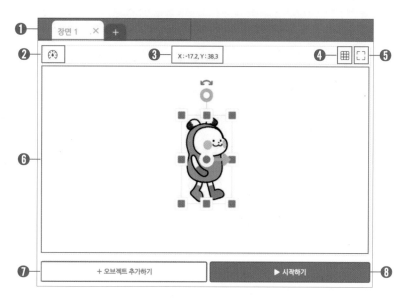

[엔트리 실행 화면 구성]

❶ 장면 추가 : 엔트리 작품은 한 개 이상의 장면으로 구성할 수 있습니다. 장면1 탭 옆의 [장면추가(+)]를 누르면 새로운 장면을 만들 수 있습니다. 장면 탭 위에 마우스 포인터를 두고 마우스 오른쪽 버튼을 눌러 장면을 똑같이 복제해 사용할 수도 있습니다. 또한 각 장면 탭의 장면이름 위에 커서를 놓고 클릭하면 장면이름을 수정할 수 있습니다. 각 장면마다 오브젝트 목록을 다르게 추가해 넣을 수 있습니다. 그러나 한 작품 안에 있는 여러 장면들은 작품에 만들어 놓은 신호, 변수, 리스트, 함수를 함께 사용할 수 있습니다.

❷ 속도 조절 : 속도 조절을 누르면 모양이 아래와 같이 바뀝니다. 왼쪽 연한 색부터 오른쪽 진한 색까지 총 다섯 단계로 구분되어 있으며, 원하는 속도로 지정하면 [시작하기(▶ 시작하기)]를 눌렀을 때 작품의 실행속도를 원하는 빠르기로 볼 수 있습니다.

[속도 조절하기]

❸ 마우스 포인터의 좌표 : 마우스 포인터가 놓인 위치에 따라 좌표 값을 보여줍니다. 엔트리 화면의 좌표 값은 실행화면의 정가운데를 중심으로 하여 x=0, y=0으로 합니다. 화면의 가로는 x축 방향으로 −240~240을 화면의 세로 방향인 y축은 −135~135의 좌표 값을 지닙니다.

❹ 모눈종이 : 실행화면 안에서 오브젝트 위치 좌표를 한눈에 파악하고자 할 때 [모눈종이(▦)] 버튼을 누르면 편리합니다. 모눈종이를 실행하면 실행 화면이 아래와 같이 나타납니다. [모눈종이(▦)] 버튼을 한 번 더 누르면 모눈종이가 사라진 화면으로 되돌아갑니다.

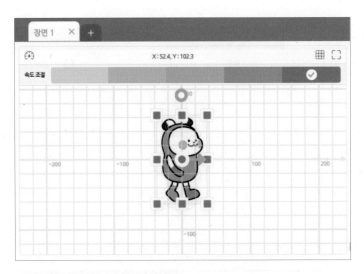

[엔트리 실행화면 좌표 : 모눈종이]

❺ 화면 확대 : [화면 확대(⛶)] 버튼을 누르면 실행 화면이 전체 화면으로 커집니다. 전체 화면으로 커진 상태에서 다시 [화면 축소(✛)]를 누르면 원래 크기로 돌아옵니다.

❻ 실행 화면 : 실행 화면은 오브젝트들이 블록을 조립하여 명령 코드를 작성한 대로 실행되어 나타나는 것을 확인하는 영역입니다. 엔트리의 실행 화면은 가로 480, 세로 270의 크기입니다.

❼ 오브젝트 추가하기 : 오브젝트란 실행화면에 사용되는 그림과 글씨들을 말합니다. [오브젝트 추가하기(+ 오브젝트 추가하기)]를 눌러 그림이나 글상자를 추가할 수 있습니다.

❽ 시작하기 : [시작하기(▶ 시작하기)]를 누르면 명령한 대로 오브젝트들이 실행 화면에서 움직입니다. 실행 중일 때 [정지하기(■ 정지하기)] 버튼을 누르면 다시 원래 창으로 돌아가고 실행을 멈춥니다. 코드를 수정하는 것은 실행 중일 때는 불가능하므로, 실행을 정지한 후 수정하도록 합니다.

엔트리 기본화면의 가운데 부분에 블록 꾸러미가 있습니다. 블록 꾸러미에는 4개의 탭이 있습니다. 오브젝트 목록 중 현재 선택되어 있는 것이 그림 오브젝트인 경우에는 블록, 모양, 소리, 속성 4개의 탭을 사용할 수 있습니다. 또한, 글상자 오브젝트인 경우에는 블록, 글상자, 소리, 속성으로 탭의 구성이 바뀝니다.

[그림 오브젝트의 블록 꾸러미 탭]

[글상자 오브젝트의 블록 꾸러미 탭]

❶ 블록 탭 : 블록들이 카테고리별로 분류되어 들어 있습니다. 색깔별로 구분되므로, 조금만 사용해 보면 해당 블록이 어느 카테고리에 들어있는지는 쉽게 찾을 수 있습니다.

❷ 모양 탭/글상자 탭 : 오브젝트가 그림인 경우 모양 탭으로 나타나고, 오브젝트가 글상자인 경우 글상자 탭으로 바뀝니다. 모양 탭의 경우 모양을 추가하거나 이름을 변경할 수 있고, 글상자 탭인 경우 글의 색이나 서체 내용 등을 변경할 수 있습니다.

❸ 소리 탭 : 엔트리가 제공하는 소리 파일을 가져올 수도 있고, 컴퓨터에 있는 소리 파일을 업로드 하여 사용할 수도 있습니다.

❹ 속성 탭 : 신호, 변수, 리스트, 함수 등을 추가할 수 있습니다.

엔트리를 활용하면, 코드를 작성하기 위해 어렵게 문법이나 규칙 등을 배우지 않아도 장난감을 조립하듯 블록들을 조립하여 쉽게 프로그램을 만들 수 있습니다. 블록 꾸러미에 있는 블록들을 블록 조립소로 가져와 코드를 작성하는 방법을 간단히 살펴봅시다.

▶ 조립하기

원하는 블록을 블록 꾸러미에서 마우스로 끌고 와서, 블록 조립소의 다른 블록 아래에 붙여 조립합니다.

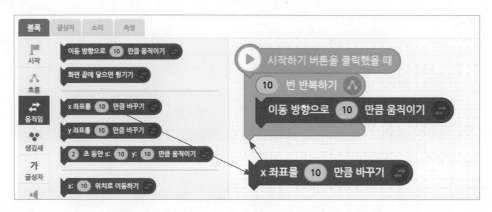

[블록 조립하기]

[흐름(⋀)] 카테고리에 있는 육각형 모양 안에는 [판단(✔)] 카테고리에 있는 육각형 모양의 블록들을 넣을 수 있습니다. 주로 참인지 거짓인지를 판단하는 블록을 결합합니다. 또한 원 모양 안에는 변수 등의 자료값을 넣어 결합합니다.

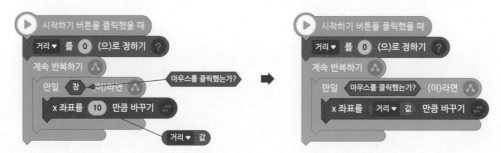

[블록 조합과 블록의 모양]

▶ 삭제하기

조립한 블록 중 삭제해야 할 블록이 있는 경우 다음 중 편리한 방법대로 삭제할 수 있습니다.

❶ 휴지통에 끌어다 넣어 삭제합니다.

❷ 마우스 오른쪽 버튼 클릭 후 [코드 삭제]를 선택하여 삭제합니다.

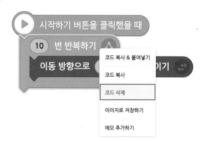

❸ 블록 꾸러미 쪽으로 끌어다 놓아 삭제합니다.

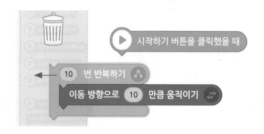

▶ 복사하기

❶ 복사할 블록에 마우스 오른쪽 버튼을 눌러 [코드복사]를 선택합니다.

❷ 블록 조립소 바탕화면에 마우스 포인터를 놓고 마우스 오른쪽 버튼을 누르면 선택창이 나타납니다. 선택창 메뉴 중에서 [붙여넣기]를 선택합니다. 같은 오브젝트 안의 블록 조립소 뿐만 아니라 다른 오브젝트의 블록 조립소에도 붙여넣기 할 수 있습니다.

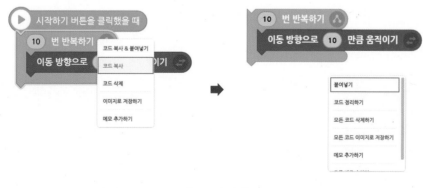

[코드복사 방법]

▶ 블록 조립소의 기타 편리한 기능들

블록 조립소의 아무 곳에나 마우스 포인터를 놓고 마우스 오른쪽 버튼을 누르면, 아래와 같은 창이 나타납니다.

[블록 조립소 기타 기능]

❶ 코드 정리하기 : 여기저기 흩어져 있는 블록 코드들을 보기 좋게 줄맞추어 정리합니다.

❷ 모든 코드 삭제하기 : 코드를 전부 삭제합니다.

❸ 모든 코드 이미지로 저장하기 : 오브젝트의 블록 조립소 안에 있는 블록들을 모두 이미지로 저장합니다.

❹ 메모 추가하기 : 블록 조립소 안에 간단하게 메모를 할 수 있는 기능으로 작품에 대한 설명이나, 코드에 대한 설명 등을 기록해 두기 좋습니다.

▶ 메모 기능

메모 기능은 블록 조립소 위쪽의 [모든 메모 보이기(▨)] 버튼으로 보이도록 할 수 있습니다. 한 번 더 누르면 모든 메모가 숨겨집니다. [메모 추가하기(▨)] 버튼으로 메모를 추가하여 사용할 수 있습니다.

[모든 메모 보이기]

CHAPTER 04 속성 추가하여 사용

[속성] 탭을 누르면 변수, 리스트, 신호, 함수를 추가할 수 있습니다.

① 변수 추가

변수를 추가하는 방법에 대해 알아봅시다.

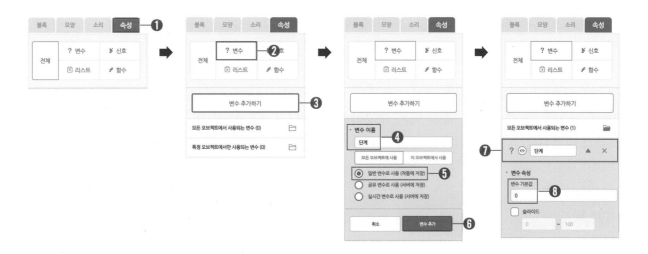

❶ [속성] 탭을 누릅니다.

❷ [변수]를 누릅니다.

❸ 하단에 나타난 [변수 추가하기] 버튼을 누릅니다.

❹ 입력란에 변수 이름을 입력합니다.

❺ '일반 변수로 사용'을 선택합니다.

❻ [변수 추가] 버튼을 누릅니다.

❼ 새롭게 만들어진 변수가 나타난 것을 확인합니다.

❽ 변수 기본값을 설정합니다.

기본값을 0으로 해두면 실행될 때 점수변수가 0부터 시작됩니다. 다른 숫자로 기본값을 넣어두면 실행될 때 그 숫자부터 변수의 값이 시작됩니다.

변수 이름을 입력한 후, '모든 오브젝트에 사용'이나 '이 오브젝트에서 사용'을 체크하는 부분이 있습니다. 이는 변수의 사용 범위를 지정하는 것인데, 변수를 만들 때 처음에 한 번 정하면 이후 재설정은 불가능합니다. 간단히 그 개념만 정리하면 다음과 같습니다.

모든 오브젝트에 사용	이 변수를 모든 오브젝트에서 사용할 수 있도록 함
이 오브젝트에서 사용	현재 선택한 오브젝트에서만 이 변수를 사용할 수 있도록 함

[변수의 적용 범위 설정]

··· **Tip**

일단 시험에는 대부분 '모든 오브젝트에 사용'으로 지시됩니다. 단, 특별한 조건 지시 사항이 있는 경우에는 이와 같은 변수 적용 범위뿐 아니라, 기본값 설정도 확인하도록 주의합시다.

변수를 사용하는 방법을 간단한 예제를 통해 알아보도록 합시다. 아래 예제는 '숫자 버튼'을 누를 때마다 '단계' 변수가 1씩 증가하고, '숫자 버튼' 모양이 바뀝니다. 로켓은 '단계' 변수의 값이 '3'이 될 때까지 기다렸다가 발사됩니다.

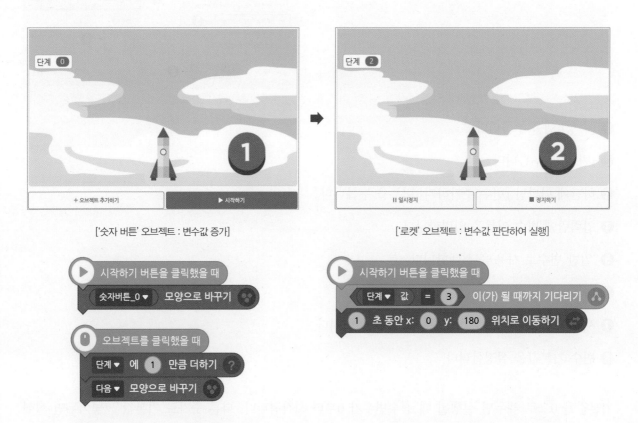

['숫자 버튼' 오브젝트 : 변수값 증가]   ['로켓' 오브젝트 : 변수값 판단하여 실행]

변수는 기본값을 설정해 두고, 그 값으로부터 증가시키거나 감소시키면서 사용합니다.

리스트를 추가하는 방법에 대해 알아봅시다.

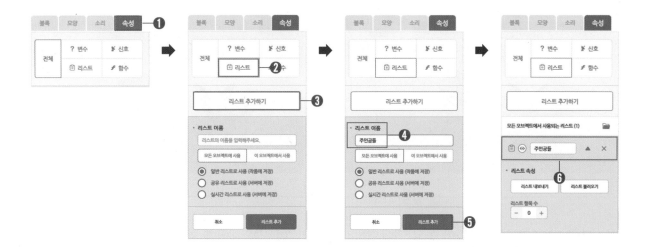

❶ [속성] 탭을 누릅니다.

❷ [리스트]를 누릅니다.

❸ 하단에 나타난 [리스트 추가하기] 버튼을 누릅니다.

❹ 입력란에 리스트 이름을 입력합니다.

❺ [리스트 추가] 버튼을 누릅니다(모든 오브젝트에 사용, 일반 리스트로 사용으로 체크).

❻ 새롭게 만들어진 리스트가 나타난 것을 확인합니다.

리스트 이름을 만들 때 '모든 오브젝트에 사용'이라고 체크를 했습니다. 리스트의 사용 범위 역시 변수와 마찬가지로 범위를 정하여 선택할 수 있습니다만, 특정한 언급이 없다면 '모든 오브젝트에 사용'으로 만들어 사용합니다.

· Tip

리스트를 만들 때, 항목 수와 값을 직접 입력할 수 있습니다.

리스트 항목 수를 '3'으로 정한 후, 각 항목의 값을 '어린 왕자', '놀부', '장미'라고 직접 적어 넣어 줄 수 있습니다. 본 예제에서는 블록으로 리스트의 항목을 추가하는 것을 연습할 것이므로, 기본값을 따로 설정하지 않고 리스트를 만들었습니다.

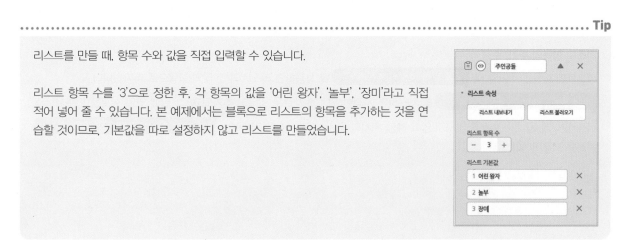

리스트를 사용하는 방법을 간단한 예제를 통해 알아보도록 합시다. 아래는 '장미' 오브젝트를 클릭했을 때, '여우'가 요청한 대로 '주인공들' 리스트의 항목을 수정해 주는 예제입니다. 리스트는 항목들의 순서를 수정할 수 있고, 새로운 항목을 추가할 수도 있고, 원하는 항목을 삭제할 수도 있습니다.

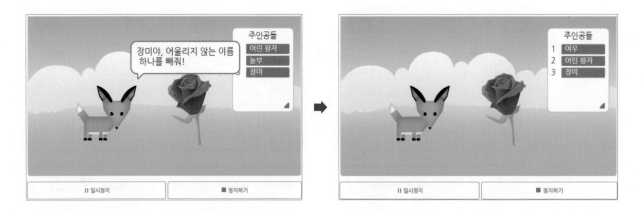

리스트에 3가지 항목을 만들어 놓고, '놀부'를 삭제하고, '여우'를 새롭게 첫 번째 항목으로 추가하도록 코드를 작성해 봅시다.

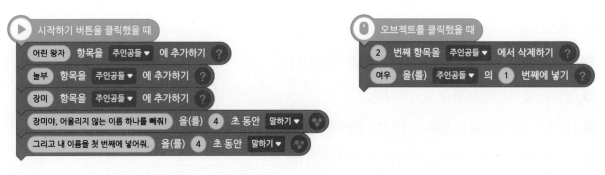

['여우' 오브젝트 : 리스트 항목들 추가하기]　　　　　['장미' 오브젝트 : 항목을 삭제하거나 추가하기]

리스트를 활용하면, 위의 주인공들 리스트처럼 같은 형태의 데이터를 하나의 묶음으로 엮어서 정리하고 활용하기 쉽습니다.

.... Tip

리스트 항목의 추가, 수정

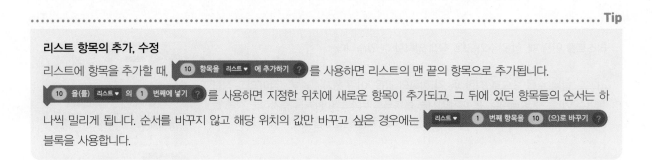

리스트에 항목을 추가할 때, `10 항목을 리스트▼ 에 추가하기 ?` 를 사용하면 리스트의 맨 끝의 항목으로 추가됩니다.
`10 을(를) 리스트▼ 의 1 번째에 넣기 ?` 를 사용하면 지정한 위치에 새로운 항목이 추가되고, 그 뒤에 있던 항목들의 순서는 하나씩 밀리게 됩니다. 순서를 바꾸지 않고 해당 위치의 값만 바꾸고 싶은 경우에는 `리스트▼ 의 1 번째 항목을 10 (으)로 바꾸기 ?` 블록을 사용합니다.

③ 신호 추가

신호 추가하는 방법을 알아봅시다.

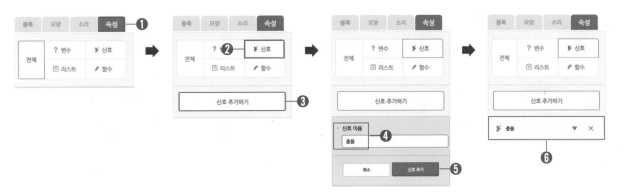

[신호 추가하기 방법]

❶ [속성] 탭을 누릅니다.

❷ [신호]를 누릅니다.

❸ 하단에 나타난 [신호 추가하기] 버튼을 누릅니다.

❹ 새로 만들 신호의 이름을 입력합니다.

❺ [신호 추가] 버튼을 누릅니다.

❻ 신호가 만들어진 것을 확인합니다.

신호 추가하기 방법을 익히며, '충돌'이라는 신호를 만들어 보았습니다. 오브젝트들 사이에서 신호를 주고받는 간단한 예제를 살펴봅시다.

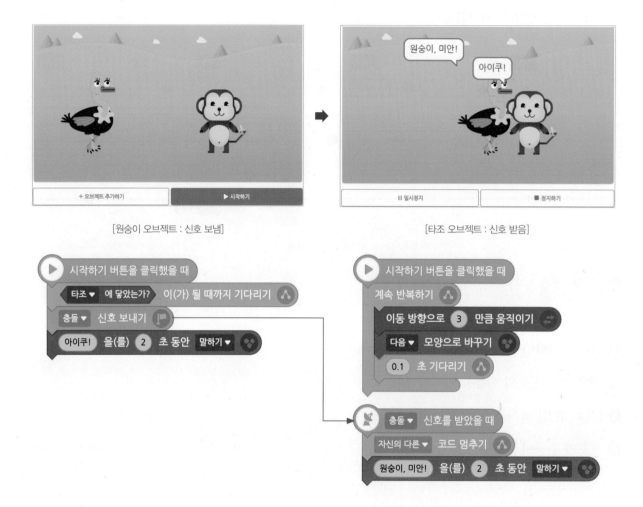

[원숭이 오브젝트 : 신호 보냄]

[타조 오브젝트 : 신호 받음]

타조가 계속 걸어가다가 원숭이에 부딪힙니다. 원숭이는 '충돌' 신호를 보냅니다. 타조가 '충돌' 신호를 받으면 자신의 다른 코드인 계속 걸어가던 코드를 멈추고 "원숭이, 미안!"을 '2'초 동안 말하기 합니다. 이처럼 특정 상황에 신호를 받아 명령을 실행하게 만들기 위해 '신호'를 사용합니다. 신호를 보내는 오브젝트는 하나지만, 신호를 받는 오브젝트는 여러 개가 될 수도 있습니다.

.... **Tip**

 충돌 ▼ 신호 보내기 🏳 로 신호를 보내면, 신호를 보낸 후 바로 자신의 다음 코드를 실행합니다.

그러나 만일 충돌 ▼ 신호 보내고 기다리기 🏳 로 블록을 바꾼 후 코드를 실행한다면 어떻게 될까요? 타조가 "원숭이, 미안!"이라고 말한 2초 뒤에야 뒤늦게 원숭이가 "아이쿠!"라고 말할 것입니다. 이 두 가지 블록의 사용법을 익혀, 상황에 맞도록 사용합시다.

장면 추가하는 방법을 알아봅시다.

❶ 실행 화면 위쪽의 [장면1] 옆의 [+] 탭을 누릅니다.

❷ [장면1] 탭 옆에 새로 생긴 [장면2] 탭이 생성되고, 오브젝트 목록도 모두 비어 있는 새 장면인 '장면2'
가 나타납니다.

다음은 장면을 전환하는 간단한 예제입니다. 시작하면 '장면1'의 '기타치는 사람'이 "4초 후 무대로 나가
요."라고 '4'초 동안 말하기 합니다. 그 후, '장면2'로 장면을 바꿉니다. '장면2'에서 화면을 클릭했을 때
다시 처음부터 실행하도록 만들어 봅시다.

['장면1'의 '기타치는 사람' 오브젝트 : 장면 전환]

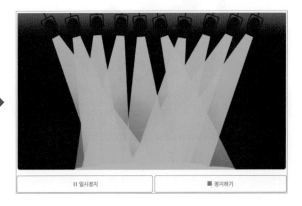

['장면2'의 '조명이 있는 무대' 배경 오브젝트 :
클릭했을 때 처음부터 다시 실행하기]

PART 02

출제유형
익히기

순서도

과목 알고리즘 설계

유형 분석

시험 문항 2급 1~2번 3급 1~2번

순서도 유형 문제는 순서도를 확인한 후, [블록 꾸러미]에서 필요한 블록을 가져다 사용하여 완성합니다.

제시 문제 **엔트리봇이 장애물을 넘어 벤치에 앉을 수 있도록 〈조건〉에 맞게 코딩하시오. (10점)**

〈조건〉

– 엔트리 프로그램 화면 [블록 꾸러미]에서 필요한 블록을 가져다 사용한다.

– 아래 **〈점프〉**와 **〈벤치 앉기〉** 순서도를 참고하여 블록을 완성한다.

– ▶시작하기 버튼을 클릭하면 엔트리봇은 계속 반복하여 움직이다가 **〈점프〉**를 하고 **〈벤치 앉기〉**를 한다.

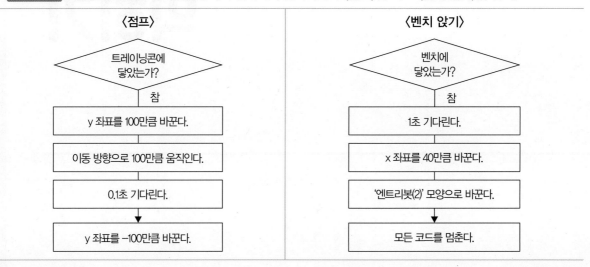

엔트리봇 오브젝트

※ 문제 파일 안의 코드입니다. 순서도 대로 작성할 빈 부분을 완성합니다.

유형 해결 방법 ••

실습 파일을 열어 제시된 문제를 살펴본 후 다음과 같은 부분을 확인합니다.

• 제시된 순서도는 배포 파일의 어떤 오브젝트에서 작성할 것인지 확인합니다.
• 순서도 조건 기호는 만약 ~라면 관련 블록을 가져와 사용합니다.
• 순서도 반복 기호 부분을 완성해야 한다면 반복조건이 무엇인지 판단하여 해결합니다.
• 신호보내기 및 복제하기는 코드 작성 위치를 정확히 찾아 완성합니다.

순서도 기호 구분하기

• 순서도 기호로는 간단한 도형과 화살표 등이 사용됩니다.
• 순서도란 프로그램이 처리할 각 명령 단계를 그림 기호를 사용해 나타낸 것입니다.

순서도 기호	사용 용도
⬭	시작과 끝을 나타내는 기호
▱	데이터 입력과 출력을 나타내는 입출력 기호
⬡	초기값 정하기 및 변수 만들기 등에 사용되는 준비 기호

◇	참/거짓 조건 선택에 사용되는 판단 기호
▭	연산, 데이터 처리 등 명령 실행에 관련된 처리 기호
→	순서도 흐름선
▭	동일한 작업을 반복해 실행하는 반복 기호
▭	화면이나 출력기기로 연산 내용을 보여주는 출력 기호

〈순서도 기호〉

주요 알고리즘 순서도 및 주요 코드

• 순서도 기호를 사용해 흐름을 구성하여 주요 알고리즘 표현하는 방법을 이해합니다.

종류	설명	순서도 그림	주요 코드
순차 구조	명령 과정을 순서대로 처리		명령에 해당하는 코드들
조건 선택 구조	판단 상황이 '참'인지 확인하여 실행		
반복 구조	반복 조건을 확인하여 반복실행		

〈주요 알고리즘 순서도 및 주요 코드〉

문제 소년이 강아지를 불러 강아지가 달려올 수 있도록 〈조건〉에 맞게 코딩하시오. (10점)

〈조건〉

– 엔트리 프로그램 화면 [블록 꾸러미]에서 필요한 블록을 가져다 사용한다.
– 아래 〈강아지 부르기〉와 〈달려오기〉 순서도를 참고하여 블록을 완성한다.

– ▶시작하기 버튼을 클릭하면 소년은 〈강아지 부르기〉를 한다.
– 강아지는 〈달려오기〉를 한다.

〈강아지 부르기〉

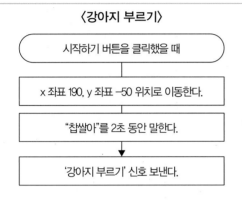

〈달려오기〉

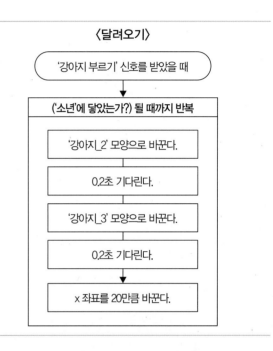

문제 해결 방법 •••

순서도 보기

순차구조 알고리즘과 반복 알고리즘 순서도를 이해하여, 코드를 작성할 수 있도록 합니다.

• '소년'에서 〈강아지 부르기〉 코드를 순차적으로 만들기 시작합니다.
• '강아지'에서 반복문을 만들 때, 반복 조건에 필요한 판단 블록이 무엇인지 확인해 가져옵니다.
• 반복문 안에서는 순차적으로 명령을 연결합니다.
• 신호를 보내는 부분과 신호를 받는 부분을 구분해 코드를 완성합니다.

시험지에는 제공되지 않지만 순서도 작성하기를 편하게 확인하면서 작업할 수 있도록 이기적에서 제공하는 QR코드입니다.

순서도를 파악한 후, 배포 코드 안에 비어 있는 부분을 완성합니다.

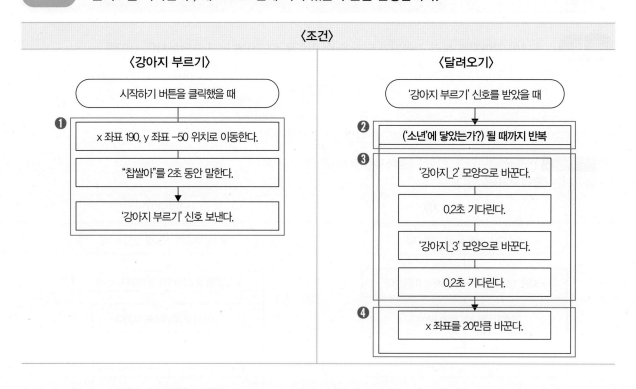

〈조건〉

〈강아지 부르기〉

시작하기 버튼을 클릭했을 때

❶ x 좌표 190, y 좌표 −50 위치로 이동한다.

"찹쌀아"를 2초 동안 말한다.

'강아지 부르기' 신호 보낸다.

〈달려오기〉

'강아지 부르기' 신호를 받았을 때

❷ ('소년'에 닿았는가?) 될 때까지 반복

❸ '강아지_2' 모양으로 바꾼다.

0.2초 기다린다.

'강아지_3' 모양으로 바꾼다.

0.2초 기다린다.

❹ x 좌표를 20만큼 바꾼다.

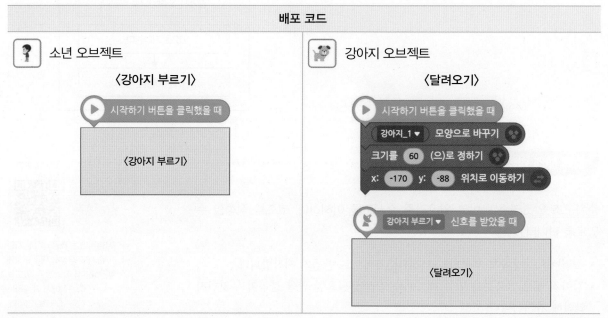

배포 코드

소년 오브젝트

〈강아지 부르기〉

시작하기 버튼을 클릭했을 때

〈강아지 부르기〉

강아지 오브젝트

〈달려오기〉

시작하기 버튼을 클릭했을 때

강아지_1 ▼ 모양으로 바꾸기

크기를 60 (으)로 정하기

x: -170 y: -88 위치로 이동하기

강아지 부르기 ▼ 신호를 받았을 때

〈달려오기〉

〈강아지 부르기〉에 해당하는 ❶은 순서대로 명령을 처리하는 것이고, 〈달려오기〉에 해당하는 ❷~❹ 중 ❷는 반복 조건에 대한 것이고, ❸, ❹는 반복문 안에서 반복되어 실행될 내용입니다. 각 부분을 코드로 작성하는 것을 익혀봅시다.

🧑 소년 오브젝트 : <강아지 부르기>

❶ "찹쌀아"를 2초 동안 말한 후, '강아지 부르기' 신호를 보낸다.

소년(🧑) 오브젝트를 선택합니다. 제시된 ▶ 시작하기 버튼을 클릭했을 때 아래에서 연결을 시작합니다.

[움직임(⇄)]의 x: 0 y: 0 위치로 이동하기 ⇄ 를 가져와 x에 '190', y에 '−50'을 입력합니다.

[생김새(👁)]의 안녕! 을(를) 4 초 동안 말하기 ▼ 👁 를 가져와 안녕! 에 "찹쌀아!"를 입력하고,

4 에 '2'를 입력합니다. [시작(🏁)]의 강아지 부르기 ▼ 신호 보내기 🏁 를 가져와 연결합니다.

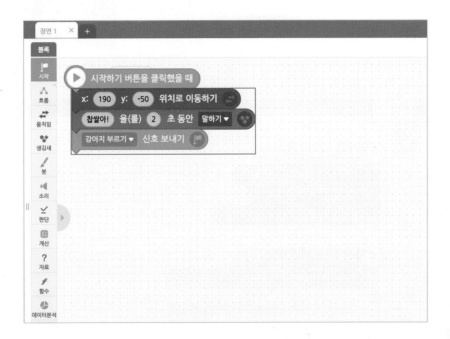

.... **Tip**

순서도 유형의 문제 파일에 신호가 만들어져 있지 않다면, [속성] – [신호] – [신호 추가하기]를 눌러 신호를 만들어 사용합니다.

강아지 오브젝트 : <달려오기>

❷ ('소년'에 닿았는가?) 될 때까지 반복한다.

강아지(🐶) 오브젝트를 선택합니다.

제시된 [강아지 부르기 ▼ 신호를 받았을 때] 아래에서 연결을 시작합니다.

[흐름(🔼)]의 [참 이 될 때까지 ▼ 반복하기] 를 가져와 연결합니다. [판단(☑)]의 [마우스포인터 ▼ 에 닿았는가?]

를 가져와 ▼를 눌러 '소년'으로 변경해 [소년 ▼ 에 닿았는가?] 처럼 설정한 후, [참 이 될 때까지 ▼ 반복하기] 의

[참] 부분에 넣어 연결합니다.

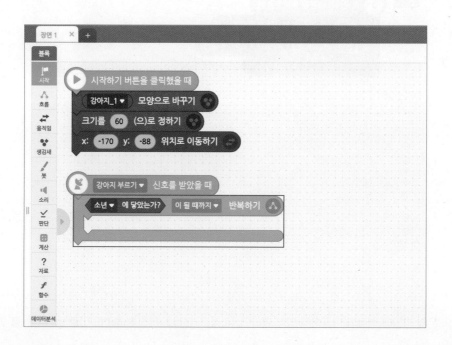

··· why

순서도 반복기호([반복조건])를 코드로 완성하려는 경우, 반복하기 관련 블록들 중 어떤 것을 사용해야 할지 결정합니다.

이 문제에서는 반복조건([반복조건]) 위치에 **('소년'에 닿았는가?) 될 때까지 반복한다.**라고 되어 있으므로,

[참 이 될 때까지 ▼ 반복하기] 를 사용합니다.

반복에 사용되는 블록은 이 외에도 횟수를 직접 적어 사용하는 [10 번 반복하기] 도 있습니다.

순서도 안에서 어떤 반복조건을 제시하는지 확인하여 알맞은 블록을 사용하도록 합니다.

순서도의 조건선택 기호(◇조건◇) 혹은 반복기호(반복조건)의 반복조건(반복조건) 안에 사용하는 **판단** 블록은 프로그램 실행의 흐름을 결정합니다. 판단 블록은 흐름 블록의 참 위치에 연결해 사용합니다.

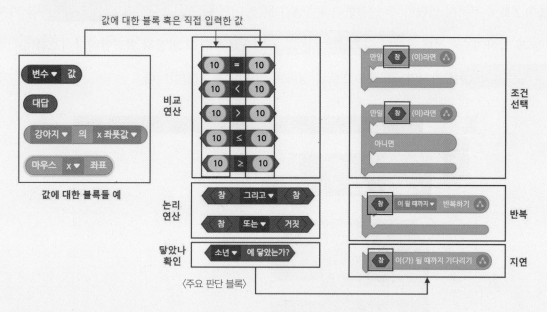

값에 대한 블록 혹은 직접 입력한 값

값에 대한 블록들 예

〈주요 판단 블록〉

※ 위의 예시 외에 '마우스 클릭'이나 '키보드 키 클릭'을 판단하는 블록들도 있습니다.

❸ 강아지가 0.2초마다 '강아지_1', '강아지_2'로 모양을 바꾼다. (반복)

[생김새(🐾)]의 　강아지_1 ▼ 　모양으로 바꾸기 🔅 를 가져와 ▼를 눌러 '강아지2'을 선택해

강아지_2 ▼ 　모양으로 바꾸기 🔅 와 같이 변경해 연결합니다. [흐름(∧)]의 2 초 기다리기 ∧ 를 가져와

2 를 '0.2'로 수정하여 입력한 후 연결합니다. [생김새(🐾)]의 　강아지_1 ▼ 　모양으로 바꾸기 🔅 를 가져와

▼를 눌러 '강아지3'을 선택해 강아지_3 ▼ 　모양으로 바꾸기 🔅 와 같이 변경해 연결합니다. [흐름(∧)]의

2 초 기다리기 ∧ 를 가져와 2 를 '0.2'로 수정하여 입력한 후 연결합니다.

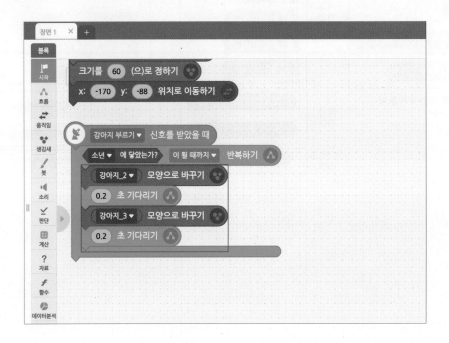

··· **why**

'강아지_1' 모양은 서있는 모양이고, '강아지_2'와 '강아지_3'을 번갈아 보여주면 강아지가 달리는 모습이 됩니다. 단, 0.2초 정도의 지연시간을 주어야 사람의 눈으로 보기에 그림 바뀌는 것이 자연스럽게 보이게 됩니다.

❹ x 좌표를 20만큼 바꾼다. (반복)

[움직임(움직임)]의 **x 좌표를 10 만큼 바꾸기** 를 가져와 **10** 을 '20'으로 수정해 입력한 후 연결합니다.

·· why

'강아지'가 모양을 바꾸기하면서 '소년'이 있는 방향으로 x 좌표를 20만큼 바꾸기를 계속합니다. 즉 달리는 모습으로 소년에게 가까워집니다.

실행 확인

▶ 시작하기 버튼을 클릭하여 소년이 강아지를 부르고 강아지가 소년에게 달려오는지 확인합니다.

신호를 사용하는 순서도 및 주요 코드

• 신호를 사용하는 순서도를 이해하여, 코드로 작성할 수 있도록 합니다.

• 신호를 보내는 오브젝트와 신호를 받는 오브젝트가 다른 경우가 대부분입니다.

• 신호 보내는 쪽과 받는 쪽 오브젝트를 확인하여 코드를 알맞게 작성합니다.

순서도 그림	주요 코드
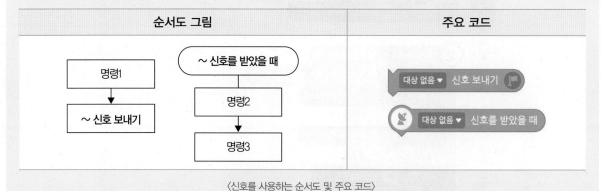	

〈신호를 사용하는 순서도 및 주요 코드〉

"신호 보내고 선생님이 뛰어나가진 않지요~"

신호를 보내는 쪽 따로! 신호를 받는 대상도 따로!

신호보내기 순서도는 둘을 구분하여 코드를 완성하세요.

문제 '판'으로 떨어지는 '낙엽'을 잡아 점수를 증가시키도록 〈조건〉에 맞게 코딩하시오. (10점)

〈조건〉

– 엔트리 프로그램 화면 [블록 꾸러미]에서 필요한 블록을 가져다 사용한다.
– 아래 〈왼쪽으로 이동〉과 〈점수 득점〉 순서도를 참고하여 블록을 완성한다.

– ▶시작하기 버튼을 클릭하면 판은 오른쪽으로 이동 및 〈왼쪽으로 이동〉을 한다.
– 낙엽이 복제되어 떨어지다 판에 닿으면 〈점수 얻기〉를 하고 복제본을 삭제한다.

〈왼쪽으로 이동〉

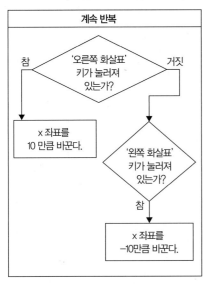

〈점수 얻기〉

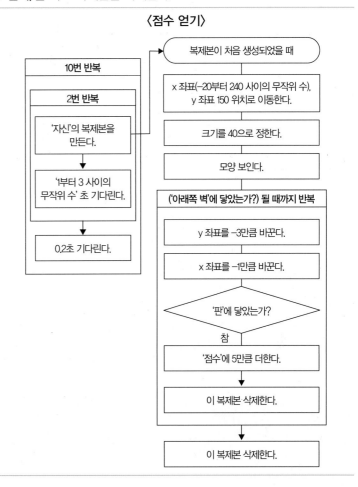

문제 해결 방법 ··

순서도 보기

조건선택 알고리즘 순서도를 이해하여, 코드를 작성할 수 있도록 합니다.

• '판'에서 〈왼쪽으로 이동〉 코드를 조건선택 순서도를 고려하여 만들기 시작합니다.
• '낙엽'에서 '~에 닿았는가'가 될 때까지 반복되는 코드를 작성합니다.
• 반복문 안에서는 조건선택에 맞게 코드를 작성합니다.

시험지에는 제공되지 않지만
순서도 작성하기를 편하게
확인하면서 작업할 수 있도록
이기적에서 제공하는
QR코드입니다.

순서도를 파악한 후, 배포 코드 안에 비어 있는 부분을 완성합니다.

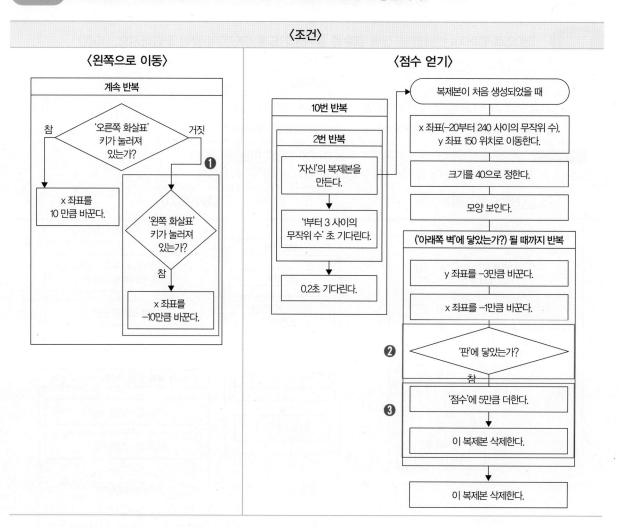

〈조건〉

〈왼쪽으로 이동〉

계속 반복

참 ← '오른쪽 화살표' 키가 눌러져 있는가? → 거짓 ❶

x 좌표를 10 만큼 바꾼다.

'왼쪽 화살표' 키가 눌러져 있는가?

참

x 좌표를 −10만큼 바꾼다.

〈점수 얻기〉

10번 반복

2번 반복

'자신'의 복제본을 만든다.

'1부터 3 사이의 무작위 수' 초 기다린다.

0.2초 기다린다.

복제본이 처음 생성되었을 때

x 좌표(−20부터 240 사이의 무작위 수), y 좌표 150 위치로 이동한다.

크기를 40으로 정한다.

모양 보인다.

('아래쪽 벽'에 닿았는가?) 될 때까지 반복

y 좌표를 −3만큼 바꾼다.

x 좌표를 −1만큼 바꾼다.

❷ '판'에 닿았는가?

참

❸ '점수'에 5만큼 더한다.

이 복제본 삭제한다.

이 복제본 삭제한다.

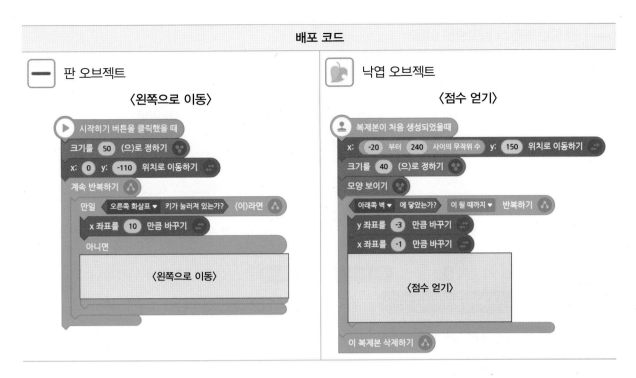

판 오브젝트

〈왼쪽으로 이동〉

- 시작하기 버튼을 클릭했을 때
- 크기를 50 (으)로 정하기
- x: 0 y: -110 위치로 이동하기
- 계속 반복하기
  - 만일 오른쪽 화살표 ▼ 키가 눌려져 있는가? (이)라면
    - x 좌표를 10 만큼 바꾸기
  - 아니면
    - 〈왼쪽으로 이동〉

낙엽 오브젝트

〈점수 얻기〉

- 복제본이 처음 생성되었을때
- x: -20 부터 240 사이의 무작위 수 y: 150 위치로 이동하기
- 크기를 40 (으)로 정하기
- 모양 보이기
- 아래쪽 벽 ▼ 에 닿았는가? 이 될 때까지 ▼ 반복하기
  - y 좌표를 -3 만큼 바꾸기
  - x 좌표를 -1 만큼 바꾸기
  - 〈점수 얻기〉
- 이 복제본 삭제하기

〈왼쪽으로 이동〉에 해당하는 ❶은 ['왼쪽 화살표' 키가 눌려져 있는지] 확인해 조건 상황이 '참'이면 명령을 실행하는 것이고, 〈점수 얻기〉에 해당하는 ❷, ❸ 부분은 ❷에서 [판에 닿았는가?]를 판단하여 '참'이면 ❸을 실행합니다. 각 부분을 코드로 작성하는 것을 익혀봅시다.

━ 판 오브젝트 : <왼쪽으로 이동>

❶ '왼쪽 화살표' 키가 눌러져 있는가?라면 x 좌표를 −10만큼 바꾼다.

```
만일   오른쪽 화살표 ▼  키가 눌러져 있는가?   (이)라면  ∧
      x 좌표를  10  만큼 바꾸기  ⇄
아니면
```

판(━) 오브젝트를 선택합니다. 제시된   의 '아니면' 아래에

```
만일   참  (이)라면  ∧
```

서 연결을 시작합니다. [흐름(∧)]의   을 가져와 연결하고 참 에 [판단(✓)]의

q ▼ 키가 눌러져 있는가? 를 가져와 ▼를 눌러 왼쪽 화살표 ▼ 키가 눌러져 있는가? 로 설정을 변경하여 연결합니다.

[움직임(⇄)]의 x 좌표를 10 만큼 바꾸기 ⇄ 를 가져와 10 을 '−10'으로 수정하여 입력한 후,

```
만일   왼쪽 화살표 ▼  키가 눌러져 있는가?   (이)라면  ∧
```
                              안에 연결합니다.

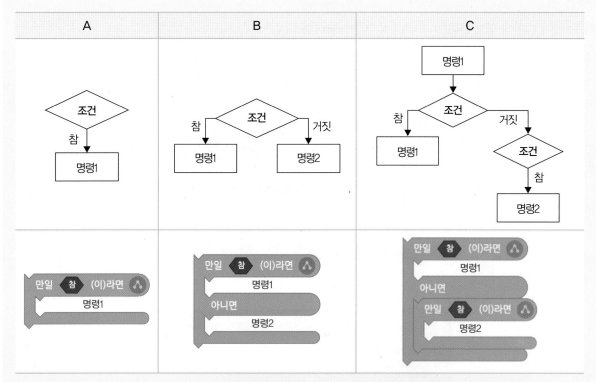

⟨조건선택에 대한 순서도와 코드 예시⟩

조건 선택문의 가장 기본적인 형태는 A 형태입니다. 그러나 조건판단을 여러 개로 하여 다양한 명령을 실행하기 위해서는 블록을 조합하여 사용해야 합니다. 이 문제에서, B 형태의 순서도를 사용하면 2가지로 나뉘어 명령을 실행할 수는 있지만,

'아니면' 이하에 실행되는 명령 조건을 정확히 지시할 수 없습니다. 그러므로 을 한 번 더 연결하여

C 형태의 순서도 및 코드로 만들어 사용합니다.

낙엽 오브젝트 : <점수 얻기>

❷ 낙엽이 ('판'에 닿았는가?) 판단하여 '참'이 된다면

낙엽() 오브젝트를 선택합니다. 제시된 코드 중 [x 좌표를 -1 만큼 바꾸기] 아래에서 연결을 시작합니다. [흐름(∧)]에서 [만일 참 (이)라면] 을 가져와 연결합니다. [판단(✓)]에서 [마우스포인터 ▼ 에 닿았는가?]

를 가져와 '판'으로 변경하여 [판 ▼ 에 닿았는가?]와 같이 만들어 [만일 참 (이)라면]의 참에 넣어 연결합니다.

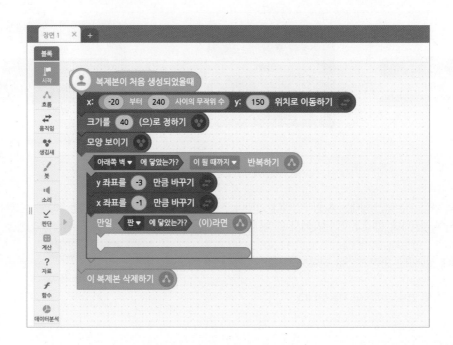

❸ '점수'에 5만큼 더하고, 이 복제본을 삭제한다.

만일 판▼ 에 닿았는가? (이)라면 ∧ 안에 [자료(?자료)]의 점수▼ 에 10 만큼 더하기 ? 를 가져와 연결한 후,

10 을 '5'로 수정하여 입력합니다. [흐름(∧흐름)]의 이 복제본 삭제하기 ∧ 를 가져와

점수▼ 에 5 만큼 더하기 ? 아래에 연결합니다.

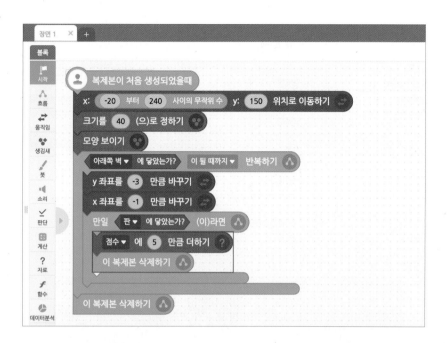

··· why

'점수'를 5만큼 증가시키고 이 복제본 삭제하기를 바로 하는 이유는, 사용한 복제본을 바로 삭제해 점수가 여러 번 올라가지 않도록 하기 위해서입니다.

실행 확인

▶ 시작하기 버튼을 클릭하여 복제되어 낙엽이 떨어지고, 판을 움직여 낙엽을 잡으면 점수가 증가하는 지 확인합니다.

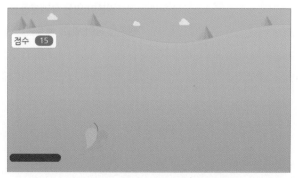

복제를 사용하는 순서도 및 주요 코드

• 복제를 사용하는 순서도를 이해하여, 코드로 작성할 수 있도록 합니다.

• 복제하는 코드와 복제본이 처음 생성되었을 때 두 가지 부분을 구분해 작성합니다.

• 복제본 사용을 마치면 복제본을 삭제합니다.

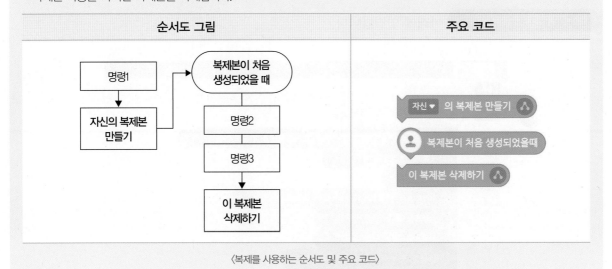

〈복제를 사용하는 순서도 및 주요 코드〉

"뾰로롱~ 복제본 생성! 주인님 명령을 내려주세요!"

원본이 만든 복제본들은 각자 따로 명령을 실행해요~

원본은 숨어 있고, 복제본들만 명령을 실행하는 경우가 많아요.

주어진 블록 조합

유형 분석

주어진 블록 조합하기는 문제의 〈조건〉을 확인한 후 실습 파일의 주어진 명령어 블록만을 모두 사용하여 완성합니다.

제시 문제

연필이 배경에 도형을 그려 꾸밀 수 있도록 〈조건〉에 맞게 코딩하시오. (10점)

〈조건〉

– 엔트리 프로그램 화면 [블록 조립소]에 주어진 명령어 블록만을 모두 사용한다.

– 버튼을 클릭하면 연필은 그리기 준비를 한다.

(1) x 좌표 −180 y 좌표 40 위치로 이동하고, 모든 붓을 지우고, 그리기 굵기를 2로 정한다.

(2) '도형' 변수를 3부터 6 사이의 무작위 수로 정하고, 1초 기다린다.

– 연필은 15번 반복하여 도형을 그린다.

(1) 붓의 색을 무작위로 정하고, 그리기 시작한다.

(2) ('도형'값)번 반복하여 이동 방향으로 20만큼 움직이고, 방향을 (360/'도형'값)만큼 회전한다.

(3) 그리기를 멈추고, x 좌표 −200부터 200 사이의 무작위 수 y 좌표 −100부터 100 사이의 무작위 수 위치로 이동한다.

배포 코드

 연필 오브젝트

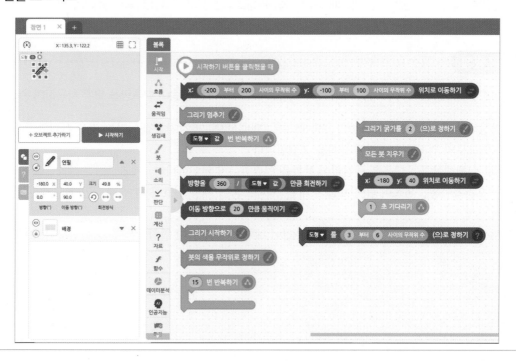

실습 파일을 열어 제시된 문제를 살펴본 후 다음과 같은 부분을 확인합니다.

- 코드를 작성할 오브젝트가 무엇인지 확인합니다.
- 실행 시작 시점을 파악합니다.
- 〈조건〉에 해당하는 블록을 찾아 어떻게 조립하여야 제대로 연결되는지 확인합니다.

유형 익히기 1

예제 파일 Part02₩예제2-01.ent

문제 택배드론이 택배상자를 빨강지붕집에 배달하도록 〈조건〉에 맞게 코딩하시오. (10점)

〈조건〉

- 엔트리 프로그램 화면 [블록 조립소]에 주어진 명령어 블록만을 모두 사용한다.

- ▶시작하기 버튼을 클릭하면 조종기는 "택배 배달을 시작합니다."를 4초 동안 말하고, 계속 반복하여 (1) ~ (2)를 한다.
  (1) 만일 오른쪽 화살표 키가 눌러져 있는가?라면 '오른쪽이동' 신호를 보낸다.
  (2) 만일 왼쪽 화살표 키가 눌러져 있는가?라면 '왼쪽이동' 신호를 보낸다.
- 택배드론은 '오른쪽이동' 신호를 받았을 때 x 좌표를 2만큼 바꾼다.
- 택배드론은 '왼쪽이동' 신호를 받았을 때 x 좌표를 −2만큼 바꾼다.
- ▶시작하기 버튼을 클릭하면 택배상자는 계속 반복하여 (1) ~ (2)를 한다.
  (1) 택배드론 위치로 이동한다.
  (2) 만일 스페이스키가 눌러져 있는가?라면 빨강지붕집에 닿을 때까지 y 좌표를 −2만큼 바꾸고 크기를 −0.5만큼 바꾸기를 반복하며, 빨강지붕집에 닿으면 '배달완료' 신호를 보내고 모양을 숨긴다.
- 빨강지붕집은 '배달완료' 신호를 받았을 때 "택배 배달이 완료되었습니다."를 4초 동안 말한다.

주어진 블록 조합하기는 문제의 〈조건〉을 확인한 후 실습 파일의 주어진 명령어 블록만을 모두 사용하여 완성합니다.

- 코드를 작성해야 할 오브젝트가 '조종기', '택배드론', '택배상자', '빨강지붕집'이라는 것을 확인합니다.
- 조건문과 반복문의 위치를 확인하여 블록을 조립합니다.
- 순차적으로 실행해야하는 내용은 빠짐없이 블록을 연결하는지 확인합니다.
- 조종기가 '오른쪽이동', '왼쪽이동' 신호를 보내면, 택배드론이 해당 신호를 받아 움직인다는 것을 확인하여 코딩합니다.
- 택배드론이 '배달완료' 신호를 보내면, 빨강지붕집이 해당 신호를 받아 말한다는 것을 확인하여 코딩합니다.

다음과 같이 문제의 〈조건〉을 확인하여 코드를 완성합니다.

〈조건〉

– 엔트리 프로그램 화면 [블록 조립소]에 주어진 명령어 블록만을 모두 사용한다.

– ▶시작하기 버튼을 클릭하면 조종기는 "택배 배달을 시작합니다."를 4초 동안 말하고, 계속 반복하여 (1) ～ (2)를 한 ──❶
다.
　(1) 만일 오른쪽 화살표 키가 눌러져 있는가?라면 '오른쪽이동' 신호를 보낸다. ──❷
　(2) 만일 왼쪽 화살표 키가 눌러져 있는가?라면 '왼쪽이동' 신호를 보낸다.
– 택배드론은 '오른쪽이동' 신호를 받았을 때 x 좌표를 2만큼 바꾼다. ──❸
– 택배드론은 '왼쪽이동' 신호를 받았을 때 x 좌표를 −2만큼 바꾼다.
– ▶시작하기 버튼을 클릭하면 택배상자는 계속 반복하여 (1) ～ (2)를 한다. ──❹
　(1) 택배드론 위치로 이동한다.
　(2) 만일 스페이스키가 눌러져 있는가?라면 빨강지붕집에 닿을 때까지 y 좌표를 −2만큼 바꾸고 크기를 −0.5만큼 ──❺
　　바꾸기를 반복하며, 빨강지붕집에 닿으면 '배달완료' 신호를 보내고 모양을 숨긴다.
– 빨강지붕집은 '배달완료' 신호를 받았을 때 "택배 배달이 완료되었습니다."를 4초 동안 말한다. ──❻

배포 코드

 조종기 오브젝트

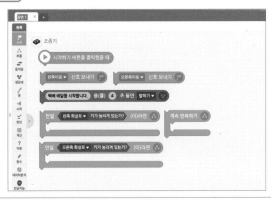

택배드론 오브젝트

택배상자 오브젝트

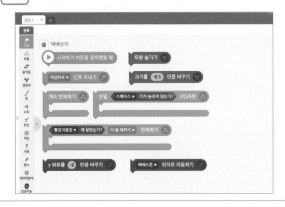

빨강지붕집 오브젝트

 **조종기 오브젝트**

❶ 시작하기 버튼을 클릭하면 조종기는 "택배 배달을 시작합니다."를 4초 동안 말한다.

'조종기()' 오브젝트에서 블록 조립을 시작합니다. 조종기가 택배 배달 시작을 말하도록

 에 를 연결합니다. 이어서

를 연결합니다.

❷ 오른쪽 화살표 키를 누르면 '오른쪽이동' 신호를 보내고, 왼쪽 화살표 키를 누르면 '왼쪽이동' 신호를 보낸다.

오른쪽 화살표 키를 누르면 '오른쪽이동' 신호를 보내도록  에

오른쪽이동 ▼ 신호 보내기 ⚑ 를 조립하여 연결하고, 왼쪽 화살표 키를 누르면 '왼쪽이동' 신호를 보내도록

만일 왼쪽 화살표 ▼ 키가 눌러져 있는가? (이)라면 ∧ 에 왼쪽이동 ▼ 신호 보내기 ⚑ 를 조립하여 연결합니다.

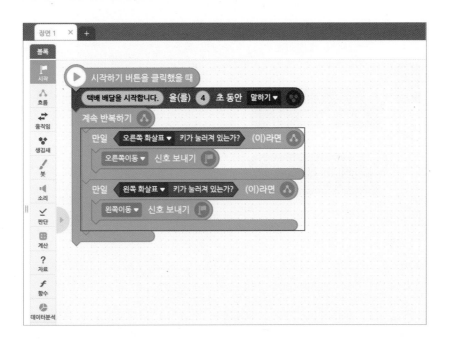

❸ 택배드론은 '오른쪽이동' 신호를 받으면 x 좌표를 2만큼 바꾸고, '왼쪽이동' 신호를 받으면 x 좌표를 −2만큼 바꾼다.

'택배드론( )' 오브젝트에서 블록 조립을 시작합니다. 택배드론이 '오른쪽이동' 신호를 받으면 x 좌표를 2만큼 바꾸도록 오른쪽이동 ▼ 신호를 받았을 때 에 x 좌표를 2 만큼 바꾸기 를 연결하고, '왼쪽이동' 신호를 받으면 x 좌표를 −2만큼 바꾸도록 왼쪽이동 ▼ 신호를 받았을 때 에 x 좌표를 -2 만큼 바꾸기 를 연결합니다.

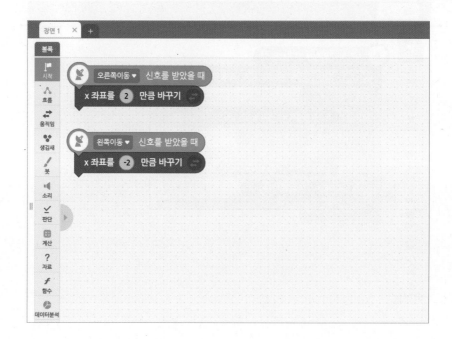

··· **Tip**

조종기로 오른쪽 화살표 키를 눌렀을 때 택배드론이 오른쪽으로 이동하고, 왼쪽 화살표 키를 눌렀을 때 왼쪽으로 이동하도록 '신호' 기능을 이용합니다.

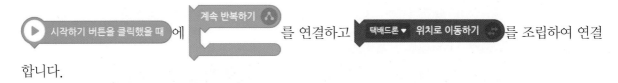 **택배상자 오브젝트**

❹ 택배상자는 택배드론 위치로 이동하기를 계속 반복한다.

'택배상자(🎁)' 오브젝트에서 블록 조립을 시작합니다. 택배상자가 택배드론 위치와 함께 움직이도록

▶ 시작하기 버튼을 클릭했을 때 에 계속 반복하기 ⌃ 를 연결하고 택배드론 ▾ 위치로 이동하기 ⇄ 를 조립하여 연결
합니다.

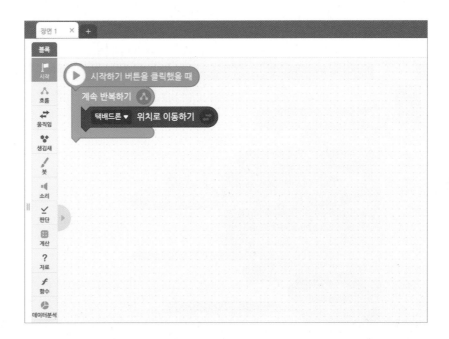

.... **Tip**

택배드론이 택배상자를 배달하기 위해 택배상자는 택배드론 위치에 매달려 있도록 '계속 반복하기'를 이용합니다.

❺ 스페이스 키를 누르면 빨강지붕집에 닿을 때까지 y 좌표를 −2만큼 바꾸고, 크기를 −0.5만큼 바꾸기를 반복하며, 빨강지붕집에 닿으면 '배달완료' 신호를 보내고 모양을 숨긴다.

스페이스 키를 누르면 빨강지붕집에 닿을 때까지 택배상자를 아래로 떨어뜨리면서 크기를 줄이도록

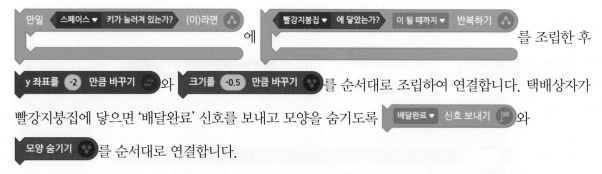

에 를 조립한 후

y 좌표를 -2 만큼 바꾸기 와 크기를 -0.5 만큼 바꾸기 를 순서대로 조립하여 연결합니다. 택배상자가

빨강지붕집에 닿으면 '배달완료' 신호를 보내고 모양을 숨기도록 배달완료▾ 신호 보내기 와

모양 숨기기 를 순서대로 연결합니다.

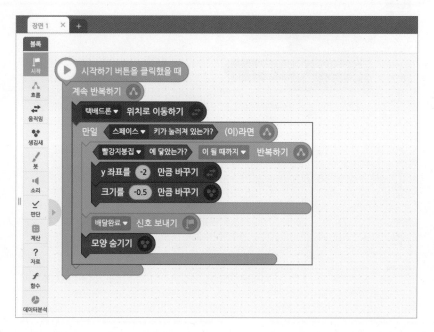

··· why

택배상자가 빨강지붕집에 닿을 때까지 택배 상자를 아래로 떨어뜨립니다. 택배상자가 빨강지붕집에 닿으면 '배달완료' 신호를 보내고 화면에 보이지 않게 해야 하므로, 조립하는 위치가 잘못 연결되지 않도록 주의해야 합니다.

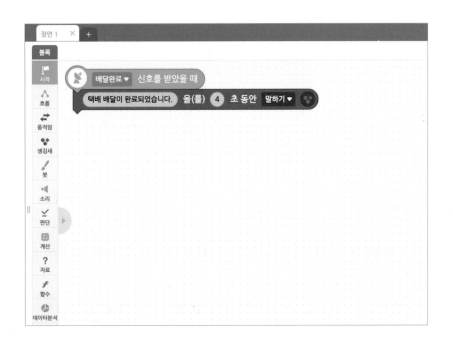

빨강지붕집 오브젝트

❻ 빨강지붕집은 '배달완료' 신호를 받았을 때 "택배 배달이 완료되었습니다."를 4초 동안 말한다.
'빨강지붕집( )' 오브젝트에서 블록 조립을 시작합니다. 빨강지붕집이 '배달완료' 신호를 받으면 택배
배달 완료를 말하도록 　배달완료 ▼　신호를 받았을 때 에　택배 배달이 완료되었습니다. 을(를) 4 초 동안 말하기 ▼ 를
연결합니다.

.... Tip

택배드론이 배달 위치인 빨강지붕집에 택배상자를 떨어뜨려 '신호' 기능을 이용하여 배달 완료를 알리면, 빨강지붕집에서
택배를 잘 받았다고 알립니다.

실행 확인

　▶ 시작하기　 버튼을 클릭하여 조종기의 좌우에 따라 택배드론이 움직이고, 택배상자는 택배드론에 매달
려 빨강지붕집으로 배달되는지를 확인합니다.

문제   미니배가 호수를 떠다니도록 〈조건〉에 맞게 코딩하시오. (10점)

〈조건〉

– 엔트리 프로그램 화면 [블록 조립소]에 주어진 명령어 블록만을 모두 사용한다.

– ▶시작하기 버튼을 클릭하면 미니배가 모양을 숨기고, "몇 개의 배를 띄우겠습니까? (5개 이하)"를 묻고 대답 기다린다.
– 미니배는 '대답' 값 번 반복하여 (1)을 한다.
   (1) 자신의 복제본을 만들고, x 좌표를 '300 / 대답' 만큼 바꾼다.
– 미니배는 복제본이 처음 생성되었을 때 모양을 보이고, 색깔 효과를 10부터 80 사이의 무작위 수만큼 준다.
– 미니배가 오른쪽 벽에 닿을 때까지 x 좌표를 1만큼 바꾸기를 반복한다.
– 미니배가 오른쪽 벽에 닿으면 미니배가 바위 쪽을 바라본다.
– 미니배가 바위에 닿을 때까지 (1)을 반복한다.
   (1) 이동방향으로 1만큼 움직이고, 크기를 0.5만큼 바꾼다.
– 미니배가 바위에 닿으면 이 복제본을 삭제한다.

문제 해결 방법 ···

주어진 블록 조합하기는 문제의 〈조건〉을 확인한 후 실습 파일의 주어진 명령어 블록만을 모두 사용하여 완성합니다.

• 코드를 작성해야 할 오브젝트가 '미니배'라는 것을 확인합니다.
• 묻고 대답 기다리기 블록을 이용하여 물어보면, 사용자가 입력한 내용은 대답 블록에 저장됩니다.
• 미니배의 복제본을 만들고, 복제본이 생성되었을 때 어떤 명령들을 실행해야 하는지 파악합니다.
• 조건이 될 때까지 반복하는 블록은 조건에 만족되면 반복하기 블록을 빠져나가 순차적으로 실행하도록 블록을 조립합니다.
• 순차적으로 실행해야 하는 내용은 빠짐없이 블록을 연결하는지 확인합니다.
• 미니배의 복제본은 주어진 명령을 실행한 후 이 복제본을 삭제하도록 코딩합니다.

다음과 같이 문제의 〈조건〉을 확인하여 코드를 완성합니다.

〈조건〉

– 엔트리 프로그램 화면 [블록 조립소]에 주어진 명령어 블록만을 모두 사용한다.

– ▶ 시작하기 버튼을 클릭하면 미니배가 모양을 숨기고, "몇 개의 배를 띄우겠습니까? (5개 이하)"를 묻고 대답 기다린다. —❶
– 미니배는 '대답' 값 번 반복하여 (1)을 한다. ―
  (1) 자신의 복제본을 만들고, x 좌표를 '300 / 대답' 만큼 바꾼다. ❷
– 미니배는 복제본이 처음 생성되었을 때 모양을 보이고, 색깔 효과를 10부터 80 사이의 무작위 수만큼 준다. —❸
– 미니배가 오른쪽 벽에 닿을 때까지 x 좌표를 1만큼 바꾸기를 반복한다. ―
– 미니배가 오른쪽 벽에 닿으면 미니배가 바위 쪽을 바라본다. ―❹
– 미니배가 바위에 닿을 때까지 (1)을 반복한다. ―
  (1) 이동방향으로 1만큼 움직이고, 크기를 0.5만큼 바꾼다. ❺
– 미니배가 바위에 닿으면 이 복제본을 삭제한다. —❻

배포 코드

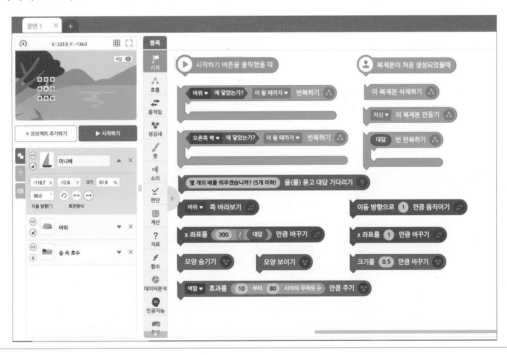

미니배 오브젝트

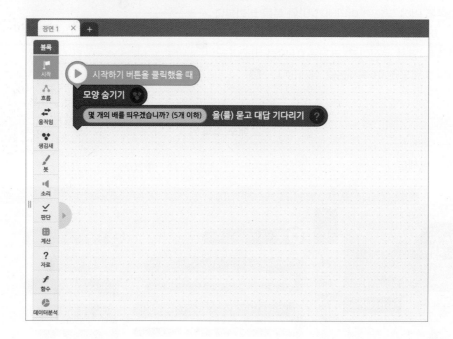

미니배 오브젝트

❶ 시작하기 버튼을 클릭하면 미니배는 원본 모양을 숨기고, "몇 개의 배를 띄우겠습니까? (5개 이하)"를 묻고 대답을 기다린다.

'미니배( )' 오브젝트에서 블록 조립을 시작합니다. 미니배가 화면에 보이지 않도록

▶ 시작하기 버튼을 클릭했을 때 에 모양 숨기기 를 연결합니다. "몇 개의 배를 띄우겠습니까? (5개 이하)"를

묻고 기다리도록 몇 개의 배를 띄우겠습니까? (5개 이하) 을(를) 묻고 대답 기다리기 를 연결합니다.

❷ 미니배는 '대답'하는 횟수만큼 자신의 복제본을 만들고 x 좌표를 '300/대답'만큼 바꾸기를 반복한다.
미니배가 '대답'번 동안 자신의 복제본을 만들고, x 좌표를 '300/대답'만큼 바꾸기를 반복하도록

 에 와 를 순서대로

조립하여 연결합니다.

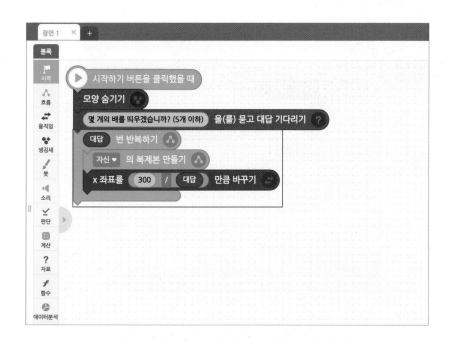

•• **Tip**

x 좌표를 300 / 대답 만큼 바꾸기 는 미니배가 위치 간격을 300을 대답으로 나눈 값만큼 오른쪽으로 이동하기
위해서입니다. 대답이 3이라면 x 좌표는 300/3인 100만큼 바꾸며, 대답이 5라면 x 좌표는 300/5인 60만큼 바꾸며 이동하게
되므로, 미니배의 간격이 대답 값에 따라 조절되어 위치됩니다.

❸ 미니배는 복제본이 처음 생성되었을 때 모양을 화면에 보이도록 하고, 색깔 효과를 10부터 80 사이의 무작위 수만큼 준다.

복제본이 처음 생성되었을 때 모양을 보이도록 👤 복제본이 처음 생성되었을때 에 모양 보이기 🔧 를 연결합니다. 미니배의 색깔 효과를 10부터 80 사이의 무작위 수만큼 주도록

색깔▼ 효과를 10 부터 80 사이의 무작위 수 만큼 주기 🔧 를 연결합니다.

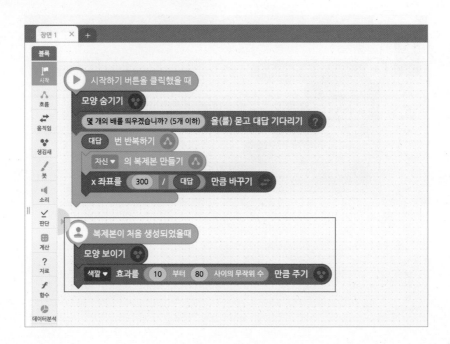

··· Tip

미니배가 복제될 때 색깔을 랜덤으로 바꾸기 위해 0 부터 10 사이의 무작위 수 블록을 이용합니다.

❹ 미니배가 오른쪽 벽에 닿을 때까지 x 좌표를 1만큼씩 바꾸기를 반복하고, 오른쪽 벽에 닿으면 미니배가 바위 쪽을 바라본다.

미니배가 오른쪽 벽에 닿을 때까지 x 좌표를 1만큼 바꾸기를 반복하도록

`오른쪽 벽 ▼ 에 닿았는가?` `이 될 때까지 ▼` `반복하기 ∧` 에 `x 좌표를 1 만큼 바꾸기` 를 조립하여 연결합니다.

미니배가 오른쪽 벽에 닿으면 미니배가 바위 쪽을 바라보도록 `바위 ▼ 쪽 바라보기` 를 연결합니다.

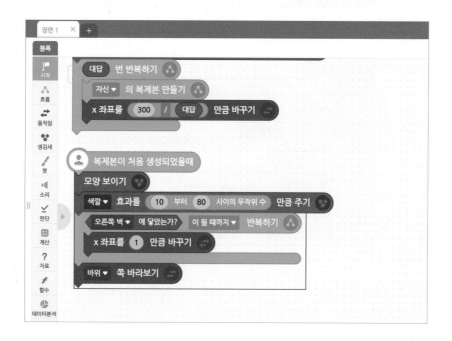

·· why

`오른쪽 벽 ▼ 에 닿았는가?` `이 될 때까지 ▼` `반복하기 ∧` 블록은 미니배가 오른쪽 벽에 닿으면 이 반복하기 블록을 빠져나가

아래의 명령을 실행합니다. 따라서 다음 실행 명령인 미니배가 오른쪽 벽에 닿으면 바위 쪽을 바라보는 코드에서 '오른쪽 벽에 닿으면'의 조건 블록을 사용하지 않아도 됩니다.

❺ 미니배가 바위에 닿을 때까지 이동방향으로 1만큼씩 움직이고, 크기를 0.5만큼씩 바꾸기를 반복한다.
미니배가 바위에 닿을 때까지 이동방향으로 1만큼 움직이고, 크기를 0.5만큼 바꾸도록

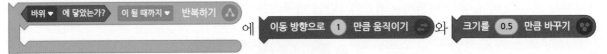

블록을 조립하여 연결합니다.

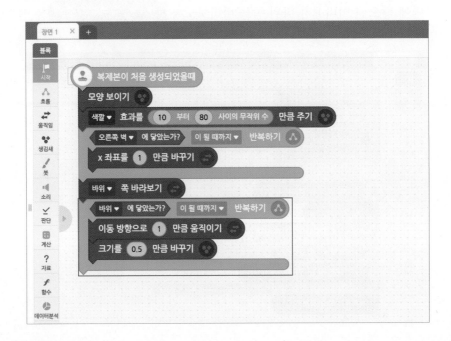

·· **Tip**

크기를 0.5 만큼 바꾸기 는 미니배의 크기를 0.5만큼 크게 합니다. 원근감 표현을 나타내기 위해 미니배가 화면 앞으로 올수록 미니배가 크게 보이도록 크기를 조절할 수 있습니다. 미니배가 화면에서 멀어져 크기를 0.5만큼 작게 하려면 −0.5라고 입력하면 됩니다.

❻ 미니배가 바위에 닿으면 복제본을 삭제한다.

미니배가 이 복제본을 삭제하도록 [이 복제본 삭제하기 ⋀]를 연결합니다.

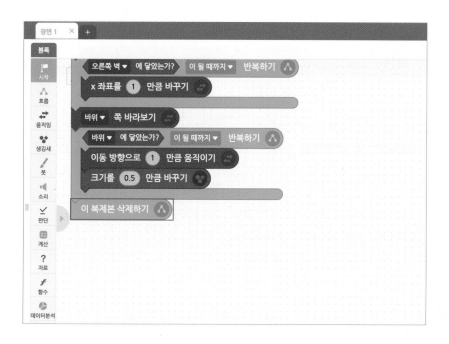

.... **Tip**

복제하기 기능은 자신을 복제하고, 복제본이 생성되었을 때 실행할 명령들을 연결한 후 마지막에 [이 복제본 삭제하기 ⋀] 블록을 연결하여, 메모리에 저장된 공간을 삭제해줍니다.

실행 확인

[▶ 시작하기] 버튼을 클릭하여 사용자가 입력한 배의 개수만큼 미니배가 위치와 색깔이 바뀌어 복제되고, 바위 쪽으로 움직이는지를 확인합니다.

미완성 부분 코딩

유형 분석

시험 문항   2급 5~6번   3급 6번

미완성 부분 코딩 유형은 제공된 미완성 블록을 지시문에 맞게 코딩하여 완성합니다.

제시 문제   식물도장으로 집 정원을 꾸밀 수 있도록 〈조건〉에 맞게 코딩하시오. (10점)

〈조건〉

– 엔트리 프로그램 화면 [블록 꾸러미]에서 필요한 블록을 가져다 사용한다.

– 아래 **〈크기 바꾸기〉**와 **〈모양 바꾸기〉** 미완성 블록을 완성한다.

– 식물은 위쪽, 아래쪽 화살표 키를 눌러 **〈크기 바꾸기〉**를 한다.
  (1) 위쪽 화살표 키를 눌렀을 때 크기를 3만큼 바꾼다.
  (2) 아래쪽 화살표 키를 눌렀을 때 크기를 –3만큼 바꾼다.

– 식물은 오른쪽 화살표 키를 눌렀을 때 다음 모양으로 바꾸는 **〈모양 바꾸기〉**를 한다.

배포 코드

 식물 오브젝트

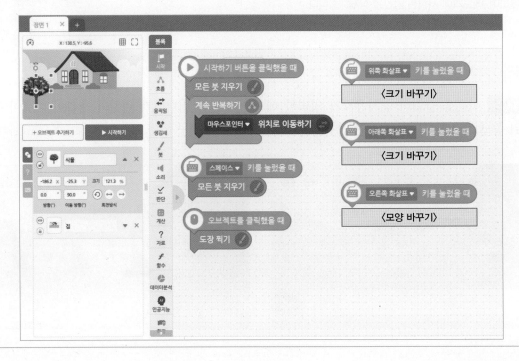

실습 파일을 열어 제시된 문제를 살펴본 후 다음과 같은 부분을 확인합니다.

• 〈크기 바꾸기〉와 〈모양 바꾸기〉처럼 완성해야 할 내용이 무엇인지 확인합니다.

• 배포 파일의 어떤 오브젝트에서 작성할 것인지 확인합니다.

• 코드를 작성해야 할 위치를 정확히 찾아 지시문에 맞게 완성합니다.

유형 익히기 1

예제 파일 Part02₩예제3-01.ent

문제 요리사가 주문받은 수만큼 빵을 복제하고 빵이 나타나면 카운트할 수 있도록 〈조건〉에 맞게 코딩하시오. (10점)

〈조건〉

– 엔트리 프로그램 화면 [블록 꾸러미]에서 필요한 블록을 가져다 사용한다.

– 아래 〈**빵 복제하기**〉와 〈**빵 카운트**〉 미완성 블록을 완성한다.

– 빵은 '빵 받기' 신호를 받았을 때 〈**빵 복제하기**〉를 한다.

  (1) ('주문수'값) 번 반복한다.

    (1-1) '자신'의 복제본을 만든다.

    (1-2) 2초 기다린다.

– 빵은 복제본이 처음 생성되었을 때 〈**빵 카운트**〉 (1) ~ (2)를 실행한다.

  (1) 5번 반복하여 (1-1) ~ (1-2)를 실행한다.

    (1-1) y 좌표를 −30만큼 바꾸고, 크기를 10만큼 바꾼다.

    (1-2) 0.1초 기다린다.

  (2) ('카운트'값)과 "개"를 합쳐 1초 동안 말하고, 이 복제본을 삭제한다.

문제 해결 방법 ••

코드를 작성할 위치를 확인하여, 미완성된 부분을 완성할 수 있도록 합니다.

• '빵 받기' 신호를 받았을 때 부분에서 〈**빵 복제하기**〉에 대한 코드를 작성합니다.

• 복제본이 처음 생성되었을 때 부분에서 〈**빵 카운트**〉 코드를 작성합니다.

• 변수 ('주문수'값)을 반복 횟수 자리에 연결합니다.

• 변수 ('카운트'값)과 입력한 문자 "개"를 합치기 블록 안에 넣어 합칩니다.

미완성된 배포 코드를, 〈조건〉에 맞게 [블록 꾸러미]에서 블록을 가져와 완성합니다.

〈조건〉

– 빵은 '빵 받기' 신호를 받았을 때 **〈빵 복제하기〉**를 한다.
　　(1) ('주문수'값) 번 반복한다. —❶
　　　　(1–1) '자신'의 복제본을 만든다. —
　　　　(1–2) 2초 기다린다. —❷
– 빵은 복제본이 처음 생성되었을 때 **〈빵 카운트〉** (1) ~ (2)를 실행한다.
　　(1) 5번 반복하여 (1–1) ~ (1–2)를 실행한다. —
　　　　(1–1) y 좌표를 –30만큼 바꾸고, 크기를 10만큼 바꾼다. —❸
　　　　(1–2) 0.1초 기다린다. —
　　(2) ('카운트'값)과 "개"를 합쳐 1초 동안 말하고, 이 복제본 삭제한다. —❹

배포 코드

 빵 오브젝트

〈빵 복제하기〉

〈빵 복제하기〉

〈빵 카운트〉

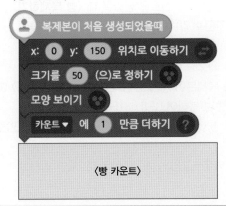

〈빵 카운트〉

〈**빵 복제하기**〉에 해당하는 ❶, ❷는 복제본을 만드는 과정이고, 〈**빵 카운트**〉에 해당하는 ❸, ❹ 중 ❸은 빵이 위에서 아래로 내려오며 크기가 커지는 모습입니다. 반복되어 실행되며 반복이 끝난 후, 몇 개인지 말하기 합니다. 각 부분을 코드로 작성하는 것을 익혀봅시다.

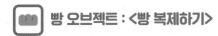 **빵 오브젝트 : <빵 복제하기>**

❶ ('주문수'값) 번 반복할 수 있도록 반복문 코드를 완성한다.

빵(■■) 오브젝트를 선택합니다. 제시된 (📡 빵 받기 ▼ 신호를 받았을 때) 아래에서 연결을 시작합니다.

[흐름(🔺)]의 ┌ 10 번 반복하기 ⟨Λ⟩ 를 가져와 (📡 빵 받기 ▼ 신호를 받았을 때) 아래에 연결합니다.

[자료(?)]의 (카운트 ▼ 값)을 가져와 ▼를 눌러 (주문수 ▼ 값)으로 변경해 10 에 넣어 연결합니다.

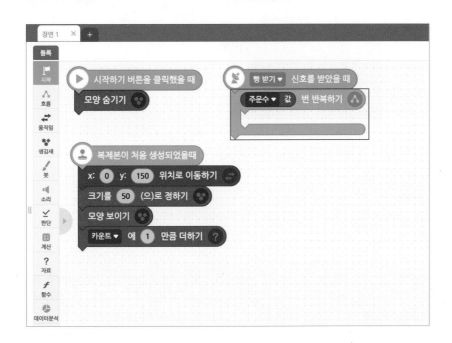

··· **Tip**

문제 파일에 변수가 만들어져 있지 않다면, [속성] – [변수] – [변수 추가하기]를 눌러 필요한 변수를 만들어 사용합니다.

··· **why**

변수가 두 개 이상 만들어져 있는 경우, 맨 나중에 만든 변수 이름이 블록에 보입니다. 변수 값이나 변수 관련 블록을 가져와 사용할 때는 사용하려는 변수 이름이 맞는지 확인한 후 사용합니다.

❷ 자신의 복제본을 2초마다 만든다.

[흐름(⋀)]의 [자신 ▾ 의 복제본 만들기 ⋀]를 가져와 연결합니다. [흐름(⋀)] [2 초 기다리기 ⋀]를 가져와
연결합니다.

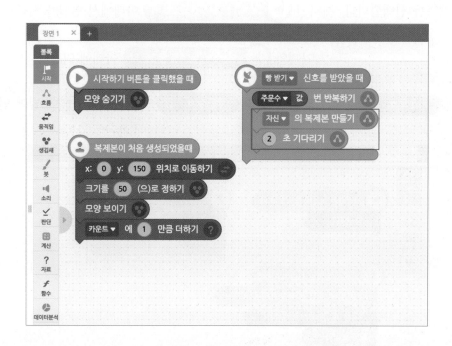

.... why

요리사가 "빵 몇 개 줄까?"를 묻고 대답을 기다립니다. 사용자가 입력한 (대답)을 변수 ('주문수'값)에 저장합니다. 복제되는
반복 횟수는 사용자가 입력한 (대답)이 저장된 ('주문수'값)만큼 반복하여 복제합니다. 그러면, '빵 받기' 신호는 누가 보낸 것
일까요? '빵 버튼'을 클릭하면 '빵 받기' 신호를 보냅니다. 그 신호를 받았을 때 빵이 복제됩니다.
지시문은 빵 오브젝트에서만 작성해도 되므로 신호를 보낸 오브젝트가 누군지, ('주문수'값)이 어떻게 정해졌는지 몰라도 코
드를 완성할 수 있지만, 전체적인 코드의 흐름을 확인해 보도록 합니다.

 빵 오브젝트 : <빵 카운트>

❸ 5번 반복하여 빵의 y 좌표 및 빵의 크기를 바꾼다.

빵(■) 오브젝트에서 계속 코드를 작성합니다. [흐름(흐름)]의 `10 번 반복하기` 를 가져와

`카운트 ▾ 에 1 만큼 더하기 ?` 아래에 연결합니다. `10` 에 '5'를 수정하여 입력합니다.

`y 좌표를 10 만큼 바꾸기` 를 가져와 `10` 을 '−30'으로 수정하여 입력합니다.

[생김새(생김새)]의 `크기를 10 만큼 바꾸기` 를 가져와 연결합니다. [흐름(흐름)]의 `2 초 기다리기` 를 가져와 '0.1'로 수정하여 입력합니다.

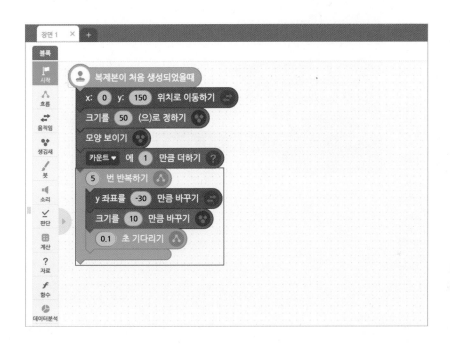

· why

빵은 복제본이 생성되었을 때는 y 좌표 150 위치에 있습니다. 5번 반복해 y 좌표를 −30만큼 내려오면 y 좌표 0에 위치하게 됩니다. 크기는 50이었다가 10만큼씩 5번 커지므로 빵은 100의 크기가 됩니다. 즉 화면 위쪽에 작게 나타나서 점점 내려와 화면 가운데에 100의 크기로 보이게 됩니다.

❹ 빵 카운트를 하여 말하기 한다.

[자료(❓자료)]의 카운트▼ 값 과 [계산(⊞계산)]의 안녕! 과(와) 엔트리 를 합치기 를 가져와,

카운트▼ 값 을 안녕! 위치에 넣어 연결합니다. 엔트리 에는 "개"를 입력합니다.

카운트▼ 값 과(와) 개 를 합치기 와 같이 조립된 블록을 [생김새(❤생김새)]의

안녕! 을(를) 4 초 동안 말하기▼ 를 가져와 안녕! 위치에 넣어 연결합니다. 4 를 '1'로 수정하여 입

력합니다. [흐름(∧흐름)]의 이 복제본 삭제하기 ∧ 를 가져와 연결합니다.

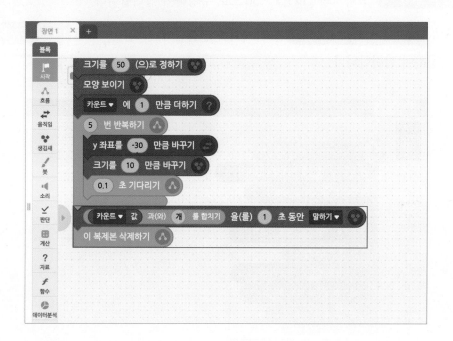

.... why

안녕! 과(와) 엔트리 를 합치기 를 사용하면 변수 값과 직접 입력한 문자를 합쳐서 출력할 수 있습니다.

실행 확인

▶ 시작하기 버튼을 클릭하여 요리사가 몇 개 주문할지 물어보고 '빵 버튼'을 누르면 '주문수'만큼 빵이 복제되어 나타나는지, 빵의 개수를 세어 말하는지 확인합니다.

.... Tip

미완성 부분을 코딩하는 이 유형은 〈조건〉으로 주어지는 두 가지 정도의 기능에 대해 코드를 완성할 수 있는지 물어봅니다. 그러므로 실행 기능을 한 가지 정도 확인할 수 있는 코드가 올 만한 위치에 미완성 부분을 둘 가능성이 큽니다. 즉, **신호 받았을 때**, **복제본이 처음 생성되었을 때** 이 두 블록 아래에 코드를 완성하라고 하는 경우가 많습니다. 그러나 [시작] 카테고리의 다른 이벤트 블록 아래 혹은 [제어] 카테고리 블록들과 연관해서도 미완성 부분이 배치될 수 있습니다.

문제 대기상태에 따라 대기질이 나빠지면 미세먼지 신호등이 경고하도록 〈조건〉에 맞게 코딩하시오. (10점)

〈조건〉

- 엔트리 프로그램 화면 [블록 꾸러미]에서 필요한 블록을 가져다 사용한다.
- 아래 〈나쁨 경고〉와 〈대기질 나빠짐〉 미완성 블록을 완성한다.

- 미세먼지 신호등은 '대기상태'가 5보다 크면 〈나쁨 경고〉를 한다.
  (1) '나쁨' 신호를 보낸다.
  (2) '미세먼지 신호등_주황' 모양으로 바꾼다.
  (3) "나쁨"을 1초 동안 말한다.
  (4) "야외 활동을 자제해 주세요."를 1초 동안 말한다.
- 구름은 복제본이 처음 생성되었을 때 〈대기질 나빠짐〉을 실행한다.
  (1) 크기를 200으로 정하고 모양을 보인다.
  (2) x 좌표 −200부터 200 사이의 무작위 수, y 좌표 30부터 150 사이의 무작위 수 위치로 이동한다.
  (3) '색깔' 효과를 4로 정하고, '투명도' 효과를 50으로 정한다.

문제 해결 방법 ●●●

신호를 보내는 부분과, 복제본이 처음 생성되었을 때 아래에 미완성된 부분을 완성합니다.

- 미세먼지 신호등의 조건선택 구조 안에 〈나쁨 경고〉 코드를 작성합니다.
- 복제본이 처음 생성되었을 때 부분에서 〈대기질 나빠짐〉 코드를 작성합니다.

풀이   미완성된 배포 코드를, 〈조건〉에 맞게 [블록 꾸러미]에서 블록을 가져와 완성합니다.

〈조건〉

– 미세먼지 신호등은 '대기상태'가 5보다 크면 〈나쁨 경고〉를 한다.
    (1) '나쁨' 신호를 보낸다. ——————┐
    (2) '미세먼지 신호등_주황' 모양으로 바꾼다. ┘ ————❶
    (3) "나쁨"을 1초 동안 말한다. ——————┐
    (4) "야외 활동을 자제해 주세요."를 1초 동안 말한다. ┘ ——❷
– 구름은 복제본이 처음 생성되었을 때 〈대기질 나빠짐〉을 실행한다.
    (1) 크기를 200으로 정하고 모양을 보인다. —❸
    (2) x 좌표 −200부터 200 사이의 무작위 수, y 좌표 30부터 150 사이의 무작위 수 위치로 이동한다. —❹
    (3) '색깔' 효과를 4로 정하고, '투명도' 효과를 50으로 정한다. —❺

배포 코드

〈나쁨 경고〉에 해당하는 ❶, ❷에서 신호를 보내고, 〈대기질 나빠짐〉에 해당하는 ❸~❺ 중 ❸은 구름의 크기와 보이기를 정하고, ❹는 복제본의 위치를 정하며, ❺는 색깔 효과와 투명도 효과를 주는 부분입니다. 각 부분을 코드로 작성하는 것을 익혀 봅시다.

❶ '나쁨' 신호를 보내고, '미세먼지 신호등_주황' 모양으로 바꾼다.

미세먼지 신호등(📟) 오브젝트를 선택합니다.

> 만일 < 대기상태 ▼ 값 > 5 > (이)라면 ∧
>
> 아니면
> > 미세먼지 신호등_파랑 ▼ 모양으로 바꾸기 ✦
> > 좋음 을(를) 1 초 동안 말하기 ▼ ✦
> > 오늘은 공기가 맑아요. 을(를) 1 초 동안 말하기 ▼ ✦

의 빈 부분에 시작(🏳️)]의 나쁨 ▼ 신호 보내기 🏳️ 를 가져와

연결합니다. [생김새(👀)]의 미세먼지 신호등_파랑 ▼ 모양으로 바꾸기 ✦ 를 가져와 ▼ 부분을 눌러

 미세먼지 신호등_주황 ▼ 모양으로 바꾸기 ✦ 와 같이 변경하여 연결합니다.

장면 1 × +

블록

시작 · 흐름 · 움직임 · 생김새 · 붓 · 소리 · 판단 · 계산 · ? 자료 · 함수 · 데이터분석 · 인공지능

> ▶ 시작하기 버튼을 클릭했을 때
> > 미세먼지 신호등_파랑 ▼ 모양으로 바꾸기 ✦
> > 좋음 을(를) 1 초 동안 말하기 ▼ ✦
> > 2 초 기다리기 ∧
> > 대기상태 ▼ 를 1 부터 10 사이의 무작위 수 (으)로 정하기 ?
> > 만일 < 대기상태 ▼ 값 > 5 > (이)라면 ∧
> > > 나쁨 ▼ 신호 보내기 🏳️
> > > 미세먼지 신호등_주황 ▼ 모양으로 바꾸기 ✦
> >
> > 아니면
> > > 미세먼지 신호등_파랑 ▼ 모양으로 바꾸기 ✦
> > > 좋음 을(를) 1 초 동안 말하기 ▼ ✦
> > > 오늘은 공기가 맑아요. 을(를) 1 초 동안 말하기 ▼ ✦

·· **Tip**

조건선택 구조 중 조건이 '참'인 경우에 실행될 부분에 명령 블록을 조합해 만듭니다.

·· **why**

무작위 수로 정한 값을 '대기상태' 변수의 값으로 정하는데, '대기상태' 값이 5보다 크다면 대기상태가 나쁜 것으로 판단해 '나쁨' 신호를 보냅니다.

❷ "나쁨"을 1초 동안 말하고, "야외 활동을 자제해 주세요."를 1초 동안 말한다.

[생김새(생김새)]의 [안녕! 을(를) 4 초 동안 말하기 ▼]를 가져와 [안녕!] 위치에 "나쁨"이라고 입력합니다.

[4]를 '1'로 수정하여 입력합니다. [생김새(생김새)]의 [안녕! 을(를) 4 초 동안 말하기 ▼]를 하나 더 가져와

"야외 활동을 자제해 주세요."를 입력합니다. [4]를 '1'로 수정하여 입력합니다.

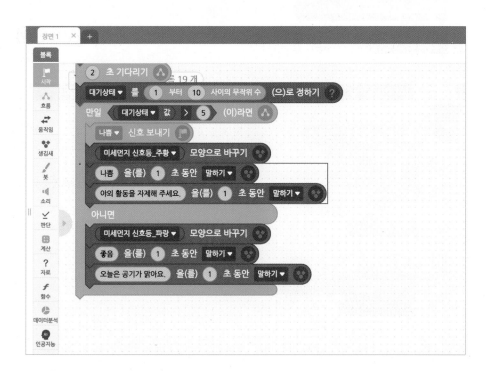

.... why

신호를 먼저 보낸 후, 1초 동안 말하기를 해야 미세먼지 신호등이 주황색으로 바뀌자마자 구름도 복제되고 색이 바로 바뀔 수 있습니다.

구름 오브젝트 : <대기질 나빠짐>

❸ 크기를 200으로 정하고 모양을 보인다.

구름(◠◠) 오브젝트를 선택합니다. 복제본이 처음 생성되었을때 아래에서 코드를 완성합니다.

[생김새( )]의 크기를 100 (으)로 정하기 를 가져와 100 을 '200'으로 수정하여 입력합니다.

[생김새( )]의 모양 보이기 를 가져와 연결합니다.

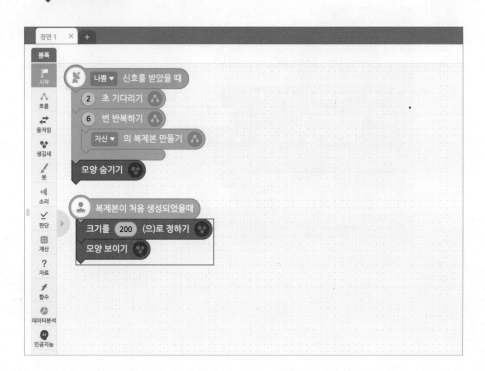

❹ x 좌표 −200부터 200 사이의 무작위 수, y 좌표 30부터 150 사이의 무작위 수 위치로 이동한다.

[계산(🔲)]의 `0 부터 10 사이의 무작위 수`를 가져와 `0`에 '−200'을 `10`에 '200'을 입력합니다.

[움직임(🔁)]의 `x: 0 y: 0 위치로 이동하기 🔁`를 가져와 x 좌표의 값으로

`-200 부터 200 사이의 무작위 수`를 넣어 연결합니다.

`0 부터 10 사이의 무작위 수`를 하나 더 가져와 `0`에 '30'을 `10`에 '150'을 입력합니다.

`30 부터 150 사이의 무작위 수`를 y 좌표 값 위치에 넣어 연결합니다.

`x: -200 부터 200 사이의 무작위 수 y: 30 부터 150 사이의 무작위 수 위치로 이동하기 🔁`를 `모양 보이기 ⚙` 아래에
연결합니다.

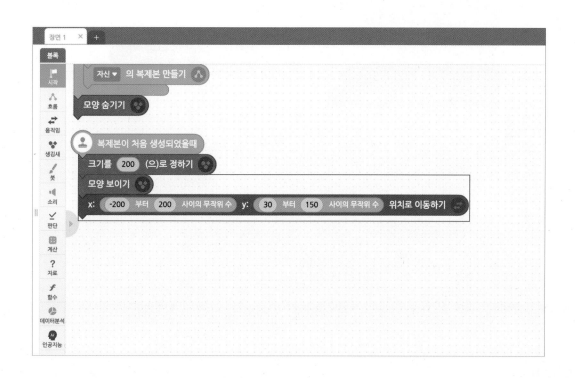

.... **why**

구름이 복제되어 나타나는 무작위 수 위치의 범위를 정합니다. 하늘 위에 구름이 골고루 무작위 수 위치에 나타나게 됩니다.

❺ '색깔' 효과를 4로 정하고, '투명도' 효과를 50으로 정한다.

[생김새( )]의 색깔 ▼ 효과를 100 (으)로 정하기 를 가져와 100 을 '4'로 입력합니다.

색깔 ▼ 효과를 100 (으)로 정하기 를 하나 더 가져와 ▼ 를 눌러 투명도 ▼ 효과를 100 (으)로 정하기 와 같이 변경한 후, 100 을 '50'으로 입력합니다.

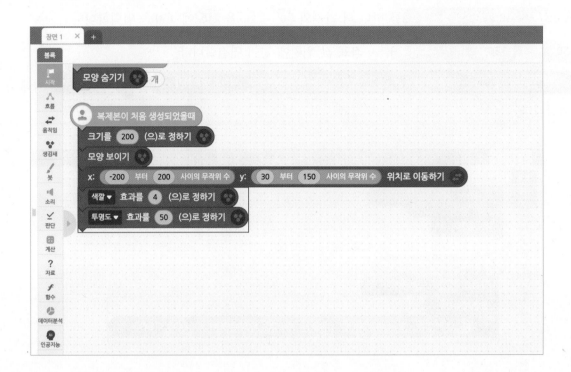

··· **why**

색깔, 밝기, 투명도 효과를 설정할 수 있습니다. 투명도 효과를 50으로 하면 오브젝트가 반투명하게 보입니다.

실행 확인

▶ 시작하기 버튼을 클릭하여 대기상태가 나빠지면 미세먼지 신호등이 '나쁨' 신호를 보내고 그 신호를 받아 구름이 복제본을 생성하는지 확인합니다.

CHAPTER 04 전체 코딩

과목 프로그래밍 설계

유형 분석

시험 문항 2급 7~8번   3급 7~8번

전체 코딩은 문제의 〈조건〉을 확인한 후 필요한 블록을 가져다 사용하여 코드를 완성합니다.

제시 문제   타자는 배팅머신에서 나온 공을 맞힐 수 있도록 〈조건〉에 맞게 코딩하시오. (20점)

〈조건〉

– 엔트리 프로그램 화면 [블록 꾸러미]에서 필요한 블록을 가져다 사용한다.

– ▶ 시작하기 버튼을 클릭하면 타자는 '타자(1)' 모양으로 바꾼다.

– ▶ 시작하기 버튼을 클릭하면 야구공은 배팅머신 위치로 이동하고 '맞힌개수' 변수를 0으로 정한다.

– 타자는 계속 반복하여 다음을 한다.

　(1) 만일 스페이스키가 눌러져 있는가?라면 4번 반복하여 다음 모양으로 바꾸고 0.1초 기다리기를 한다.

– 야구공은 자신을 복제한다.

　(1) 1초 기다린다.

　(2) 10번 반복하여 자신의 복제본을 만들고, 1초 기다리기를 한다.

– 야구공은 복제본이 처음 생성되었을 때 이동한다.

　(1) 1초 동안 x 좌표 –130 y 좌표 –20 위치로 이동한다.

　(2) 만일 타자에 닿았는가?라면 '맞힌개수'에 1만큼 더하고, 1초 동안 x 좌표 110 y 좌표 60 위치로 이동한다.

　(3) 이 복제본을 삭제한다.

타자 오브젝트

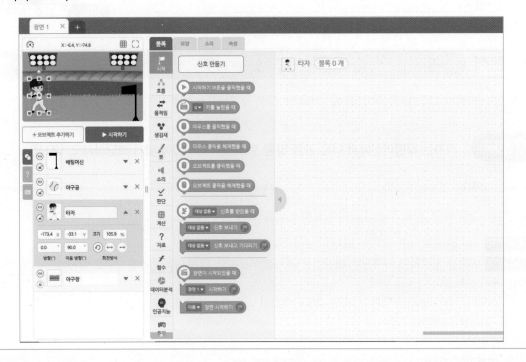

유형 해결 방법 ···

실습 파일을 열어 제시된 문제를 살펴본 후 아래 내용을 확인하여 코딩합니다.

• 코드를 작성할 오브젝트가 무엇인지 확인합니다.

• 만들어야 하는 변수, 리스트, 신호가 있는지 확인하여 '속성'에서 만듭니다.

• 〈조건〉의 내용을 확인하고, 어느 카테고리에 있는 블록인지 파악하여 해당 블록을 가져와 연결하여 코드를 완성합니다.

문제 소녀가 낙엽을 따라 과자집을 찾아가도록 〈조건〉에 맞게 코딩하시오. (10점)

〈조건〉

– 엔트리 프로그램 화면 [블록 꾸러미]에서 필요한 블록을 가져다 사용한다.

– ▶ 시작하기 버튼을 클릭하면 낙엽은 '나뭇잎수' 변수를 0으로 정하고, 모양을 숨긴다.

– 낙엽은 5번 반복하여 (1)을 한다.
  (1) x 좌표를 50만큼 바꾸고, 자신의 복제본을 만든다.

– 낙엽은 복제본이 처음 생성되었을 때 (1) ～ (2)를 한다.
  (1) 모양을 보이고, 소녀에 닿았는가?가 될 때까지 기다린다.
  (2) '나뭇잎수'에 1만큼 더하고, 이 복제본을 삭제한다.

– ▶ 시작하기 버튼을 클릭하면 (1) ～ (2)를 한다.
  (1) 소녀는 과자집에 닿았는가?가 될 때까지 x 좌표를 1만큼 바꾸기를 반복한다.
  (2) 소녀가 과자집에 닿으면 "주운 나뭇잎 수는 '나뭇잎 수' 값개 입니다."를 4초 동안 말한다.

문제 해결 방법

전체 코딩은 문제의 〈조건〉을 확인한 후 필요한 블록을 가져다 사용하여 코드를 완성합니다.

• 코드를 작성해야 할 오브젝트가 '낙엽'과 '소녀'라는 것을 확인합니다.
• 변수 '나뭇잎수'를 만듭니다.
• 낙엽이 복제 기능을 사용하였으므로, 흐름 카테고리에서 해당 블록을 가져옵니다.
• 소녀가 낙엽을 주울 때마다 나뭇잎수를 1만큼 더하는 것을 확인하여 코딩합니다.
• 계산 카테고리의 ～합치기 블록과 자료 카테고리의 나뭇잎수 값 블록을 가져와서 "주운 나뭇잎 수는 '나뭇잎 수' 값개 입니다."를 말하도록 코딩합니다.

풀이 다음과 같이 문제의 〈조건〉을 확인하여 코드를 완성합니다.

〈조건〉

– 엔트리 프로그램 화면 [블록 꾸러미]에서 필요한 블록을 가져다 사용한다.

– ▶시작하기 버튼을 클릭하면 낙엽은 '나뭇잎수' 변수를 0으로 정하고, 모양을 숨긴다. ―①

– 낙엽은 5번 반복하여 (1)을 한다. ――
  (1) x 좌표를 50만큼 바꾸고, 자신의 복제본을 만든다. ―― ②

– 낙엽은 복제본이 처음 생성되었을 때 (1) ~ (2)를 한다. ――
  (1) 모양을 보이고, 소녀에 닿았는가?가 될 때까지 기다린다. ―③
  (2) '나뭇잎수'에 1만큼 더하고, 이 복제본을 삭제한다. ―④

– ▶시작하기 버튼을 클릭하면 (1) ~ (2)를 한다. ――
  (1) 소녀는 과자집에 닿았는가?가 될 때까지 x 좌표를 1만큼 바꾸기를 반복한다. ―⑤
  (2) 소녀가 과자집에 닿으면 "주운 나뭇잎 수는 '나뭇잎 수' 값 개입니다."를 4초 동안 말한다. ―⑥

배포 코드

🍎 낙엽 오브젝트

🧒 소녀 오브젝트

 **낙엽 오브젝트**

❶ 시작하기 버튼을 클릭하면 낙엽은 '나뭇잎수' 변수를 0으로 정하고, 낙엽 원본이 화면에서 보이지 않도록 모양을 숨긴다.

'낙엽( )' 오브젝트에서 블록 조립을 시작합니다. 변수 '나뭇잎수'를 만들어 0으로 정하도록 [시작( )]의 ▶ 시작하기 버튼을 클릭했을 때 에 [자료(?)]의 나뭇잎수▼ 를 10 (으)로 정하기 ? 를 가져와 10 을 '0'으로 변경하고 연결합니다. 그리고 낙엽이 화면에 보이지 않도록 [생김새( )]의 모양 숨기기 를 연결합니다.

.... **why**

전체 코딩 유형에서는 속성(변수, 리스트, 신호)을 직접 만들어 사용해야 합니다. 문제를 보고 속성을 미리 파악하여 만들고 시작하는 것이 좋습니다.

❷ 낙엽은 x 좌표를 50만큼 바꾸고 자신의 복제본을 만들기를 5번 반복한다.

낙엽이 이동하며 5개의 복제본을 만들도록 [흐름(⚏)]의 `10 번 반복하기 ⋀` 를 가져와 `10` 을 '5'로

변경합니다. [움직임(⮀)]의 `x 좌표를 10 만큼 바꾸기 ⮀` 를 가져와 `10` 을 '50'으로 변경하여 조립하고,

이어서 [흐름(⚏)]의 `자신 ▼ 의 복제본 만들기 ⋀` 를 가져와 연결합니다.

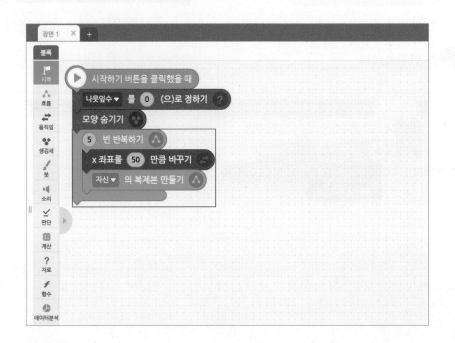

·· **why**

`자신 ▼ 의 복제본 만들기 ⋀` 블록을 이용하여 자신의 복제본을 만들고, 복제본의 원본을 숨기지 않으면 화면에 남아 있습니
다. 따라서 원본이 화면에 보이지 않게 하려면 '모양 숨기기' 블록을 이용하여 코드로 작성해야 합니다.

❸ 복제본이 생성되면 낙엽 모양이 화면에 보이도록 하고, 소녀에 닿을 때까지 기다린다.

복제본이 생성되면 낙엽이 화면에 보이고, 소녀에 닿을 때까지 기다리도록 [흐름()]의

복제본이 처음 생성되었을때 에 [생김새(생김새)]의 모양 보이기 와 [흐름(흐름)]의

참 이(가) 될 때까지 기다리기 를 가져와 차례로 연결합니다. 참 에 [판단(판단)]의

마우스포인터 ▼ 에 닿았는가? 를 가져와 '마우스포인터'를 '소녀'로 변경하여 연결합니다.

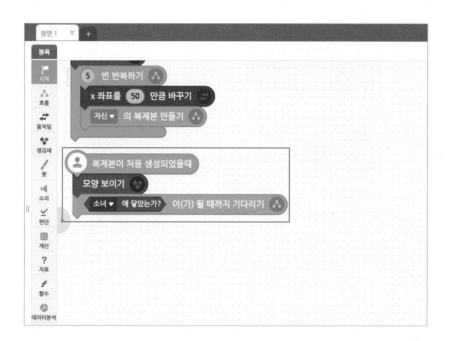

.... Tip

조건이 참이 될 때까지 기다려야 하는 코드가 있을 때 참 이(가) 될 때까지 기다리기 블록을 이용합니다.

❹ 낙엽이 소녀에 닿으면 변수 '나뭇잎수'에 1만큼 더하고, 복제본을 삭제한다.

낙엽이 소녀에 닿으면 '나뭇잎수'가 1만큼 더해지도록 [자료(?)]의 나뭇잎수▼ 에 10 만큼 더하기 ? 에

10 을 '1'로 변경하고 연결합니다. 이 복제본을 삭제하기 위해 [흐름( )]의 이 복제본 삭제하기 를

연결합니다.

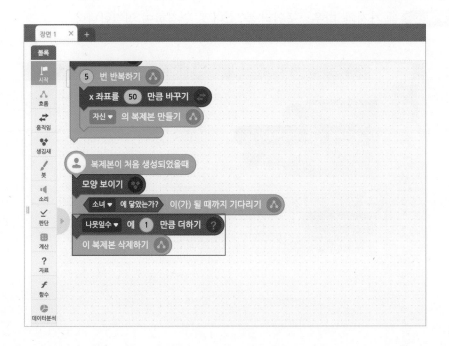

··· Tip

복제하기 기능은 자신을 복제하고, 복제본이 생성되었을 때 실행할 명령들을 연결한 후 마지막에 이 복제본 삭제하기
블록을 연결하여, 메모리에 저장된 공간을 삭제해 주어야 합니다.

❺ 시작하기 버튼을 클릭하면 소녀가 과자집에 닿을 때까지 x 좌표를 1만큼씩 바꾸기를 반복한다.

'소녀( )' 오브젝트에서 블록 조립을 시작합니다. 소녀가 과자집에 닿을 때까지 이동하도록

[시작( )]의 시작하기 버튼을 클릭했을 때 에 [흐름( )]의 참 이 될 때까지 ▼ 반복하기 를 연결한 후

참 에 [판단( )]의 마우스포인터 ▼ 에 닿았는가? 를 가져와 '마우스포인터'를 '과자집'으로 변경하여 연결합

니다. [움직임( )]의 x 좌표를 10 만큼 바꾸기 를 가져와 10 을 '1'로 변경하고 연결합니다.

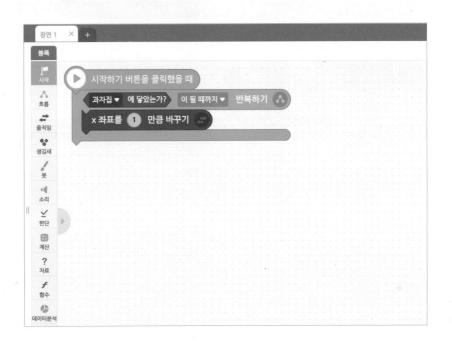

❻ 소녀가 과자집에 닿으면 "주운 나뭇잎 수는 '나무잎수'개 입니다."를 4초 동안 말한다.

소녀가 과자집에 닿으면 "주운 나뭇잎 수는 '나뭇잎수'개 입니다."를 4초 동안 말하도록 [생김새( )]의

안녕! 을(를) 4 초 동안 말하기▼ 를 연결합니다. 안녕! 위치에 [계산( )]의

안녕! 과(와) 엔트리 를 합치기 블록을 연결하고, '안녕!'에는 '주운 나뭇잎 수는'을 입력하여

변경하고, '엔트리'에는 안녕! 과(와) 엔트리 를 합치기 블록을 하나 더 연결합니다. 새로 추가한

안녕! 과(와) 엔트리 를 합치기 블록의 '안녕!'에는 [자료( )]의 나뭇잎수▼ 값 을 연결하고, '엔트

리'에는 '개 입니다.'를 입력하여 변경합니다.

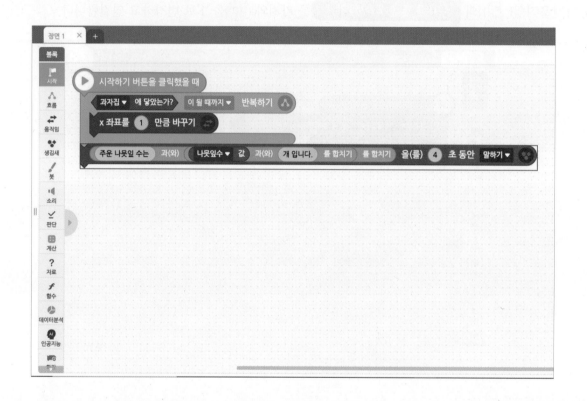

.... **why**

여러 개의 안녕! 과(와) 엔트리 를 합치기 블록을 연결할 때에는 출력되는 결과를 예상하며 연결해야 합니다.
중간에 변수 나뭇잎수▼ 값 에 입력되어 있는 값을 함께 출력하기 위해서는 합치기 블록 두 개를 이용하면 됩니다.

실행 확인

▶ 시작하기 버튼을 클릭하여 낙엽이 5개 복제되어 나타나고, 소녀가 이동하며 낙엽을 주우면 '나뭇잎 수'가 1만큼씩 증가하는지, 과자집에 도착하면 주운 나뭇잎 수를 제대로 말하는지를 확인합니다.

문제 깃발의 출발 신호를 보고, 핑크자동차와 보라자동차가 경주하도록 〈조건〉에 맞게 코딩하시오. (10점)

〈조건〉

– 엔트리 프로그램 화면 [블록 꾸러미]에서 필요한 블록을 가져다 사용한다.

– ▶ 시작하기 버튼을 클릭하면 깃발은 '깃발_빨간' 모양으로 바꾼다.
– 스페이스 키를 누르면 깃발은 '깃발_초록' 모양으로 바꾸고, 방향을 45도만큼 회전하고, '출발' 신호를 보낸다.
– 핑크자동차가 '출발' 신호를 받으면 오른쪽 벽에 닿을 때까지 x 좌표를 2부터 5 사이의 무작위 수만큼 바꾼다.
– 핑크자동차가 오른쪽 벽에 닿으면 '핑크자동차' 항목을 리스트 '경주결과'에 추가하고, 1초 기다린다.
– 만일 '핑크자동차'가 '경주결과'의 1번째 항목과 같다면 핑크자동차는 "핑크 1등!!"이라고 4초 동안 말한다.
– 보라자동차가 '출발' 신호를 받으면 오른쪽 벽에 닿을 때까지 x 좌표를 2부터 5 사이의 무작위 수만큼 바꾼다.
– 보라자동차가 오른쪽 벽에 닿으면 '보라자동차' 항목을 리스트 '경주결과'에 추가하고, 1초 기다린다.
– 만일 '보라자동차'가 '경주결과'의 1번째 항목과 같다면 보라자동차는 "보라 1등!!"이라고 4초 동안 말한다.

문제 해결 방법 •••

전체 코딩은 문제의 〈조건〉을 확인한 후 필요한 블록을 가져다 사용하여 코드를 완성합니다.

• 코드를 작성해야 할 오브젝트가 '깃발'과 '핑크자동차', '보라자동차'라는 것을 확인합니다.
• 깃발이 움직이며 '출발' 신호를 보내면 핑크자동차와 보라자동차는 출발해야 함을 확인합니다.
• 리스트 '경주결과'를 만듭니다.
• 출발 신호를 받으면 자동차의 속도를 바꾸기 위해 무작위 수 블록을 이용합니다.
• 핑크자동차와 보라자동차 중 먼저 들어오는 자동차명을 리스트 '경주결과'의 1번째 항목에 넣어야 합니다.
• 자동차 경주의 1등 결과는 '경주결과'의 1번째 항목과 비교하여 그 결과를 말하도록 코딩합니다.

다음과 같이 문제의 〈조건〉을 확인하여 코드를 완성합니다.

〈조건〉

– 엔트리 프로그램 화면 [블록 꾸러미]에서 필요한 블록을 가져다 사용한다.

– 버튼을 클릭하면 깃발은 '깃발_빨간' 모양으로 바꾼다. —❶
– 스페이스 키를 누르면 깃발은 '깃발_초록' 모양으로 바꾸고, 방향을 45도만큼 회전하고, '출발' 신호를 보낸다. —❷
– 핑크자동차가 '출발' 신호를 받으면 오른쪽 벽에 닿을 때까지 x 좌표를 2부터 5 사이의 무작위 수만큼 바꾼다. —❸
– 핑크자동차가 오른쪽 벽에 닿으면 '핑크자동차' 항목을 리스트 '경주결과'에 추가하고, 1초 기다린다. —❹
– 만일 '핑크자동차'가 '경주결과'의 1번째 항목과 같다면 핑크자동차는 "핑크 1등!!"이라고 4초 동안 말한다. —❺
– 보라자동차가 '출발' 신호를 받으면 오른쪽 벽에 닿을 때까지 x 좌표를 2부터 5 사이의 무작위 수만큼 바꾼다. ─┐
– 보라자동차가 오른쪽 벽에 닿으면 '보라자동차' 항목을 리스트 '경주결과'에 추가하고, 1초 기다린다. ───┤─❻
– 만일 '보라자동차'가 '경주결과'의 1번째 항목과 같다면 보라자동차는 "보라 1등!!"이라고 4초 동안 말한다. —❼

배포 코드

🚩 깃발 오브젝트

🚗 핑크자동차 오브젝트	🚓 보라자동차 오브젝트
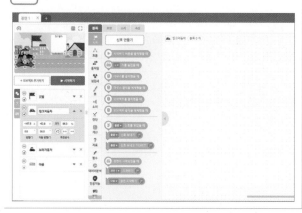	

깃발 오브젝트

❶ 시작하기 버튼을 클릭하면 깃발은 '깃발_빨간' 모양으로 바꾼다.

'깃발(▶)' 오브젝트에서 블록 조립을 시작합니다. 깃발 모양을 '깃발_빨간' 모양으로 바꾸도록

▶ 시작하기 버튼을 클릭했을 때 에 [생김새(💥)]의 깃발_빨간 ▼ 모양으로 바꾸기 💥 를 연결합니다.

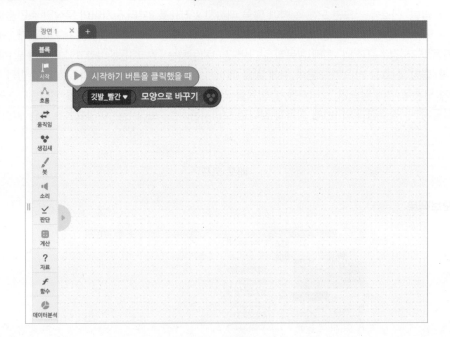

❷ 스페이스 키를 누르면 깃발은 '깃발_초록' 모양으로 바꾸고, 방향을 45도만큼 회전하고, '출발' 신호를 보낸다.

스페이스 키를 누르면 깃발 모양을 '깃발_초록'으로 바꾸도록 [시작( )]의 q▼ 키를 눌렀을 때 를 가져와 '스페이스'로 바꾸고, [생김새( )]의 깃발_빨간▼ 모양으로 바꾸기 를 가져와 '깃발_초록'으로 바꾸어 연결합니다. 깃발의 방향을 45도 회전하도록 [움직임( )]의 방향을 90° 만큼 회전하기 를 가져와 90°을 '45'로 변경하여 입력합니다. '출발' 신호를 만들고, '출발' 신호를 보내도록 [시작( )]의 출발▼ 신호 보내기 를 연결합니다.

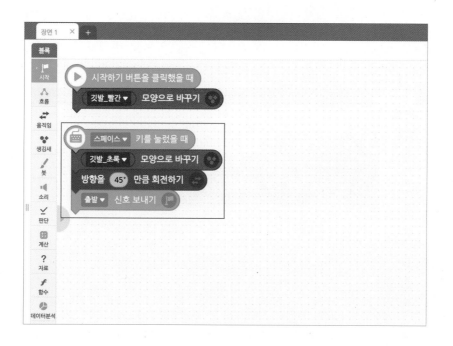

.... Tip

깃발이 출발 신호를 보낼 때 깃발 색깔도 빨강에서 초록으로 바꾸고, 45도 회전하여 신호를 확인할 수 있도록 합니다.

 **핑크자동차 오브젝트**

❸ 핑크자동차가 '출발' 신호를 받으면 오른쪽 벽에 닿을 때까지 x 좌표를 2부터 5 사이의 무작위 수만큼 바꾸기를 반복한다.

핑크자동차가 '출발' 신호를 받으면 오른쪽 벽에 도착할 때까지 2부터 5 사이의 랜덤 속도로 달리도록

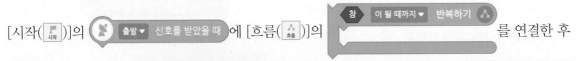

[시작( )]의 에 [흐름( )]의 를 연결한 후

에 [판단( )]의 를 가져와 '마우스포인터'를 '오른쪽 벽'으로 변경하여

연결합니다. [움직임( )]의 를 가져와 10 을 [계산( )]의

0 부터 10 사이의 무작위 수 로 변경하고 0 은 '2'로, 10 은 '5'로 변경하여 연결합니다.

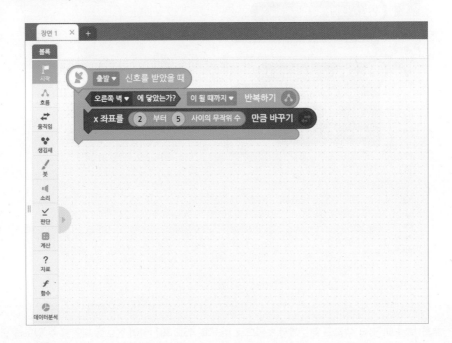

❹ 핑크자동차가 오른쪽 벽에 닿으면 '핑크자동차' 항목을 리스트 '경주결과'에 추가하고, 1초를 기다린다.
리스트 '경주결과'를 만듭니다. 핑크자동차가 오른쪽 벽에 닿으면 '핑크자동차' 항목을 리스트 '경주결과'
에 추가하도록 [자료(? 자료)]의 [10 항목을 경주결과▼ 에 추가하기 ?]를 가져와 10 은 '핑크자동차'로 변경하
여 연결합니다. 1초 기다리도록 [흐름(흐름)]의 [2 초 기다리기]를 연결하고 2 를 '1'로 변경하여 입력
합니다.

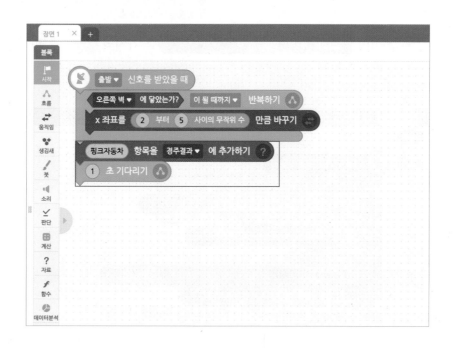

❺ 핑크자동차와 경주결과의 1번째 항목의 내용과 같다면 핑크자동차는 "핑크 1등!!"이라고 4초 동안 말한다.

'핑크자동차'와 '경주결과'의 1번째 항목이 같다면 "핑크 1등!!"을 4초 동안 말하도록 [흐름( )]의

을 가져와 에 [판단( )]의 을 연결합니다. 왼쪽 에는 '핑크자동차'를 입력하고, 오른쪽 에는 [자료( )]의 경주결과 ▼ 의 1 번째 항목 을 가져와 조립합니다. 그리고 [생김새( )]의 안녕! 을(를) 4 초 동안 말하기 ▼ 를 가져와 안녕! 에 '핑크 1등!!'을 입력하여 변경합니다.

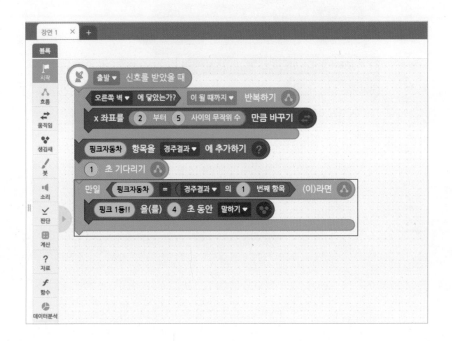

·· **Tip**

핑크자동차 항목을 경주결과 ▼ 에 추가하기 블록을 이용하여 리스트 '경주결과'에 항목을 추가합니다. 핑크자동차가 먼저 들어온 경우 '핑크자동차' 항목이 '경주결과'의 1번째 항목에 추가됩니다.

보라자동차 오브젝트

❻ 보라자동차가 '출발' 신호를 받으면 오른쪽 벽에 도착할 때까지 x 좌표 2부터 5 사이의 무작위 수만큼 바꾸기를 반복하고, 오른쪽에 닿으면 '보라자동차' 항목을 리스트 '경주결과'에 추가하고 1초 기다린다. 보라자동차가 '출발' 신호를 받으면 오른쪽 벽에 도착할 때까지 2부터 5 사이의 랜덤 속도로 달리도록 핑크자동차와 마찬가지로 코드를 작성합니다. 보라자동차가 오른쪽 벽에 닿으면 '보라자동차' 항목을 리스트 '경주결과'에 추가하도록 [자료(🔲)]의 🔘10 항목을 경주결과▼ 에 추가하기 ❓ 를 가져와 🔘10 을 '보라자동차'로 변경하여 연결합니다. 1초 기다리도록 [흐름(🔺)]의 2 초 기다리기 🔺 를 연결하고 2 를 '1'로 변경하여 입력합니다.

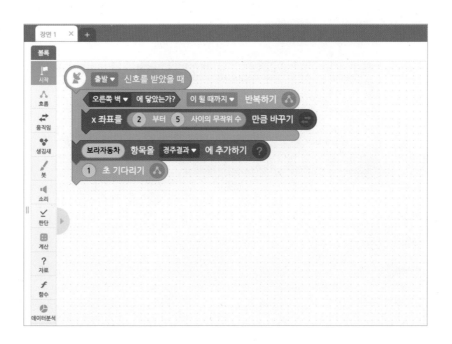

❼ 보라자동차와 경주결과의 1번째 항목의 내용과 같다면 보라자동차는 "보라 1등!!"이라고 4초 동안 말한다.

'보라자동차'와 '경주결과'의 1번째 항목이 같다면 "보라 1등!!"을 4초 동안 말하도록 [흐름(△)]의

만일 참 (이)라면 △ 을 가져와 참 에 핑크자동차에서 작성했던 코드와 마찬가지로

보라자동차 = 경주결과▼ 의 1 번째 항목 을 조립하여 연결합니다. 그리고 [생김새(🐵)]의

안녕! 을(를) 4 초 동안 말하기▼ 🐵 를 가져와 안녕! 에 '보라 1등!!'을 입력하여 변경합니다.

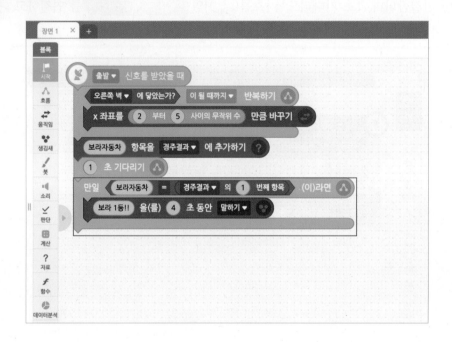

.... Tip

경주 결과 누가 1등인지를 확인하기 위해 보라자동차와 '경주결과'의 1번째 항목과 같은지를 비교합니다. 이때 보라자동차 = 경주결과▼ 의 1 번째 항목 블록의 결과가 참인지를 확인하여 코드를 작성하면 됩니다. 보라자동차가 먼저 들어왔다면 '경주결과'의 1번째 항목에 '보라자동차'가 입력되어 있으니 비교 결과 '참'이 됩니다

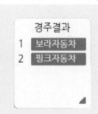

실행 확인

▶ 시작하기 버튼을 클릭하여 깃발이 출발 신호를 보내면, 핑크자동차와 보라자동차가 달리기 시작하여 속도를 바꾸며 달리고, 1등으로 도착한 자동차의 결과를 말하는지 확인합니다.

.... Tip

속성 추가하는 방법

블록 카테고리 위의 탭 중 [속성] 탭을 눌러 속성들을 추가합니다. 각 속성을 추가하는 방법은 아래와 같습니다.

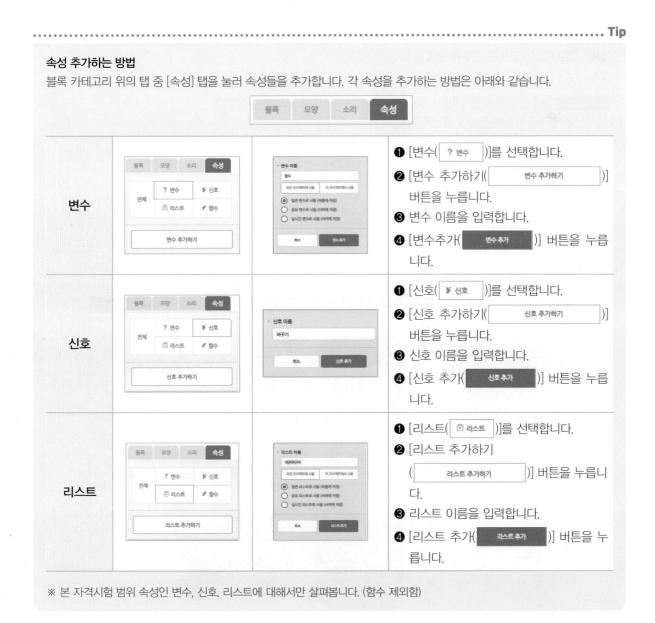

※ 본 자격시험 범위 속성인 변수, 신호, 리스트에 대해서만 살펴봅니다. (함수 제외함)

오류 수정

과목 〉 프로그래밍 설계

유형 분석

시험 문항 2급 3~4번 3급 문항 없음

오류 수정 유형은 오류 블록의 값이나 연산부호를 고치거나, 지시문에 맞게 새로운 블록을 가져와 코드를 완성합니다.

제시 문제 〉 심판이 더 멀리 찬 공을 말할 수 있도록 〈조건〉에 맞게 코딩하시오. (10점)

〈조건〉

– 엔트리 프로그램 화면 [블록 조립소]를 올바르게 코딩한다.
– **'심판' 오브젝트**의 코드 중 **2곳의 오류**를 찾아 수정한다.
※ 오류 수정은 [블록 꾸러미]에서 필요한 블록을 가져다 사용하거나 기존 블록을 수정하여 완성한다.

– ▶시작하기 버튼을 클릭하면 심판이 공차기 승부를 알려주도록 **코드를 수정한다.**
(1) 영희공과 철수공의 날아간 정도를 판단한다.
    (1–1) 영희공이 철수공보다 더 멀리 가면 "영희가 이겼습니다."라고 2초 동안 말한다.
    (1–2) 철수공이 영희공보다 더 멀리 가면 "철수가 이겼습니다."라고 2초 동안 말한다.
    (1–3) 영희공과 철수공이 같은 위치면 "무승부입니다."라고 2초 동안 말한다.

배포 코드

 심판 : 〈'심판' 오브젝트 : 2곳의 오류 수정〉

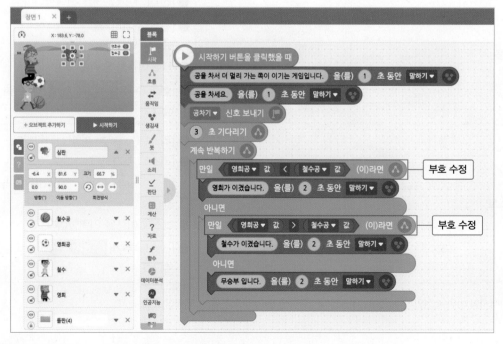

※ 문제 파일 안의 코드입니다. 오류를 찾아 수정합니다.

실습 파일을 열어 제시된 문제를 살펴본 후 다음과 같은 부분을 확인합니다.

- 어느 오브젝트인지, 오류가 몇 개인지 문제를 통해 확인합니다.
- 파일을 열어 해당 오브젝트를 선택하여, 지시문을 보면서 코드를 검토합니다.
- 아래의 '자주 발생하는 오류와 수정의 예시'를 참고해 익혀 둡니다.

자주 발생하는 오류와 수정의 예시

① 논리적 오류(프로그램이 실행되지만 결과가 예상과 다르게 나오는 경우)

- <u>조건 설정 문제</u> : 조건문이 예상한 상황에 맞게 작동하는지, 코드와 비교해 검토합니다.
- <u>비교 연산 문제</u> : 비교 연산자(특히 부등호)가 제대로 설정되었는지 확인합니다.
- <u>블록 누락 및 잘못된 배치</u> : 블록이 누락 되거나 제 위치에 연결되었는지 확인합니다.

② 값 설정 및 잘못된 입력 오류(변수나 값 입력 실수)

- <u>변수 설정 오류</u> : 반복 횟수나 변수의 값 설정이 정확히 되었는지 확인합니다.
- <u>좌표 설정 오류</u> : x, y 좌표 값에 음의 부호(−)를 잘못 입력하였는지 확인합니다.
- <u>사용자 입력(대답) 값 사용</u> : 입력된 대답을 변수에 저장하여 사용하는지 확인합니다.

③ 실행 오류(프로그램이 제대로 실행되지 않는 경우)

- 반복문 문제 : 반복문이 무한히 실행되지 않고 다음 단계로 넘어가는지 확인합니다.
- 0으로 나누기 오류 : 0으로 나누는 연산으로 실행 오류가 발생하지 않도록 주의합니다.
- 리스트 인덱스 오류 : 리스트 항목의 길이보다 큰 인덱스(순서 번호) 사용으로 인해 오류가 발생하지 않도록 주의합니다.

④ 연산 관련 오류

- 연산식 오류 : 수식이 올바르게 설정되어 원하는 계산이 이루어지는지 확인합니다.
- 문자열 결합 오류 : [합치기] 블록을 사용 시 빠진 값이 없도록 순서에 맞게 연결합니다.
- 자료형 오류 : 숫자가 아닌 문자를 숫자 연산에 사용하지 않도록 합니다.

문제 거미는 거미줄을 그리고, 모기가 날아가다 거미에 닿아 멈추도록 〈조건〉에 맞게 코딩하시오. (10점)

〈조건〉

– 엔트리 프로그램 화면 [블록 조립소]를 올바르게 코딩한다.

– **'모기' 오브젝트**의 코드 중 **2곳의 오류**를 찾아 수정한다.

– **'거미' 오브젝트**의 코드 중 **1곳의 오류**를 찾아 수정한다.

※ 오류수정은 [블록 꾸러미]에서 필요한 블록을 가져다 사용하거나 기존 블록을 수정하여 완성한다.

– 모기가 다음 조건대로 움직이도록 **코드를 수정한다.**

  (1) ('모기'의 'x 좌푯값')이 –200보다 작아질 때까지 (1–1) ~ (1–3)을 반복한다.

    (1–1) '거미'에 닿으면 "아이쿠"를 1초 동안 말하고 이 코드를 멈춘다.

    (1–2) x 좌표를 –7만큼 바꾼다.

    (1–3) y 좌표를 –2만큼 바꾼다.

    (1–4) 0.1초 기다린다.

– 거미가 다음 조건대로 움직이도록 **코드를 수정한다.**

  (1) 10번 반복하여 (1–1) ~ (1–3)을 실행한다.

    (1–1) 그리기 시작한다.

    (1–2) 20번 반복하여 이동 방향으로 10만큼 움직인다.

    (1–3) 그리기 멈춘다.

    (1–4) 0.1초 기다린 후 x 좌표 0, y 좌표 0 위치로 이동한다.

    (1–5) 방향을 (360/10)만큼 회전한다.

문제 해결 방법

코드를 작성할 위치를 확인하여, 미완성된 부분을 완성할 수 있도록 합니다.

• 모기는 "아이쿠!" 말하기 한 다음에 [이 코드 멈추기]를 해야 움직임을 멈춥니다.

• 0으로 나누기하면 실행 오류가 생겨서 제대로 작동되지 않습니다. 거미줄 10개를 그리려면 360을 10으로 나눈 수, 즉 36도만큼 회전해야 합니다.

〈조건〉

– 모기가 다음 조건대로 움직이도록 **코드를 수정한다.**

  (1) ('모기'의 'x 좌푯값')이 –200보다 작아질 때까지 (1–1) ～ (1–3)를 반복한다. —❶

    (1–1) '거미'에 닿으면 "아이쿠"를 1초 동안 말하고 이 코드를 멈춘다. —❷

    (1–2) x 좌표를 –7만큼 바꾼다.

    (1–3) y 좌표를 –2만큼 바꾼다.

    (1–4) 0.1초 기다린다.

– 거미가 다음 조건대로 움직이도록 **코드를 수정한다.**

  (1) 10번 반복하여 (1–1) ～ (1–3)을 실행한다.

    (1–1) 그리기 시작한다.

    (1–2) 20번 반복하여 이동 방향으로 10만큼 움직인다.

    (1–3) 그리기 멈춘다.

    (1–4) 0.1초 기다린 후 x 좌표 0, y 좌표 0 위치로 이동한다.

    (1–5) 방향을 (360/10) 만큼 회전한다. —❸

배포 코드

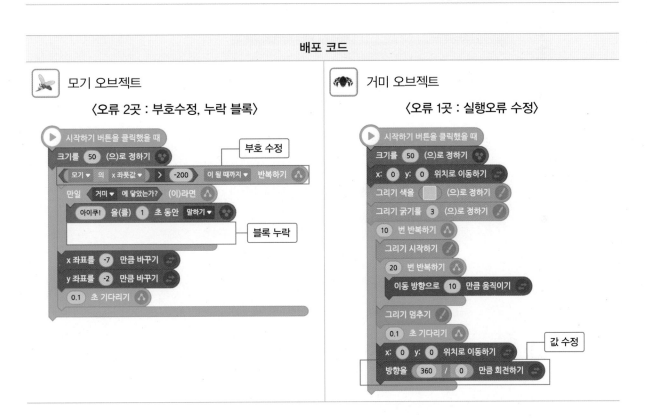

모기의 ❶과 ❷는 논리오류에 해당하는 부분으로 모기가 날아오지 않고, 거미를 만나도 멈추지 않습니다. ❶ 부분의 부등호 방향을 수정하고, ❷에 [이 코드 멈추기] 누락된 블록을 연결해야 제대로 작동됩니다. 거미는 ❸ 부분에 360/0으로 되어 있어 실행 오류가 발생합니다. 0을 10으로 수정해야 10개의 선을 그립니다.

모기 오브젝트 : <오류 2곳>

❶ 반복 조건부분의 부등호 방향을 바꾸어 모기가 움직이도록 수정한다.

모기( ) 오브젝트를 선택합니다. 〈 모기 ▼ 의 x 좌푯값 ▼ 〉 〉 -200 〉 의 부등호 부분 〉을 클릭하여

〈 모기 ▼ 의 x 좌푯값 ▼ 〈 -200 〉와 같이 변경합니다.

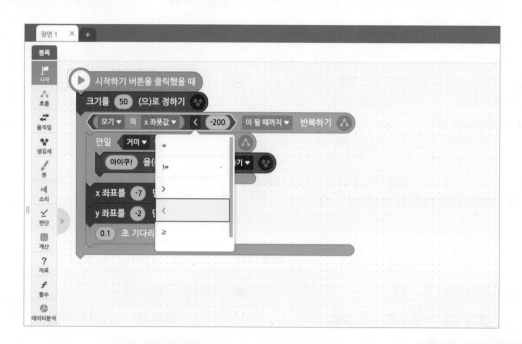

··· **why**

모기의 x 좌표가 처음부터 이미 −200보다 큰 상황입니다. 그런데 모기의 x 좌표가 −200보다 커질 때까지 반복해 이동하라고 하면 모기는 움직이지 않습니다. x 좌표가 줄어들다가 −200보다 작아지면 이동을 멈추도록 하기 위해 부등호 방향을 바꿔줍니다.

❷ 모기가 거미를 만나면 멈추도록 블록을 새로 가져와 연결한다.

[흐름( )]의 모든▼ 코드 멈추기 를 가져와 연결합니다. ▼를 눌러 이▼ 코드 멈추기 와 같이 수정하여 연결합니다.

·· why

거미에 닿은 순간 이 코드를 멈추기를 해야, 모기가 계속 이동하는 것을 멈추게 됩니다.

🕷 **거미 오브젝트 : <오류 1곳>**

❸ 거미가 선 하나를 그리고 가운데로 이동해서 360을 10으로 나눈 값만큼 회전한 후 다시 선을 그리도록 코드를 수정한다.

거미(🕷) 오브젝트를 선택합니다. 360 / 0 코드의 0 을 '10'으로 수정해 입력합니다.

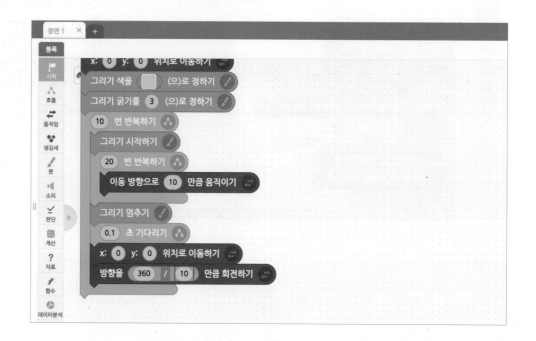

·· **why**

0으로 수를 나누기하면 실행 오류가 발생하여 제대로 작동되지 않습니다. 컴퓨터는 수를 0으로 나눌 수 없습니다.

실행 확인

▶ 시작하기   버튼을 클릭하여 거미가 거미줄을 그리고 모기가 날아오다 거미를 만나면 멈추는지 확인합니다.

문제 우주인은 지구쪽으로 다가가며 작아지고, 지구를 클릭하면 지구가 자전하도록 〈조건〉에 맞게 코딩하시오. (10점)

〈조건〉

– 엔트리 프로그램 화면 [블록 조립소]를 올바르게 코딩한다.

– **'우주인' 오브젝트**의 코드 중 **2곳의 오류**를 찾아 수정한다.

– **'지구' 오브젝트**의 코드 중 **1곳의 오류**를 찾아 수정한다.

※ 오류수정은 [블록 꾸러미]에서 필요한 블록을 가져다 사용하거나 기존 블록을 수정하여 완성한다.

– 우주인이 다음 조건대로 움직이도록 **코드를 수정한다.**

  (1) 35번 반복하여 (1-1) ~ (1-3)을 실행한다.

    (1-1) x 좌표를 5만큼 바꾸고, y 좌표를 1만큼 바꾼다.

    (1-2) 크기를 −1만큼 바꾼다.

    (1-3) 0.1초 기다린다.

  (2) 35번 반복하여 (2-1) ~ (2-3)을 실행한다.

    (2-1) x 좌표를 4만큼 바꾸고, y 좌표를 −2만큼 바꾼다.

    (2-2) 크기를 −3만큼 바꾼다.

    (2-3) 0.1초 기다린다.

– 지구가 다음 조건대로 움직이도록 **코드를 수정한다.**

  (1) 계속 반복하여 다음 (1-1) ~ (1-2)를 실행한다.

    (1-1) 만일 '그림순서' 값이 0이라면 '그림순서'를 7로 정한다.

    (1-2) 아니면 '그림순서' 값으로 모양을 바꾸고, 0.3초 기다린 후 '그림순서'를 −1만큼 바꾼다.

문제 해결 방법 •

• 우주인이 지구 쪽으로 가지 않고 다른 위치로 이동하는 것을 수정하기 위해 x 좌푯값과 y 좌푯값을 바르게 입력합니다.

• 지구의 '그림순서' 값이 7부터 시작해 줄어들어야 합니다.

| 풀이 | 미완성된 배포 코드를, 〈조건〉에 맞게 [블록 꾸러미]에서 블록을 가져와 완성합니다. |

〈조건〉

- 우주인이 다음 조건대로 움직이도록 **코드를 수정한다.**
  (1) 35번 반복하여 (1–1) ~ (1–3)을 실행한다.
    (1–1) x 좌표를 5만큼 바꾸고, y 좌표를 1만큼 바꾼다. —❶
    (1–2) 크기를 −1만큼 바꾼다. ┐
    (1–3) 0.1초 기다린다. ┘ ❷
  (2) 35번 반복하여 (2–1) ~ (2–3)을 실행한다.
    (2–1) x 좌표를 4만큼 바꾸고, y 좌표를 −2만큼 바꾼다.
    (2–2) 크기를 −3만큼 바꾼다.
    (2–3) 0.1초 기다린다.
- 지구가 다음 조건대로 움직이도록 **코드를 수정한다.**
  (1) 계속 반복하여 다음 (1–1) ~ (1–2)를 실행한다.
    (1–1) 만일 '그림순서' 값이 0이라면 '그림순서'를 7로 정한다. —❸
    (1–2) 아니면 '그림순서' 값으로 모양을 바꾸고, 0.3초 기다린 후 '그림순서'를 −1만큼 바꾼다.

배포 코드

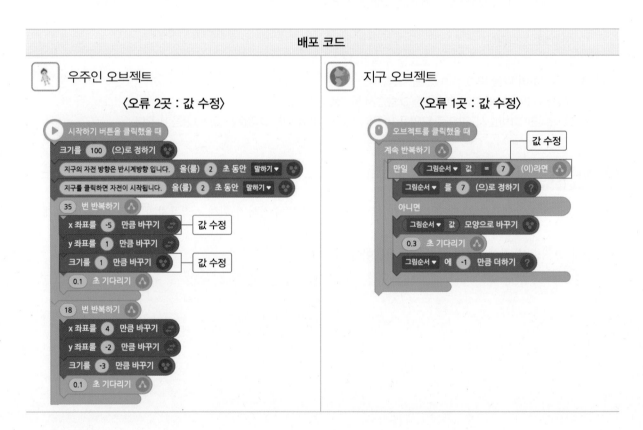

우주인의 ❶ 부분에서 좌표를 지구가 있는 오른쪽으로 바꾸고, ❷ 부분에서는 점점 작아지도록 값을 입력합니다. 지구의 ❸ 부분은 모양 순서를 7부터 1까지 계속 바꾸도록 조건부의 값을 수정합니다.

 우주인 오브젝트 : <오류 2곳>

❶ 우주인이 지구가 있는 쪽으로 이동하도록 x 좌표를 바꾸는 값을 수정한다.

우주인( ) 오브젝트를 선택합니다. 35 번 반복하기 ∧ 블록 안쪽의

x 좌표를 -5 만큼 바꾸기 의 -5 를 '5'로 수정하여 입력합니다.

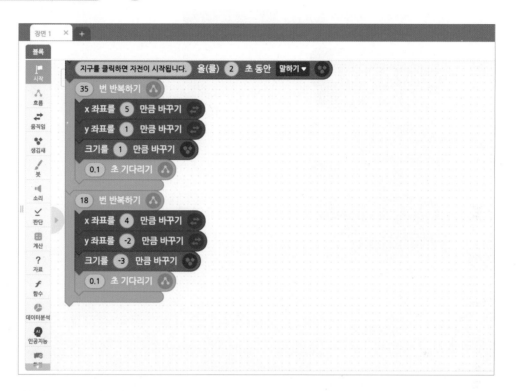

.... Tip

- x 좌표를 10 만큼 바꾸기 블록을 사용해 오브젝트를 오른쪽으로 이동시키려면 양의 수를 입력하고, 왼쪽으로 이동시키려면 음의 수를 입력합니다.
- y 좌표를 10 만큼 바꾸기 블록을 사용해 오브젝트를 위쪽으로 이동시키려면 양의 수를 입력하고, 아래쪽으로 이동시키려면 음의 수를 입력합니다.

❷ 우주인이 점점 작아지도록 수정한다.

 블록 안쪽의 크기를 ① 만큼 바꾸기 블록의 ①의 값을 '-1'로 수정하여

입력합니다.

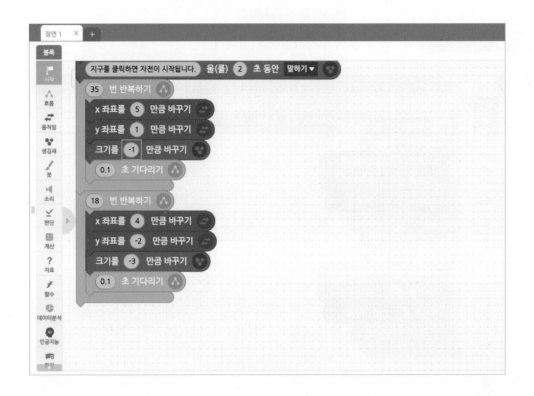

.... why

우주인의 크기는 처음에 100으로 정해져 있습니다. 35번 반복해서 −1만큼 작아지고, 18번 반복해서 −3만큼 작아지면 지구 근처에 도착했을 때는 크기가 11 정도로 매우 작게 보이게 됩니다.

 지구 오브젝트 : <오류 1곳>

❸ 지구가 모양 순서 7부터 시작해 1까지 보여주는 것을 계속 반복하도록 수정한다.

지구 ( ) 오브젝트를 선택합니다. 그림순서 ▼ 값 = 7 의 7 을 '0'으로 수정하여 입력해

그림순서 ▼ 값 = 0 처럼 만들어 줍니다.

```
                  지구_7 ▼   모양으로 바꾸기

        오브젝트를 클릭했을 때

        계속 반복하기
          만일   그림순서 ▼  값  =  0   (이)라면
            그림순서 ▼  를  7   (으)로 정하기
          아니면
            그림순서 ▼  값   모양으로 바꾸기
            0.3   초 기다리기
            그림순서 ▼  에  -1  만큼 더하기
```

··· **why**

'그림순서' 변수의 값은 7부터 시작해 −1씩 계속 줄어들다가 0이 됩니다. 즉 변수 '그림순서' 값이 0이 아닌 7, 6, 5, 4, 3, 2, 1 일때 '그림순서'번째의 모양을 보여주고, 0이 되는 순간 다시 '그림순서' 값이 7로 정해집니다. 그러므로 계속 7부터 1까지 반복하게 됩니다.

실행 확인

▶ 시작하기 　버튼을 클릭하여 우주인이 지구 쪽으로 다가가며 작아지고, 지구를 클릭하면 자전을 시작하는지 확인합니다.

PART 03

공개문제 따라하기

공개문제 따라하기

공개문제 따라하기 2급

시험 시간	SW	응시일	수험번호	성명
45분	엔트리	년 월 일		

수험자 유의사항

- 수험자는 감독관의 안내에 따라 시험지와 시험용 SW 등의 이상 여부를 확인해야 합니다.
- 시험지는 시험이 끝난 후 제출해야 하며, 미제출 시 실격 처리됩니다.
- 제한된 시간 내에 시험을 완료하여야 합니다.
- 시험 시작 후에는 화장실 출입이 불가하며, 시험 시간 중에는 퇴실할 수 없습니다.
- 시험 시간 중 고사실 내에서 휴대 전화기, 디지털카메라, MP3 등 전자 기기를 소지한 경우, 해당자의 시험을 무효로 처리하오니 절대 휴대하지 않도록 합니다.
- 부정 응시 및 문제 유출에 해당하는 행위 즉, 답안을 타인에게 전달 및 외부로 반출하는 경우, 자격기본법 제32조에 의거 부정행위로 간주하여 해당자의 시험을 무효로 하며 민/형사상의 책임을 물을 수 있습니다.

답안 작성요령

- 답안 작성 절차
  - 바탕화면(Desktop) / SWC2-공개 / 수험번호-성명 / 파일에 답안을 작성 또는 작업 후 저장
- 시험을 완료한 수험자는 감독관의 안내에 따라 ① 시험지를 제출하고 ② 답안 파일을 저장한 후 퇴실합니다.

SMART KPC
kpc 한국생산성본부

- Part03₩SWC2-공개
- 수험번호-성명 폴더를 마우스 오른쪽 버튼으로 클릭한 후, [이름 바꾸기]를 클릭
  → 본인의 수험번호-성명으로 수정하시오.
- 본인의 수험번호-성명으로 수정된 폴더 안의 파일을 문항별로 더블클릭하여 프로그램을 실행합니다.
- 문항별 조건에 따라 작업을 완료하였으면, 파일 〉 저장하기 버튼을 클릭하여 저장합니다.

과목 1 알고리즘 설계

문제 01 소녀가 인공지능 스피커 지나를 통해 날씨를 검색할 수 있도록 〈조건〉에 맞게 코딩하시오. (10점)

〈조건〉

- 엔트리 프로그램 화면 [블록 꾸러미]에서 필요한 블록을 가져다 사용한다.
- 아래 〈날씨 검색〉과 〈검색 결과〉 순서도를 참고하여 블록을 완성한다.
- ▶시작하기 버튼을 클릭하면 소녀는 〈날씨 검색〉을 한다.
- 지나는 〈검색 결과〉를 알려준다.

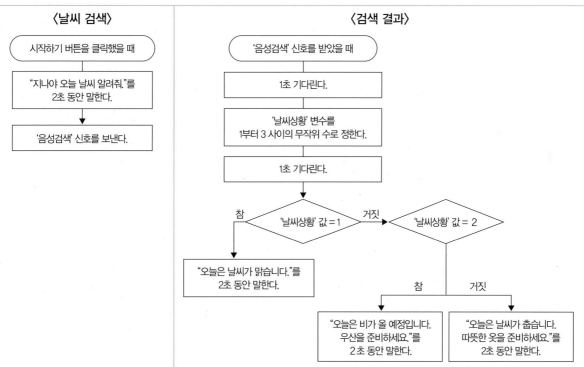

순서도 보기

시험지에는 제공되지 않지만 순서도 작성하기를 편하게 확인하면서
작업할 수 있도록 이기적에서 제공하는 QR코드입니다.

문제 02 당나귀가 당근을 먹을 수 있도록 〈조건〉에 맞게 코딩하시오. (10점)

〈조건〉

– 엔트리 프로그램 화면 [블록 꾸러미]에서 필요한 블록을 가져다 사용한다.
– 아래 〈점프〉와 〈당근 복제〉 순서도를 참고하여 블록을 완성한다.

– 당나귀는 스페이스키를 누르면 〈점프〉를 한다.
– **▶시작하기** 버튼을 클릭하면 당근은 '남은당근' 변수를 6으로 정하고 〈당근 복제〉를 한다.

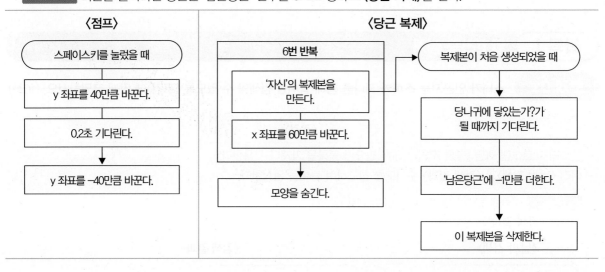

순서도 보기

시험지에는 제공되지 않지만 순서도 작성하기를 편하게 확인하면서
작업할 수 있도록 이기적에서 제공하는 QR코드입니다.

문제 03 심판이 더 멀리 찬 공을 말할 수 있도록 〈조건〉에 맞게 코딩하시오. (10점)

〈조건〉

– 엔트리 프로그램 화면 [블록 조립소]를 올바르게 코딩한다.
– **'심판' 오브젝트**의 코드 중 **2곳의 오류**를 찾아 수정한다.
※ 오류 수정은 [블록 꾸러미]에서 필요한 블록을 가져다 사용하거나 기존 블록을 수정하여 완성한다.

– ▶시작하기 버튼을 클릭하면 심판이 공차기 승부를 알려주도록 **코드를 수정한다.**
(1) 영희공과 철수공의 날아간 정도를 판단한다.
   (1–1) 영희공이 철수공보다 더 멀리 가면 "영희가 이겼습니다."라고 2초 동안 말한다.
   (1–2) 철수공이 영희공보다 더 멀리 가면 "철수가 이겼습니다."라고 2초 동안 말한다.
   (1–3) 영희공과 철수공이 같은 위치면 "무승부입니다."라고 2초 동안 말한다.

문제 04 로봇이 쓰레기를 감지하여 청소할 수 있도록 〈조건〉에 맞게 코딩하시오. (10점)

〈조건〉

– 엔트리 프로그램 화면 [블록 조립소]를 올바르게 코딩한다.
– **'쓰레기' 오브젝트**의 코드 중 **2곳의 오류**를 찾아 수정한다.
※ 오류 수정은 [블록 꾸러미]에서 필요한 블록을 가져다 사용하거나 기존 블록을 수정하여 완성한다.

– ▶시작하기 버튼을 클릭하면 쓰레기는 무작위 수로 '쓰레기개수'를 정하고, 그 개수만큼 쓰레기를 복제하도록 **코드를 수정한다.**
– 쓰레기는 복제가 되었을 때 로봇에 닿으면 없어지고, 변수값이 줄어들도록 **코드를 수정한다.**

문제 05 식물도장으로 집 정원을 꾸밀 수 있도록 〈조건〉에 맞게 코딩하시오. (10점)

〈조건〉

– 엔트리 프로그램 화면 [블록 꾸러미]에서 필요한 블록을 가져다 사용한다.
– 아래 〈**크기 바꾸기**〉, 〈**모양 바꾸기**〉 미완성 블록을 완성한다.

– 식물은 위쪽, 아래쪽 화살표 키를 눌러 〈**크기 바꾸기**〉를 한다.
  (1) 위쪽 화살표 키를 눌렀을 때 크기를 3만큼 바꾼다.
  (2) 아래쪽 화살표 키를 눌렀을 때 크기를 –3만큼 바꾼다.
– 식물은 오른쪽 화살표 키를 눌렀을 때 다음 모양으로 바꾸는 〈**모양 바꾸기**〉를 한다.

철수와 영희가 각자 굴린 주사위의 숫자를 말할 수 있도록 〈조건〉에 맞게 코딩하시오. (10점)

〈조건〉

– 엔트리 프로그램 화면 [블록 꾸러미]에서 필요한 블록을 가져다 사용한다.
– 아래 **〈철수결과〉, 〈영희결과〉** 미완성 블록을 완성한다.

– 철수와 영희 주사위를 클릭했을 때 굴러간 후 각각의 결과 신호를 보낸다.
– 철수는 '철수결과' 신호를 받았을 때 ('철수주사위'의 모양번호)와 "나왔네."를 합쳐 2초 동안 말하는 **〈철수결과〉**를 한다.
– 영희는 '영희결과' 신호를 받았을 때 ('영희주사위'의 모양번호)와 "나왔네."를 합쳐 2초 동안 말하는 **〈영희결과〉**를 한다.

타자는 배팅머신에서 나온 공을 맞힐 수 있도록 〈조건〉에 맞게 코딩하시오. (20점)

〈조건〉

– 엔트리 프로그램 화면 [블록 꾸러미]에서 필요한 블록을 가져다 사용한다.

– ▶ 시작하기 버튼을 클릭하면 타자는 '타자(1)' 모양으로 바꾼다.
– ▶ 시작하기 버튼을 클릭하면 야구공은 배팅머신 위치로 이동하고 '맞힌개수' 변수를 0으로 정한다.
– 타자는 계속 반복하여 다음을 한다.
  (1) 만일 스페이스키가 눌러져 있는가?라면 4번 반복하여 다음 모양으로 바꾸고 0.1초 기다리기를 한다.
– 야구공은 자신을 복제한다.
  (1) 1초 기다린다.
  (2) 10번 반복하여 자신의 복제본을 만들고, 1초 기다리기를 한다.
– 야구공은 복제본이 처음 생성되었을 때 이동한다.
  (1) 1초 동안 x 좌표 –130 y 좌표 –20 위치로 이동한다.
  (2) 만일 타자에 닿았는가?라면 '맞힌개수'에 1만큼 더하고, 1초 동안 x 좌표 110 y 좌표 60 위치로 이동한다.
  (3) 이 복제본을 삭제한다.

목록의 단어가 바꾸기와 삭제가 될 수 있도록 〈조건〉에 맞게 코딩하시오. (20점)

〈조건〉

- 엔트리 프로그램 화면 [블록 꾸러미]에서 필요한 블록을 가져다 사용한다.

- ▶시작하기 버튼을 클릭하면 선생님은 질문을 한다.

  (1) '색관련단어' 리스트에 각각 '분홍'을 추가하고, '노랑'을 추가하고, '검전'을 추가하고, '사과'를 추가한다.

  (2) 1초 기다리고, "철자가 틀린 단어는 몇 번째일까요?"를 2초 동안 말한다.

  (3) 4초 기다리고 "색과 관련 없는 단어는 몇 번째일까요?"를 2초 동안 말한다.

- ▶시작하기 버튼을 클릭하면 학생은 대답을 한다.

  (1) 3초 기다리고, "3번째 단어입니다."를 2초 동안 말한다. '바꾸기' 신호를 보낸다.

  (2) 4초 기다리고, "4번째 단어입니다."를 2초 동안 말한다. '삭제' 신호를 보낸다.

- 선생님은 '바꾸기' 신호를 받았을 때 "맞았어요."를 1초 동안 말하고, '색관련단어' 3번째 항목을 '검정'으로 바꾼다.

- 선생님은 '삭제' 신호를 받았을 때 "맞았어요."를 1초 동안 말하고, 4번째 항목을 '색관련단어'에서 삭제한다.

시험 종료 전

- 본인의 수험번호–성명 폴더 내에 작업한 답안 파일이 정상적으로 저장되었는지 확인합니다.
  → 시험 종료 후, 감독관이 답안 파일을 수거합니다.
- 수험번호, 성명을 잘못 기재하였거나, 답안 파일을 잘못 저장하여 발생한 문제나 불이익에 대한 일체의 책임은 수험자에게 있습니다.
- 감독관의 안내에 따라 시험지를 제출하고 퇴실합니다.

문제 01

해설 강의

유형풀이 **순서도**

 소녀 오브젝트

〈날씨 검색〉

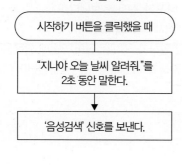

포인트! 콕콕

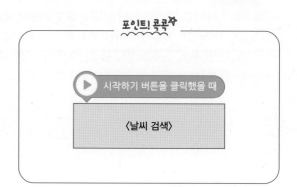

해결하기
- 소녀가 날씨를 알려달라고 말하고, '음성검색' 신호를 보냅니다.
- 시작하기 버튼을 클릭했을 때, 연결된 명령을 순차적으로 실행합니다.

코딩풀이

01 엔트리가 실행되면 [파일]–[오프라인 작품 불러오기]를 선택합니다.

02 [열기] 대화상자가 나타나면 'Part03₩ SWC2-공개₩수험번호-성명' 폴더에서 '1.ent' 파일을 선택하고 [열기]를 클릭합니다.

▶ 순서도 <날씨 검색>

👧 소녀 오브젝트 코딩

03 '소녀(👧)' 오브젝트에서 블록 조립을 시작합니다. ▶ 시작하기 버튼을 클릭했을 때 아래에 블록들을 가져와 연결합니다. [생김새(🎲)]의 안녕! 을(를) 4 초 동안 말하기 ▼ 를 가져와 연결한 후, "지나야 오늘 날씨 알려줘."라고 입력하고, 4 를 '2'로 변경하여 입력합니다.

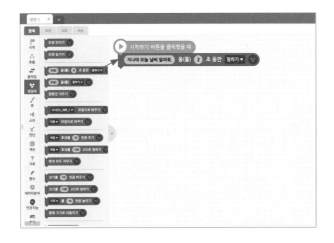

04 [시작(🏁)]의 음성검색 ▼ 신호 보내기 🏁 를 가져와 연결합니다.

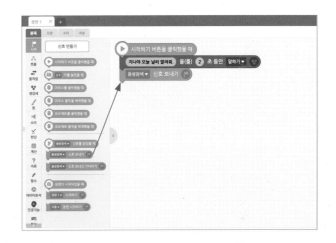

·· why

'소녀(👧)'가 신호보내기 한 것을, '지나(📱)'에서 신호를 받아서 사용합니다.

··· Tip

이 문제의 실습 파일에는 신호가 만들어져 배포됩니다. 그러나, 신호를 만들어 사용해야 하는 문제도 있으므로 신호를 만들어 사용하는 법도 익혀두도록 합니다.

신호 만드는 방법
• [속성] – [신호] – [신호 추가하기]를 누릅니다.
• 신호 이름을 입력합니다.
• [신호 추가]를 누릅니다.

지나 오브젝트 코딩

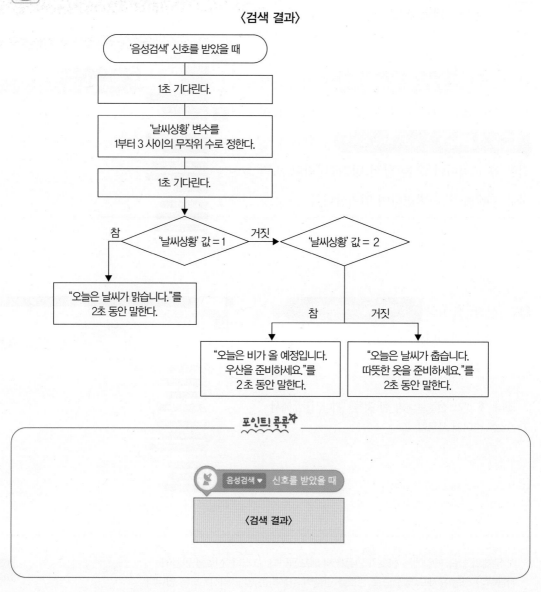

〈검색 결과〉

'음성검색' 신호를 받았을 때

1초 기다린다.

'날씨상황' 변수를
1부터 3 사이의 무작위 수로 정한다.

1초 기다린다.

참 — '날씨상황' 값 = 1 — 거짓 → '날씨상황' 값 = 2

"오늘은 날씨가 맑습니다."를
2초 동안 말한다.

참 — 거짓

"오늘은 비가 올 예정입니다.
우산을 준비하세요."를
2초 동안 말한다.

"오늘은 날씨가 춥습니다.
따뜻한 옷을 준비하세요."를
2초 동안 말한다.

포인트! 콕콕

음성검색 ▼ 신호를 받았을 때

〈검색 결과〉

해결하기
- '지나'는 '음성검색' 신호를 받았을 때 무작위 수로 정해진 '날씨상황' 값에 따라 각각 다른 날씨를 말하기 합니다.
- 조건 선택의 첫 번째에서 '날씨상황' 값이 '1'인지 아닌지 판단하고, 아닌 경우 '날씨상황' 값이 '2'인지 아닌지 판단합니다.

▶ 순서도 〈검색 결과〉

🗑 지나 오브젝트 코딩

05 '지나(🗑)' 오브젝트에서 조립합니다.

(🛰 음성검색▼ 신호를 받았을 때) 아래에 블록들을 가져와 연결합니다.

06 [흐름(🔼)]의 (2 초 기다리기 🔼)를 가져와 2 를 '1'로 수정하여 입력한 후, 연결합니다. [자료(❓)]의 (날씨상황▼ 를 10 (으)로 정하기 ❓)를 가져와 연결합니다.

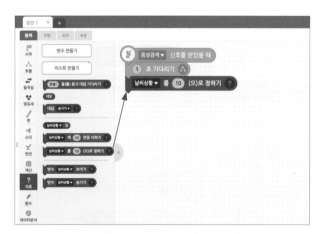

07 [계산(🖩)]의 (0 부터 10 사이의 무작위 수)를 가져와 0 위치에 '1'을 10 위치에 '3'을 수정하여 입력합니다. 그림과 같이 (날씨상황▼ 를 10 (으)로 정하기 ❓)의 10 자리에 넣어 연결합니다.

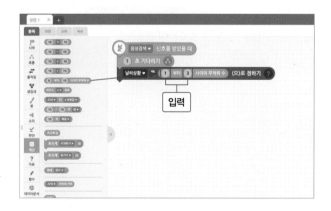

08 [흐름(△)]의 [2 초 기다리기 △]를 가져와 연결한 후, 2 를 '1'로 입력하여 변경합니다.

[만일 참 (이)라면 △
아니면] 을 가져와 연결합니다.

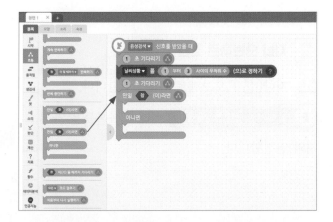

09 [판단(✓)]의 [10 = 10]을 가져와

[만일 참 (이)라면 △
아니면] 의 참 부분에 넣어 연결합니다. [자료(?)]의 [날씨상황 ▼ 값]을 가져와 [10 = 10]의 왼쪽 10 위치에 넣어 연결하고, 오른쪽 10 에는 '1'을 입력합니다.

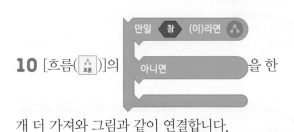

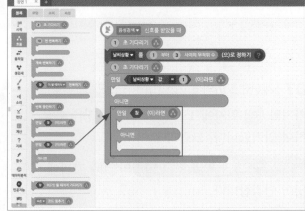

10 [흐름(△)]의

[만일 참 (이)라면 △
아니면] 을 한

개 더 가져와 그림과 같이 연결합니다.

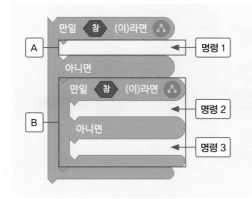

2개의 **조건판단**으로 **3개의 다른 명령**을 실행시키기 위해 블록을 조립하는 경우, 다음 사항을 주의하세요.

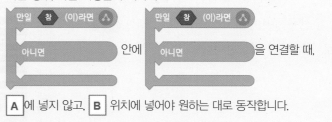

안에 ~~~~ 을 연결할 때,

A 에 넣지 않고, B 위치에 넣어야 원하는 대로 동작합니다.

11 [판단(✅)]의 ⬡10 = 10⬡ 을 가져와

의 참 부분에 넣어 연

결합니다. [자료(?)]의 `날씨상황▼ 값` 을 가져

와 ⬡10 = 10⬡ 의 왼쪽 10 위치에 넣어 연

결하고, 오른쪽 10 에는 '2'을 입력합니다.

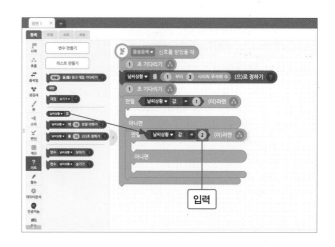

12 [생김새(☻)]의

`안녕! 을(를) 4 초 동안 말하기▼` 를 가져와 연

결합니다. `안녕!` 에 "오늘은 날씨가 맑습니다."

라고 입력하고, 4 를 '2'로 입력하여 변경합니

다.

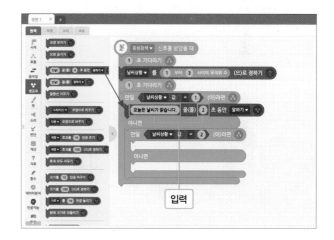

13 [생김새(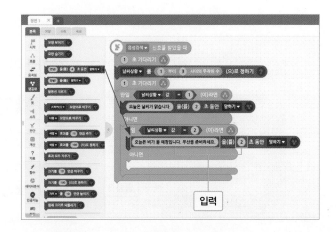)]의

안녕! 을(를) 4 초 동안 말하기 ▼ 를 가져와 연결합니다. 안녕! 에 "오늘은 비가 올 예정입니다. 우산을 준비하세요."라고 입력하고, 4 를 '2'로 입력하여 변경합니다.

14 [생김새(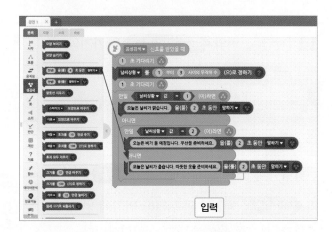)]의

안녕! 을(를) 4 초 동안 말하기 ▼ 를 가져와 연결합니다. 안녕! 에 "오늘은 날씨가 춥습니다. 따뜻한 옷을 준비하세요."라고 입력하고, 4 를 '2'로 입력하여 변경합니다.

15 ▶시작하기 를 클릭하면 소녀가 날씨를 알려달라고 하고, 지나가 '날씨상황' 변수에 따라 날씨를 알려주는지 확인합니다.

유형풀이　　**순서도**

 당나귀 오브젝트

〈점프〉

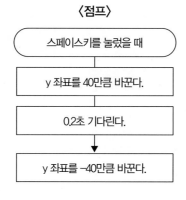

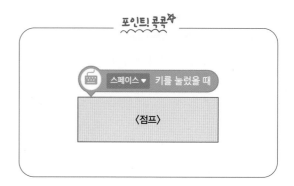

해결하기
- '당나귀'가 점프합니다.
- 스페이스 키를 눌렀을 때, 연결된 명령을 순차적으로 실행합니다.

코딩풀이

01 엔트리가 실행되면 [파일]-[오프라인 작품 불러오기]를 선택합니다.

02 [열기] 대화상자가 나타나면 'Part03₩ SWC2-공개₩수험번호-성명' 폴더에서 '2.ent' 파일을 선택하고 [열기]를 클릭합니다.

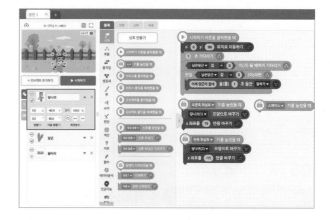

•• **Tip**

파일을 열면, 순서도에 해당하는 작업해야 할 부분만 코드가 작성되어 있지 않습니다.

▶ 순서도 <점프>

🐴 당나귀 오브젝트 코딩

03 '당나귀(🐴)' 오브젝트에서 블록 조립을 시작합니다. 스페이스▼ 키를 눌렀을 때 아래에 블록들을 가져와 연결합니다. [움직임(🔁)]의 y 좌표를 10 만큼 바꾸기 를 가져와, 10 을 '40'으로 변경하여 입력합니다.

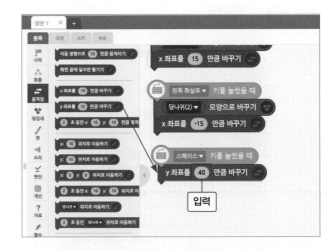

04 [흐름(⋀)]의 2 초 기다리기 를 가져와 연결한 후, 2 를 '0.2'로 변경하여 입력합니다.

·· why

사람의 눈으로 볼 때, 움직임의 변화를 확인할 수 있도록 '0.2' 초의 지연시간을 줍니다.

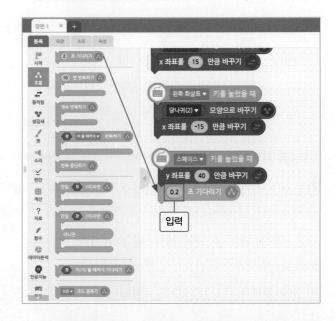

05 [움직임(🔁)]의 y 좌표를 10 만큼 바꾸기 를 가져와, 10 을 '-40'으로 변경하여 입력합니다.

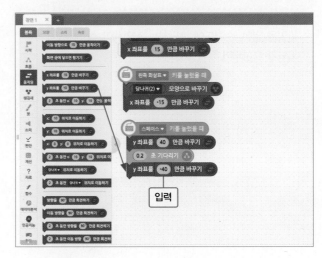

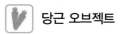 당근 오브젝트

〈당근 복제〉

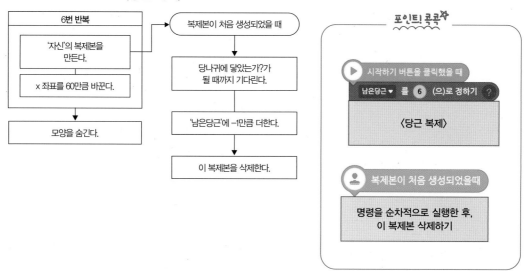

6번 반복
'자신'의 복제본을 만든다.
x 좌표를 60만큼 바꾼다.

모양을 숨긴다.

복제본이 처음 생성되었을 때

당나귀에 닿았는가?가 될 때까지 기다린다.

'남은당근'에 −1만큼 더한다.

이 복제본을 삭제한다.

포인트! 콕콕

시작하기 버튼을 클릭했을 때

남은당근 ▼ 를 6 (으)로 정하기

〈당근 복제〉

복제본이 처음 생성되었을때

명령을 순차적으로 실행한 후, 이 복제본 삭제하기

해결하기
- '당근'은 자신의 복제본을 반복해 만들고 원본을 숨깁니다.
- 만들어진 복제본은 명령을 순차적으로 실행합니다(당나귀에 닿을 때까지 기다렸다가 '남은 당근' 변수를 '−1'만큼 바꿉니다).
- 명령을 다 처리한 후, 복제본을 삭제합니다.

▶ 순서도 〈당근 복제〉

 당근 오브젝트 코딩

06 '당근( )' 오브젝트를 선택합니다. 먼저,

시작하기 버튼을 클릭했을 때 / 남은당근 ▼ 를 6 (으)로 정하기 에서 블록

조립을 시작합니다.

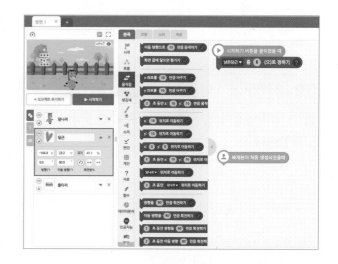

07 [흐름(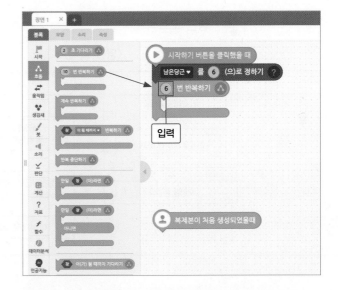)]의 10 번 반복하기 를 가져

와 10 을 '6'으로 수정하여 입력합니다.

08 [흐름(⚡)]의 자신▼ 의 복제본 만들기 를

가져와 6 번 반복하기 안에 넣어 연결합니다.

··· why

'당근'의 복제본이 6개 만들어집니다.

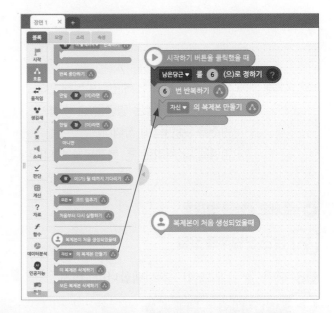

09 [움직임(🔄)]의 x 좌표를 10 만큼 바꾸기

를 가져와 연결하고, 10 을 '60'으로 변경하여
입력합니다.

··· why

복제본이 같은 좌표 위에 생성되면 겹쳐 보이므로 생
성된 여러 개를 확인할 수 없습니다. 반복하며 원본을
x 좌표를 '60'만큼 변경한 위치에서 복제본을 생성하
므로, 나란히 6개가 생성됩니다.

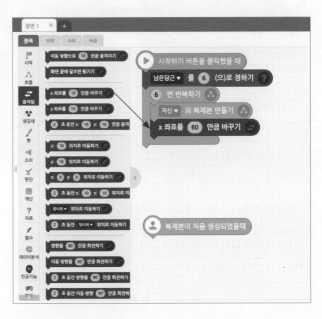

10 [생김새(생김새)]의 모양 숨기기 를 가져와 연결합니다.

··· why

원본은 사용하지 않고, 복제본 6개만 사용할 것이므로 원본은 숨깁니다.

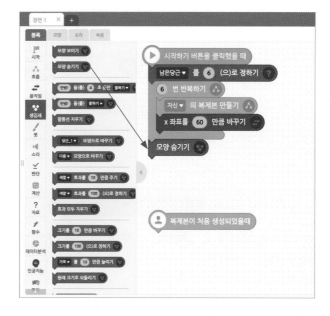

11 복제본이 처음 생성되었을때 블록 아래에 블록을 조립합니다. [흐름(흐름)]의

참 이(가) 될 때까지 기다리기 를 가져와 연결합니다.

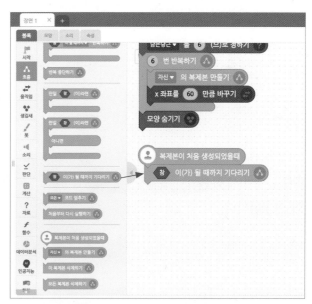

12 [판단(판단)]의 마우스포인터 ▼ 에 닿았는가? 를 가져와 '당나귀'로 설정을 변경한 후,

참 이(가) 될 때까지 기다리기 의 참 안에 넣어 연결합니다.

··· why

'당나귀'에 닿는 상황이 되면 '참'이 됩니다. '참'이 될 때까지 기다렸다가 이 블록 아래에 있는 명령을 실행합니다.

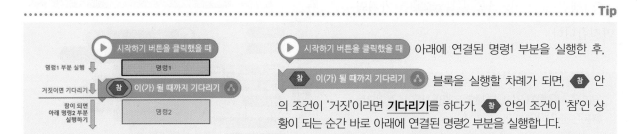

아래에 연결된 명령1 부분을 실행한 후, 블록을 실행할 차례가 되면, 안의 조건이 '거짓'이라면 **기다리기**를 하다가, 안의 조건이 '참'인 상황이 되는 순간 바로 아래에 연결된 명령2 부분을 실행합니다.

13 [자료(?)]의 남은당근 ▾ 에 10 만큼 더하기 ⑦ 를 가져와 연결하고, 10 을 '−1'로 변경하여 입력합니다.

'남은당근' 변수의 값이 '−1'만큼 줄어듭니다.

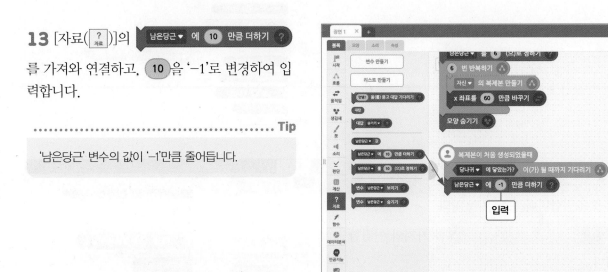

14 [흐름(⟳)] 이 복제본 삭제하기 ⟳ 를 가져와 연결합니다.

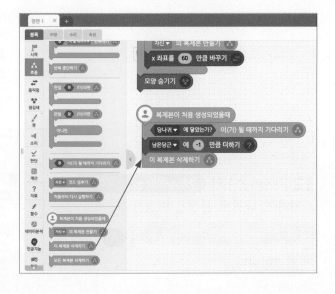

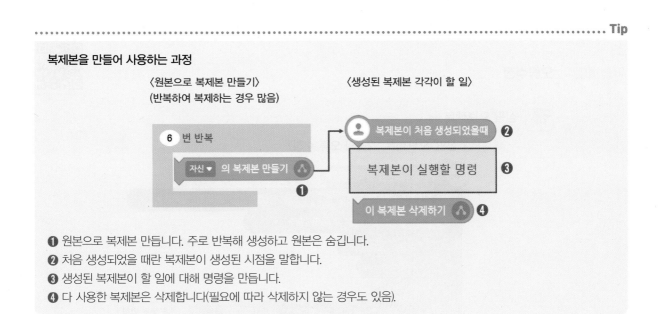

복제본을 만들어 사용하는 과정

❶ 원본으로 복제본 만듭니다. 주로 반복해 생성하고 원본은 숨깁니다.
❷ 처음 생성되었을 때란 복제본이 생성된 시점을 말합니다.
❸ 생성된 복제본이 할 일에 대해 명령을 만듭니다.
❹ 다 사용한 복제본은 삭제합니다(필요에 따라 삭제하지 않는 경우도 있음).

15 ▶시작하기 를 클릭하여 당근이 6개 복제되어 나타나고, 스페이스 키를 눌렀을 때 당나귀가 점프하여 당근에 닿으면 '남은당근' 변수가 '−1'만큼 감소하는지 확인합니다.

유형풀이 **오류수정**

 심판 오브젝트

〈'심판' 오브젝트 : 2곳의 오류 수정〉

> ▶ 시작하기 버튼을 클릭했을 때
> 공을 차서 더 멀리 가는 쪽이 이기는 게임입니다. 을(를) 1 초 동안 말하기 ▼
> 공을 차세요. 을(를) 1 초 동안 말하기 ▼
> 공차기 ▼ 신호 보내기
> 3 초 기다리기
> 계속 반복하기
>> 만일 〈 영희공 ▼ 값 < 철수공 ▼ 값 〉 (이)라면 ————— **부등호 방향**
>>> 영희가 이겼습니다. 을(를) 2 초 동안 말하기 ▼
>> 아니면
>>> 만일 〈 영희공 ▼ 값 > 철수공 ▼ 값 〉 (이)라면 ————— **부등호 방향**
>>>> 철수가 이겼습니다. 을(를) 2 초 동안 말하기 ▼
>>> 아니면
>>>> 무승부 입니다. 을(를) 2 초 동안 말하기 ▼

해결하기
- '심판' 오브젝트를 선택해 2곳의 오류를 수정합니다.
- 두 개의 값을 비교하는 내용의 문제인 경우, **부등호 방향**을 확인합니다.

코딩풀이

01 엔트리가 실행되면 [파일]−[오프라인 작품 불러오기]를 선택합니다.

02 [열기] 대화 상자가 나타나면 'Part03₩ SWC2−공개₩수험번호−성명' 폴더에서 '3.ent' 파일을 선택하고 [열기]를 클릭합니다.

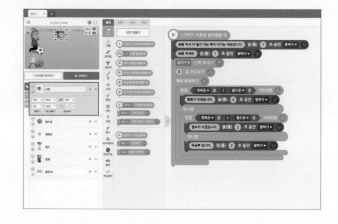

🌳 **심판 오브젝트 코딩**

03 '심판(🌳)' 오브젝트에서 코드를 수정합니다. 영회공 ▼ 값 < 철수공 ▼ 값 의 < 부분을 마우스로 클릭하여 > 로 변경합니다.

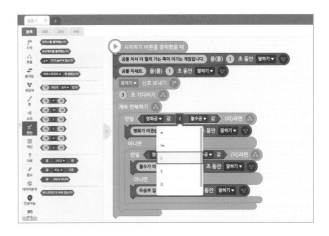

04 영회공 ▼ 값 > 철수공 ▼ 값 의 > 부분을 마우스로 클릭하여 < 로 변경합니다.

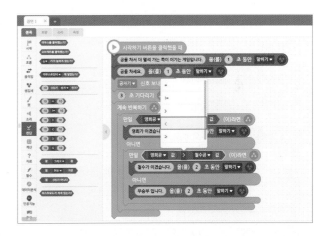

05 ▶시작하기 를 클릭하여 영희공과 철수공 중 더 멀리 날아간 공을 판단하여, 심판이 이긴 사람을 말해주는지 확인합니다.

비교연산

`◀ 10 ▶ 10 ▶`와 `◀ 10 ◀ 10 ▶` 비교연산 블록은 양쪽에 값을 넣어 비교합니다. 부등호의 모양은 큰 쪽을 향해 입을 벌리고 있어야 '참'이 됩니다.

예를 들어 `◀ 7 ▶ 3 ▶`은 '참'이지만, `◀ 100 ◀ 1 ▶`은 '거짓'이 됩니다.

부등호 방향이 헷갈린다면 이렇게 기억해 보세요.

조건판단

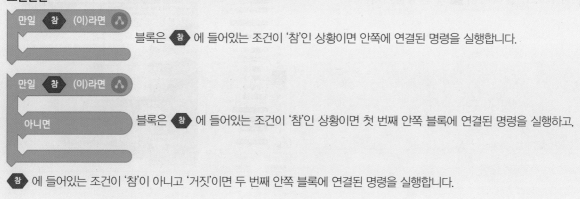

블록은 참 에 들어있는 조건이 '참'인 상황이면 안쪽에 연결된 명령을 실행합니다.

블록은 참 에 들어있는 조건이 '참'인 상황이면 첫 번째 안쪽 블록에 연결된 명령을 실행하고,

참 에 들어있는 조건이 '참'이 아니고 '거짓'이면 두 번째 안쪽 블록에 연결된 명령을 실행합니다.

유형풀이 **오류수정**

 쓰레기 오브젝트

〈'쓰레기' 오브젝트 : 2곳의 오류 수정〉

▶ 시작하기 버튼을 클릭했을 때

쓰레기개수 ▼ 를 (10) 부터 (15) 사이의 무작위 수 (으)로 정하기 ?

(10) 번 반복하기 ⌄ ⎯ **값 오류**

다음 ▼ 모양으로 바꾸기 ⚙

자신 ▼ 의 복제본 만들기 ⋀

모양 숨기기 ⚙

👤 복제본이 처음 생성되었을때

x: (-210) 부터 (210) 사이의 무작위 수 y: (-60) 부터 (-120) 사이의 무작위 수 위치로 이동하기

계속 반복하기 ⋀

만일 로봇 ▼ 에 닿았는가? (이)라면 ⋀

쓰레기개수 ▼ 에 (-1) 만큼 더하기 ? ⎯ **블록 누락**

해결하기
- '쓰레기' 오브젝트에서 2곳의 오류를 수정합니다.
- '쓰레기개수'만큼 복제하도록 반복 횟수를 정하는 위치를 파악합니다.
- 로봇에 닿으면 복제본이 없어지도록 복제본을 삭제합니다.

코딩풀이

01 엔트리가 실행되면 [파일]−[오프라인 작품 불러오기]를 선택합니다.

02 [열기] 대화 상자가 나타나면 'Part03₩ SWC2−공개₩수험번호−성명' 폴더에서 '4.ent' 파일을 선택하고 [열기]를 클릭합니다.

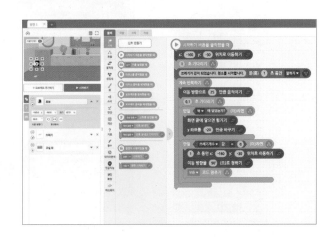

●●●●●●●●●●●●●●●●●●●●●●●●●●●●●●●● **Tip**

파일을 열었을 때 오류수정할 오브젝트가 아닌 오브젝트가 선택된 채 열리는 경우가 있습니다. 이럴 경우 수정이 필요한 오브젝트를 선택하여 코드를 작성하면 됩니다.

▶ 오류 부분 〈반복횟수〉

□ 쓰레기 오브젝트 코딩

03 '쓰레기(━)' 오브젝트에서 코드를 수정합니다. [자료(?)]의 쓰레기개수 ▼ 값 을 가져와

10 번 반복하기 의 10 에 넣어 연결합니다.

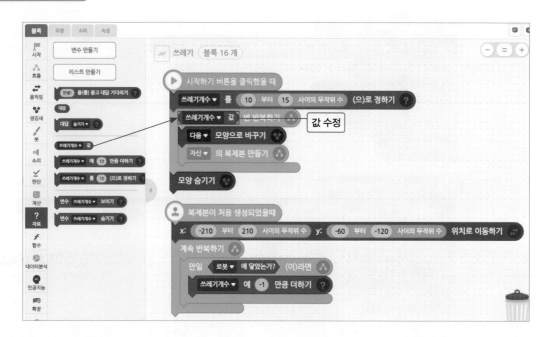

▶ 오류 부분 〈복제본 삭제〉

04 '쓰레기(━)'에서 나머지 코드를 수정합니다. [흐름(⋀)]의 이 복제본 삭제하기 ⋀ 를 가져와

쓰레기개수 ▼ 에 -1 만큼 더하기 ? 의 아래에 연결합니다.

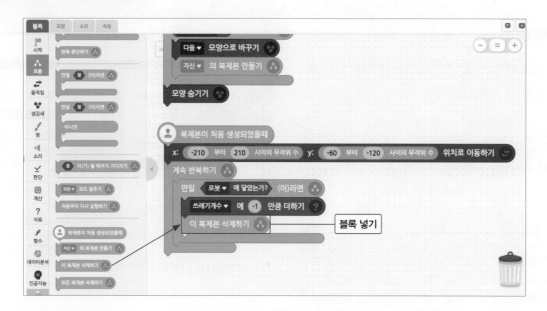

05 ▶시작하기 를 클릭하여 '로봇'이 청소를 한 후 제자리로 돌아오는지 확인합니다.

 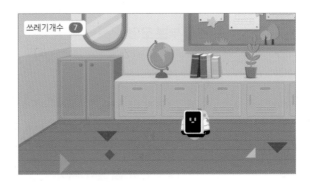

.... why

'로봇'에 닿은 '쓰레기' 복제본이 없어지도록 이 복제본 삭제하기 ∧ 를 연결할 때 **위치를 정확히 연결해야** 합니다.

오류 고치기의 잘못된 예시

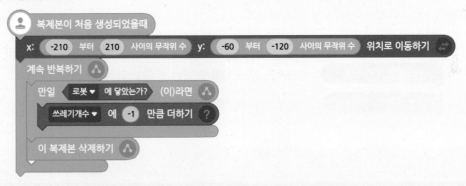

이 위치에 연결하면, '쓰레기' **복제본이 나타나지 않습니다.** 복제되어 무작위 위치에 이동 후, 계속 반복해 복제본을 삭제하기 때문입니다.

이 위치에 연결하면, '쓰레기' 복제본이 '로봇'에 닿아도 **사라지지 않습니다.** '쓰레기' 복제본이 '로봇'에 닿으면 '쓰레기개수' 변수를 쓰레기개수 ▼ 에 -1 만큼 더하기 ? 명령을 계속 반복하므로 이 복제본 삭제하기 ∧ 를 실행할 수 없게 됩니다.

유형풀이   **미완성 부분 코딩**

 식물 오브젝트

〈크기 바꾸기〉

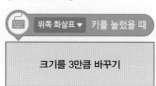

위쪽 화살표 ▼ 키를 눌렀을 때

크기를 3만큼 바꾸기

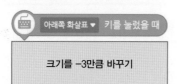

아래쪽 화살표 ▼ 키를 눌렀을 때

크기를 −3만큼 바꾸기

〈모양 바꾸기〉

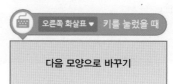

오른쪽 화살표 ▼ 키를 눌렀을 때

다음 모양으로 바꾸기

핵심블록

- 크기를 10 만큼 바꾸기 ⚙ : 오브젝트의 크기를 입력한 만큼 바꿉니다.
- 다음 ▼ 모양으로 바꾸기 ⚙ : 오브젝트의 모양을 이전 또는 다음으로 바꿉니다.

코딩풀이

01 엔트리가 실행되면 [파일]−[오프라인 작품 불러오기]를 선택합니다.

02 [열기] 대화 상자가 나타나면 'Part03₩ SWC2−공개₩수험번호−성명' 폴더에서 '5.ent' 파일을 선택하고 [열기]를 클릭합니다.

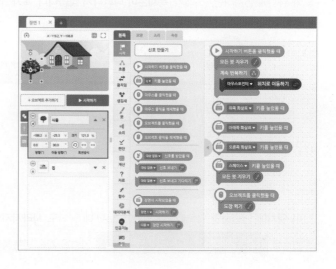

🌳 식물 오브젝트 코딩

03 '식물(🌳)' 오브젝트에서 블록 조립을 시작합니다. 위쪽 화살표 ▼ 키를 눌렀을 때 아래에 블록을 연결합니다. [생김새(🎨)] 의

크기를 10 만큼 바꾸기 를 가져와, 10 을 '3'으로 변경하여 입력합니다.

04 아래쪽 화살표 ▼ 키를 눌렀을 때 아래에 블록을 연결합니다. [생김새(🎨)]의

크기를 10 만큼 바꾸기 를 가져와, 10 을 '-3'으로 변경하여 입력합니다.

▶ 미완성 부분 〈모양 바꾸기〉

05 '식물(🌳)' 오브젝트를 선택합니다. 오른쪽 화살표 ▼ 키를 눌렀을 때 아래에 블록을 연결합니다. [생김새(🎨)] 의 다음 ▼ 모양으로 바꾸기 를 가져와 연결합니다.

상대값과 절대값 구분하기

크기를 10 만큼 바꾸기 는 크기를 상대값으로 현재 크기보다 '10'만큼 크게 바꾸라는 명령입니다. 이 명령블록이 실행될 때마다 오브젝트의 크기는 커집니다. 그러나, 비슷하게 생겼지만 크기를 100 (으)로 정하기 블록을 사용하면, 크기를 절대값 '100'으로 고정하는 명령입니다.

이 밖에도, 상대값과 절대값을 사용하는 비슷한 블록들이 있습니다. 아래 예시는 혼동하여 잘못 사용해 틀리는 경우가 많은 것들입니다. 꼭 구분하여 사용하도록 합니다.

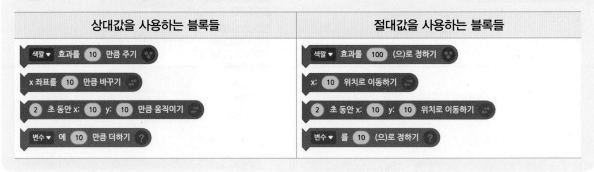

상대값을 사용하는 블록들	절대값을 사용하는 블록들
색깔▼ 효과를 10 만큼 주기	색깔▼ 효과를 100 (으)로 정하기
x 좌표를 10 만큼 바꾸기	x: 10 위치로 이동하기
2 초 동안 x: 10 y: 10 만큼 움직이기	2 초 동안 x: 10 y: 10 위치로 이동하기
변수▼ 에 10 만큼 더하기	변수▼ 를 10 (으)로 정하기

06 ▶시작하기 를 클릭하여 마우스를 이동하여 클릭하면 그 자리에 식물도장이 찍히는지, 오른쪽 화살표 키를 누르면 다른 모양으로 바뀌는지 확인합니다. 그리고 위쪽 화살표 키를 누르면 식물의 크기가 커지고, 아래쪽 화살표 키를 누르면 식물의 크기가 작아지는지도 확인합니다.

유형풀이 **미완성 부분 코딩**

 철수 오브젝트   영희 오브젝트

〈철수 결과〉   〈영희 결과〉

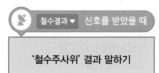   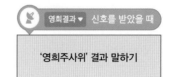

핵심블록
- (안녕! 과(와) 엔트리 를 합치기) : 입력한 두 값을 결합한 값입니다.
- (영희주사위 ▼ 의 x좌푯값 ▼) : 선택한 오브젝트의 각종 정보 값입니다(x 좌표, y 좌표, 방향, 이동 방향, 크기, 모양 번호, 모양 이름).

코딩풀이 ●━━━━━━━━━━━━━━━

01 엔트리가 실행되면 [파일]−[오프라인 작품 불러오기]를 선택합니다.

02 [열기] 대화 상자가 나타나면 'Part03₩ SWC2−공개₩수험번호−성명' 폴더에서 '6.ent' 파일을 선택하고 [열기]를 클릭합니다.

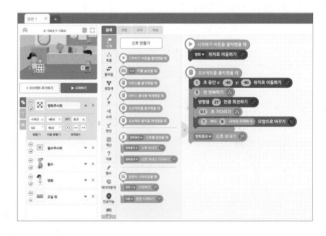

·· **Tip**

파일을 열었을 때 미완성 부분을 작업할 오브젝트로 열려 있지 않는 경우가 있습니다. 이럴 경우 코드를 완성할 오브젝트를 선택하여 작업을 시작하면 됩니다.

🧑 **철수 오브젝트 코딩**

03 '철수(🧑)' 오브젝트에서 블록 조립을 시작
합니다. (철수결과 ▼ 신호를 받았을 때) 아래에 블록
을 연결합니다. [생김새(😵)]의

(안녕! 을(를) 4 초 동안 말하기 ▼ 😵)를 가져와,
4 를 '2'로 변경하여 입력합니다.

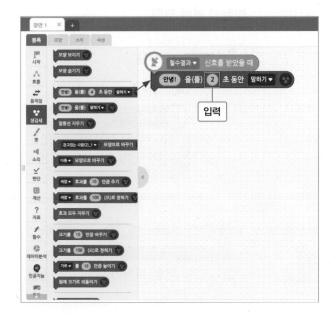

04 [계산(⊞)]의

(안녕! 과(와) 엔트리 를 합치기)를 가져와
엔트리 부분에 "나왔네."라고 입력합니다.

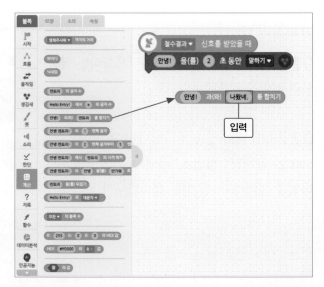

05 [계산(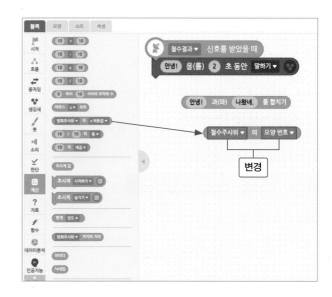)]의

영희주사위▼ 의 x좌푯값▼ 을 가져와

영희주사위▼ 부분을 '철수주사위'로 설정하고,

x좌푯값▼ 부분의 설정을 '모양 번호'로 변경해

철수주사위▼ 의 모양 번호▼ 처럼 만듭니다.

06 안녕! 과(와) 나왔네. 를 합치기 의

안녕! 부분에 철수주사위▼ 의 모양 번호▼ 를
넣어 연결합니다.

07 안녕! 을(를) 2 초 동안 말하기▼

의 안녕! 부분에

철수주사위▼ 의 모양 번호▼ 과(와) 나왔네. 를 합치기
를 넣어 연결합니다.

.... **Tip**

블록이 매우 길어져 값을 연결할 때 잘 안 들어갈 때가 있습니다. 이럴 땐 왼쪽 부분을 맞추어 넣으면 블록이 잘 결합됩니다.

▶ **미완성 부분 <영희 결과>**

👧 **영희 오브젝트 코딩**

08 '영희(👧)' 오브젝트를 선택합니다.

🗨️ 영희결과 ▼ 신호를 받았을 때 아래에 블록을 연결

합니다. [생김새(😊)]의

안녕! 을(를) 4 초 동안 말하기 ▼ ⊗ 를 가져와,

4 를 '2'로 변경하여 입력합니다.

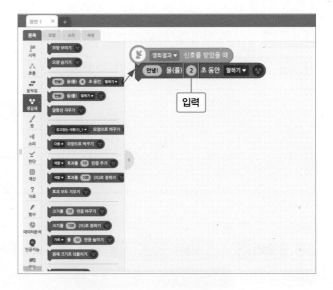

09 [계산(⊞)]의

안녕! 과(와) 엔트리 를 합치기 를 가져와

엔트리 부분에 "나왔네."라고 입력합니다.

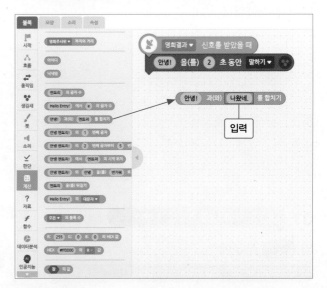

10 [계산(⊞)]의 영희주사위 ▼ 의 x 좌푯값 ▼

을 가져와 x 좌푯값 ▼ 부분의 설정을 '모양 번호'
로 변경해 영희주사위 ▼ 의 모양 번호 ▼ 처럼 만
듭니다.

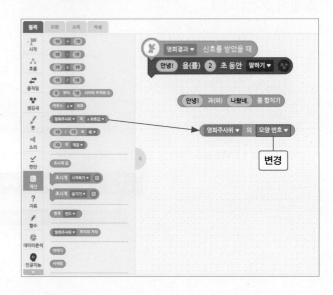

11  의

안녕! 부분에 영희주사위 ▼ 의 모양 번호 ▼

블록을 넣어 연결합니다.

12  의

안녕! 부분에

영희주사위 ▼ 의 모양 번호 ▼ 과(와) 나왔네. 를 합치기

블록을 넣어 연결합니다.

13 ▶시작하기 를 클릭하여 '영희주사위'를 클릭하면 주사위가 구르다 멈추고 영희가 영희주사위 결과를 말하는지 확인합니다. '철수주사위'를 클릭하면 주사위가 구르다 멈추고 철수가 철수주사위 결과를 말하는지 확인합니다.

유형풀이 **전체 코딩**

실행화면

해결하기
- 스페이스 키를 눌렀을 때 '타자'는 방망이를 휘두르도록 모양을 바꿉니다.
- '야구공'은 1초마다 복제본 만들기를 10번 반복합니다.
- 복제된 야구공들은 순차적으로 명령을 처리한 후 삭제됩니다.

코딩풀이

01 엔트리가 실행되면 [파일]−[오프라인 작품 불러오기]를 선택합니다.

02 [열기] 대화 상자가 나타나면 'Part03₩ SWC2−공개₩수험번호−성명' 폴더에서 '7.ent' 파일을 선택하고 [열기]를 클릭합니다.

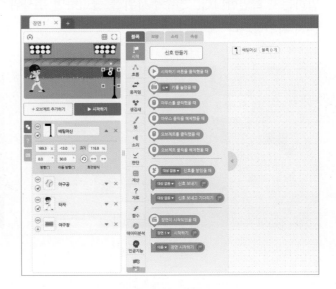

타자 오브젝트 코딩

03 '타자(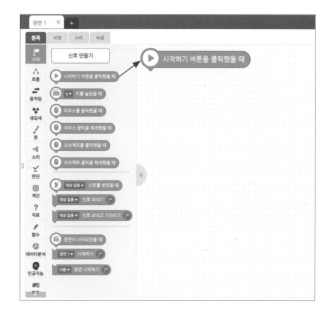)' 오브젝트에서 블록 조립을 시작합니다. [시작(시작)]의

시작하기 버튼을 클릭했을 때 를 조립소로 가져옵니다.

04 [생김새(생김새)]의

타자(1) ▼ 모양으로 바꾸기 를 가져와

시작하기 버튼을 클릭했을 때 아래에 연결합니다.

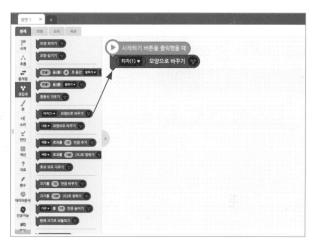

🥎 야구공 오브젝트 코딩

05 '야구공(🥎)' 오브젝트를 선택합니다.
[시작(🏳)]의 ⏵ 시작하기 버튼을 클릭했을 때 를 블록 조립소로 가져옵니다.

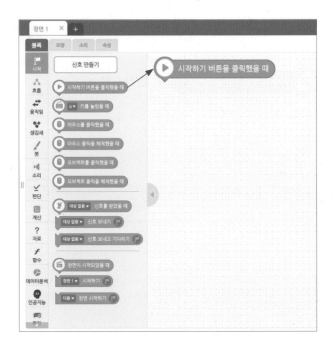

06 [움직임(🔄)]의

배팅머신 ▾ 위치로 이동하기 🔄 를 가져와

⏵ 시작하기 버튼을 클릭했을 때 아래에 연결합니다.

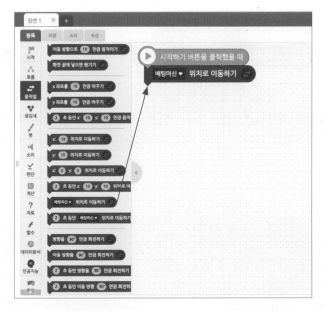

07 [속성] – [변수] – [변수 추가하기]를 눌러, '맞힌 개수' 변수를 추가합니다.

.... **Tip**

블록 카테고리의 [자료(❓)]를 눌러, 맨 위에 나타나는 변수 만들기 를 클릭해, 변수를 추가할 수도 있습니다. [속성] – [변수] – [변수 추가하기]와 같은 화면이 나타납니다.

08 [자료(?_{자료})]의

맞힌 개수 ▼ 를 **10** (으)로 정하기 **?** 를 가져와

10 을 '0'으로 수정한 후, [움직임(⇄ 움직임)]의

배팅머신 ▼ 위치로 이동하기 아래에 연결합니다.

🧑 **타자 오브젝트 코딩**

09 '타자(🧑)' 오브젝트를 선택합니다.

[흐름(∧ 흐름)]의 계속 반복하기 ∧ 를 가져와 그림처

럼 연결한 후, 만일 **참** (이)라면 ∧ 을 가져와

계속 반복하기 ∧ 안에 연결합니다.

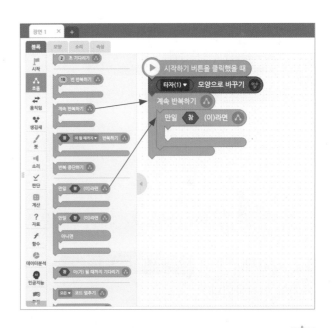

.... why

계속 반복하기 ∧ 안에 만일 **참** (이)라면 ∧ 을 넣어야 조건 안의 상황이 언제 '참'이 되는지 계속 파악할 수 있게 됩니다.

10 [판단()]의 `q▼ 키가 눌러져 있는가?`를 가져
와 '스페이스'로 설정을 변경하고,

의 **참** 위치에 넣어 연결
합니다.

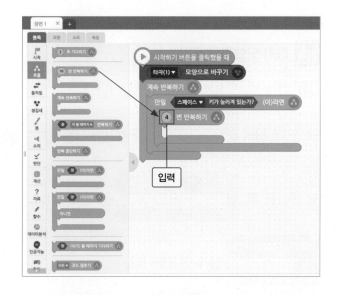

11 [흐름(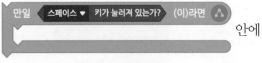)]의 `10 번 반복하기`를 가져

와 `10`을 '4'로 수정하여 입력하고,

안에

그림과 같이 넣어 연결합니다.

12 [생김새( )]의 `다음▼ 모양으로 바꾸기`를
가져와 연결합니다.

·· **why**

타자의 모양이 '4'번 반복해 바뀌면서 방망이를 휘두
르는 것처럼 보입니다.

13 [흐름(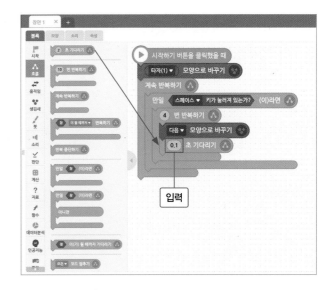)]의 [2 초 기다리기]를 가져와

[2]를 '0.1'로 수정하여 입력한 후,

[다음▼ 모양으로 바꾸기] 아래에 연결합니다.

·· **why**

모양이 바뀔 때 지연시간을 주어야 사람의 눈으로 확
인할 수 있습니다. 지연시간을 주지 않으면 순식간에
모양이 바뀌어 버립니다.

🥎 야구공 오브젝트 코딩

14 '야구공(🥎)' 오브젝트를 선택합니다.

[흐름(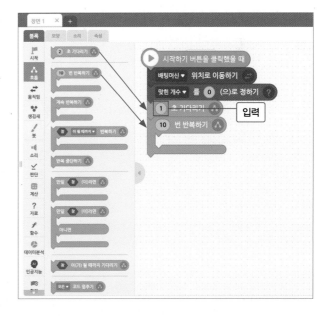)]에서 [2 초 기다리기]를 가져와

[2]를 '1'로 수정하여 입력한 후 연결합니다.

[10 번 반복하기]

를 가져와 연결합니다.

15 [흐름(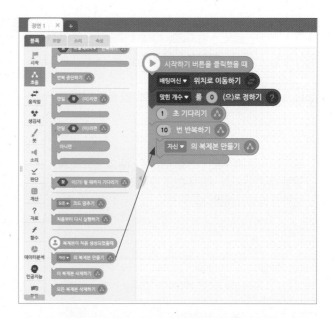)]의 `자신 ▼ 의 복제본 만들기 ∧`를 가져와 그림과 같이 연결합니다.

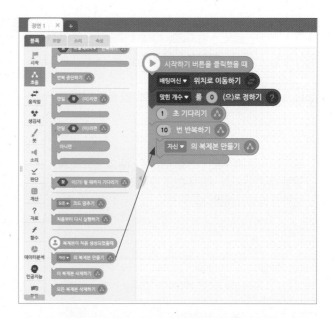

16 [흐름(∧)]의 `2 초 기다리기 ∧`를 가져와 `2`를 '1'로 수정하여 입력해 연결합니다.

.... **why**

1초마다 복제본을 생성합니다.

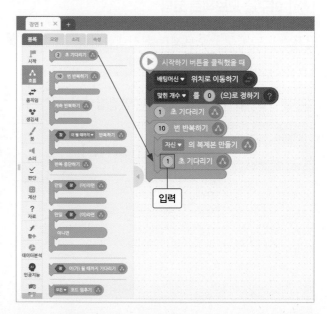

17 [흐름(∧)]의 `복제본이 처음 생성되었을때`를 가져옵니다.

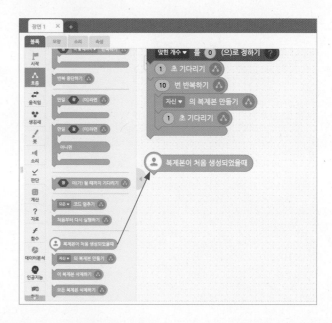

18 [움직임(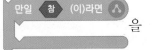)]의

를 가
져와 복제본이 처음 생성되었을때 아래에 연결한 후,

2 를 '1'로 수정하고 x는 '−130', y는 '−20'으로
수정하여 입력합니다.

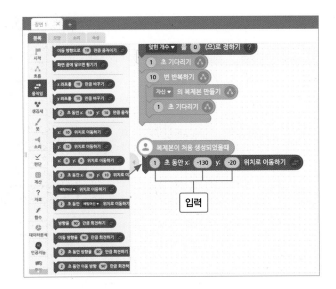

.... why

고정값을 사용하는 명령 블록을 가져와 연결

이 문제에서는  블록을 가져와 위치를 고정하도록 코드를 완성해야 합니다.

비슷한 명령 블록인 와 사용법이 다르므로 구분해 익혀두세요.

19 [흐름(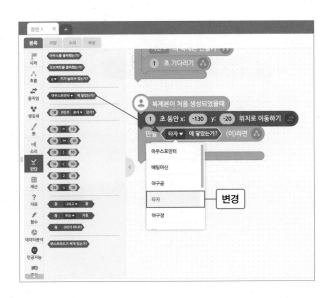)]의

만일 참 (이)라면 을
가져와 연결합니다. [판단(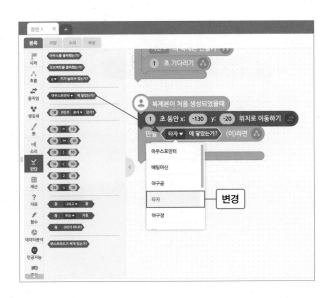)]의

마우스포인터 ▼ 에 닿았는가? 를 가져와 ▼ 부분을 눌러,
'타자'로 설정하여 타자 ▼ 에 닿았는가? 로 변경한 후,

만일 참 (이)라면 의 참 위치에 넣어 연결
합니다.

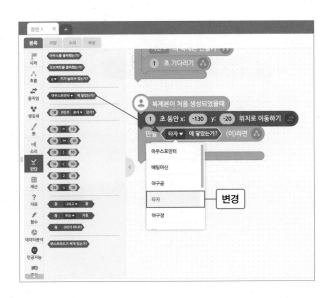

20 [자료(? 자료)]의

맞힌 개수 ▼ 에 10 만큼 더하기 ? 를 가져와

10 을 '1'로 수정하여 입력합니다.

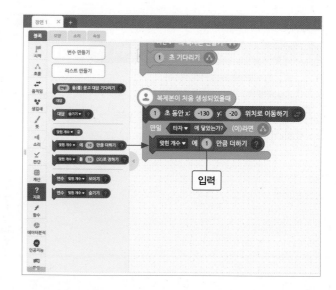

.... why

상대값을 사용하는 명령 블록을 가져와 연결

맞힌 개수 ▼ 에 10 만큼 더하기 ? 를 사용하여 변수 값을 증가시킵니다. 맞힌 개수 ▼ 를 10 (으)로 정하기 ? 를 사용하면 변수 값이 증가하지 않습니다. 두 개의 사용법을 정확히 구분해 익혀두도록 합니다.

21 [움직임(⇄ 움직임)]의

2 초 동안 x: 10 y: 10 위치로 이동하기 ⇄ 를

가져와 맞힌 개수 ▼ 에 1 만큼 더하기 ? 아래에

연결한 후, 2 를 '1'로 수정하고 x는 '110',
y는 '60'으로 수정하여 입력합니다.

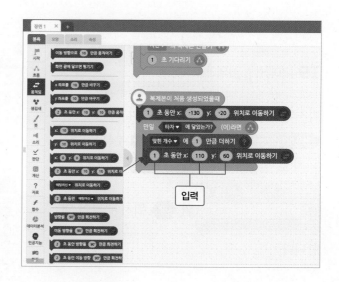

.... why

타자에 닿으면 야구공이 오른쪽 위로 날아갑니다.

22 [흐름(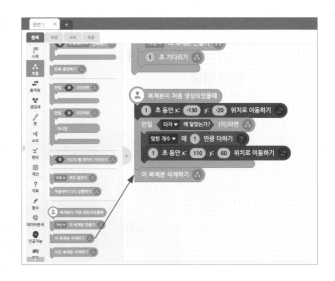)]의 `이 복제본 삭제하기` 를 가져와 그림과 같이 연결합니다.

································· why

> x 좌표 −130 y 좌표 −20으로 위치 이동 후 타자에 닿지 않으면 야구공 복제본이 사라집니다.

23 ▶시작하기 를 클릭하여 스페이스 키를 누르면 타자가 방망이를 휘두르고, 날아오는 야구공을 맞추면 '맞힌 개수' 변수가 1씩 증가하는지 확인합니다.

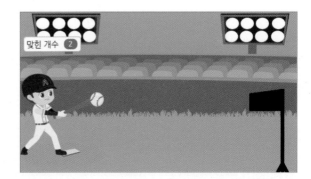

유형풀이 **전체 코딩**

실행화면

해결하기
- 시작하기 버튼을 눌렀을 때 리스트 항목들을 추가합니다.
- 선생님과 학생은 순차적으로 ~초 기다리며 질문과 대답을 합니다.
- 학생의 신호를 받아, 선생님은 리스트 항목을 수정 및 삭제합니다.

코딩풀이

01 엔트리가 실행되면 [파일]–[오프라인 작품 불러오기]를 선택합니다.

02 [열기] 대화 상자가 나타나면 'Part03₩ SWC2–공개₩수험번호–성명' 폴더에서 '8.ent' 파일을 선택하고 [열기]를 클릭합니다.

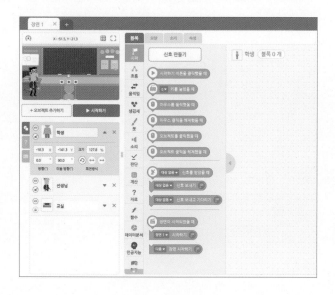

🎅 선생님 오브젝트 코딩

03 '선생님(🎅)' 오브젝트에서 블록 조립을 시작합니다.

[시작(🏳️)]의 ▶ 시작하기 버튼을 클릭했을 때 를 조립소로 가져옵니다.

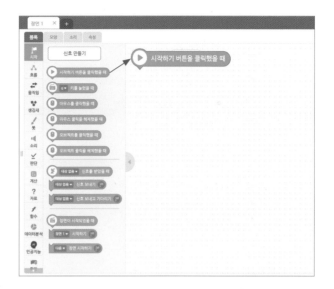

04 [속성] – [리스트] – [리스트 추가하기]를 눌러, '색관련단어' 리스트를 추가합니다.

05 [자료(❓)]의

🔟 항목을 색관련단어 ▼ 에 추가하기 ❓ 를 4개 가져와 🔟 부분을 각각 '분홍', '노랑', '검전', '사과'로 입력한 후, 그림과 같이 연결합니다.

··· why

'색관련단어' 리스트 항목들 중 '검전'은 일부러 맞춤법을 틀리게 적은 것이고, '사과'는 색과 관련 없는 항목을 넣은 것입니다. 맞춤법이 틀린 것은 값을 바꾸기하고, 관련 없는 항목은 삭제할 것입니다.

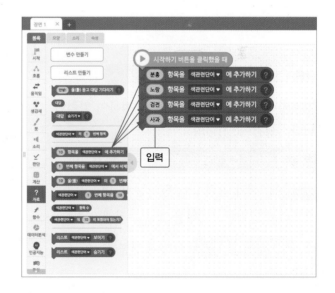

06 [흐름(△)]의 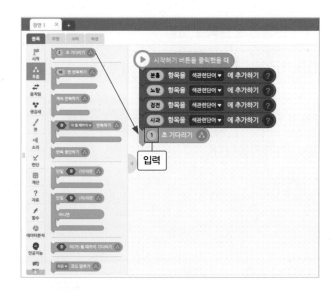 ② 초 기다리기 ⚙ 블록을 가져와 연결한 후, ②를 '1'로 수정하여 입력합니다.

07 [생김새(☢)]의

안녕! 을(를) ④ 초 동안 말하기▼ ⚙ 를 가져와

안녕! 에 "철자가 틀린 단어는 몇 번째일까요?"라고 입력하고 ④를 '2'로 수정해 입력한 후,

① 초 기다리기 △ 아래에 연결합니다.

08 [흐름(△)]의 ② 초 기다리기 ⚙ 블록을 가져와 연결한 후, ②를 '4'로 수정하여 입력합니다. [생김새(☢)]의

안녕! 을(를) ④ 초 동안 말하기▼ ⚙ 를 가져와
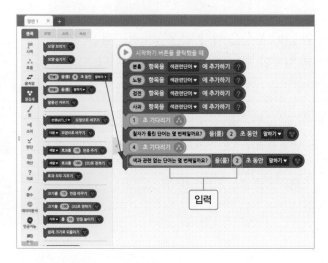
안녕! 에 "색과 관련 없는 단어는 몇 번째일까요?"라고 입력하고 ④를 '2'로 수정해 입력한 후, ④ 초 기다리기 △ 아래에 연결합니다.

09 '학생(👤)' 오브젝트를 선택합니다.
[시작(🚩)]의 ▶ 시작하기 버튼을 클릭했을 때 를 블
록 조립소로 가져옵니다.

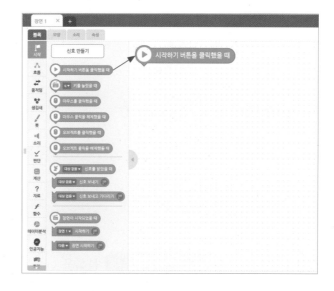

10 [흐름(⋀)]의 2 초 기다리기 ⋀ 블록을
가져와 2 를 '3'으로 수정하여 입력한 후,
▶ 시작하기 버튼을 클릭했을 때 아래에 연결합니다.
[생김새(🎨)]의
안녕! 을(를) 4 초 동안 말하기▼ 🎨 를 가져와
안녕! 에 "3번째 단어입니다."라고 입력하고
4 를 '2'로 수정해 연결합니다.

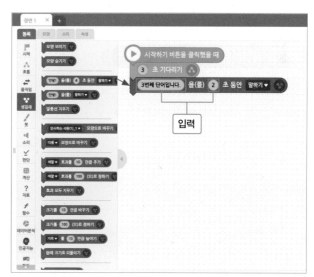

11 [속성] – [신호] – [신호 추가하기]를 눌러, '바꾸기' 신호를 추가합
니다.

12 [시작(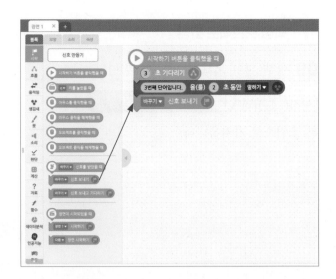)]의 바꾸기▼ 신호 보내기 를 가져와 연결합니다.

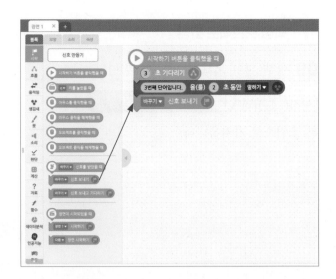

13 [흐름(⋀)]의 2 초 기다리기 ⋀ 블록을 가져와 연결한 후, 2 를 '4'로 수정하여 입력합니다. [생김새(❀)]의

안녕! 을(를) 4 초 동안 말하기▼ ❀ 를 가져와

안녕! 에 "4번째 단어입니다."라고 입력하고 4 를 '2'로 수정해 연결합니다.

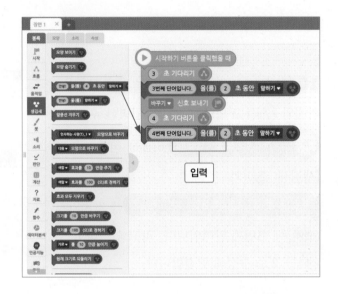

입력

14 [속성]-[신호]-[신호 추가하기]를 눌러, '삭제' 신호를 추가합니다.

15 [시작(⚑시작)]의 삭제▼ 신호 보내기⚑ 를 가져와 연결합니다.

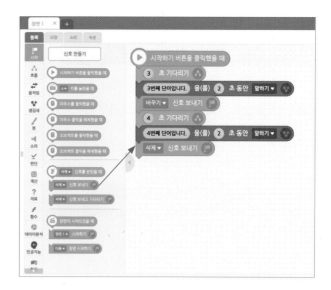

16 '선생님(👤)' 오브젝트를 선택합니다.
[시작(⚑시작)]의 📡 삭제▼ 신호를 받았을 때 를 가져와 ▼ 부분을 클릭해 '바꾸기'로 변경합니다.

·· **why**

최근 만든 신호의 이름이 신호 관련 블록에 나타나므로 신호를 여러 개 만들어 둔 경우, 필요한 신호 이름을 선택하여 변경해 사용합니다.

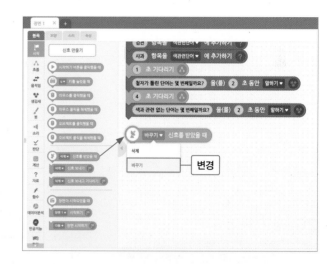

17 [생김새(🎭생김새)]의
안녕! 을(를) 4 초 동안 말하기▼ 🎭 를 가져와
안녕! 에 "맞았어요."라고 입력하고
4 를 '1'로 수정해 연결합니다.

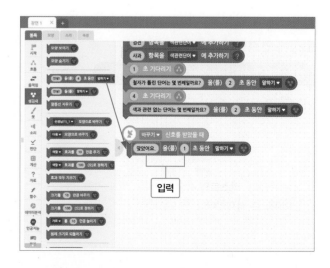

18 [자료(? 자료)]의

색관련단어 ▼ 1 번째 항목을 10 (으)로 바꾸기 ?

를 가져와 1 에 '3'으로 수정해 입력하고,
10 에 '검정'을 입력하여 연결합니다.

.... why

'색관련단어' 리스트의 '3'번째 항목의 값이 '검전'으로
철자가 틀리게 적혀있는 것을 '검정'으로 바르게 바꿉
니다.

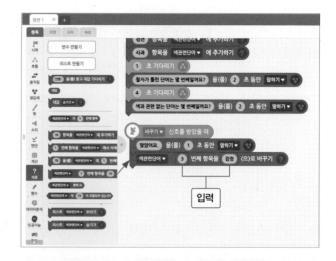

19 [시작(⚑ 시작)]의 삭제 ▼ 신호를 받았을 때 를
가져옵니다.

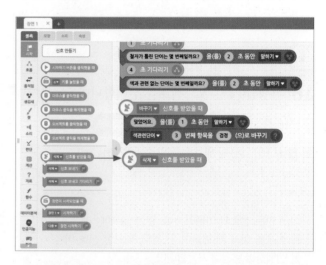

20 [생김새(🌀 생김새)]의

안녕! 을(를) 4 초 동안 말하기 ▼ 🌀 를 가져와

안녕! 에 "맞았어요."라고 입력하고 4 를 '1'로
수정해 연결합니다. [자료(? 자료)]의

1 번째 항목을 색관련단어 ▼ 에서 삭제하기 ? 를 가져
와, 1 을 '4'로 수정해 입력합니다.

.... why

'색관련단어' 리스트의 4번째 항목은 색과 관련 없는
단어이므로 삭제합니다.

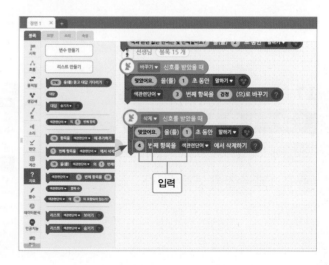

21 ▶시작하기 를 클릭하여 선생님이 질문하고 학생이 답하는지, 그리고 맞춤법이 틀린 단어는 바르게 수정하여 바꾸고 색과 관련 없는 단어는 리스트에서 삭제하는지 확인합니다.

··· **Tip**

리스트의 명령 블록들
• **추가**

`10 항목을 리스트▼ 에 추가하기 ?` 를 사용해 리스트에 값을 추가할 수 있습니다. 추가될 때 리스트의 마지막 순서에 추가됩니다. 특정 순서에 값을 추가하고 싶을 때는 `10 을(를) 리스트▼ 의 1 번째에 넣기 ?` 블록을 사용합니다. 이 블록을 사용해 값을 중간에 넣은 경우 이하의 항목들은 순서가 하나씩 밀리게 됩니다.

• **바꾸기**

`리스트▼ 1 번째 항목을 10 (으)로 바꾸기 ?` 를 사용해 특정 순서의 항목의 값을 수정해 바꿀 수 있습니다.

• **삭제**

`1 번째 항목을 리스트▼ 에서 삭제하기 ?` 를 사용해 특정 순서의 항목을 리스트에서 삭제할 수도 있습니다.

··· **Tip**

리스트 항목의 값을 사용하는 블록들

`리스트▼ 의 1 번째 항목` 은 해당 순서의 값을 가져옵니다. `리스트▼ 항목 수` 는 항목순서가 몇 번째까지 있는지 값을 사용할 수 있게 합니다. `리스트▼ 에 10 이 포함되어 있는가?` 를 사용하면 리스트 안에 찾으려는 항목이 있는지 판단하여 있으면 '참'이 됩니다.

문제 01

🧑 소녀 오브젝트 : <날씨 검색>

▶ 시작하기 버튼을 클릭했을 때
지나야 오늘 날씨 알려줘. 을(를) 2 초 동안 말하기▼
음성검색▼ 신호 보내기

🗄 지나 오브젝트 : <검색 결과>

📡 음성검색▼ 신호를 받았을 때
1 초 기다리기
날씨상황▼ 를 1 부터 3 사이의 무작위 수 (으)로 정하기 ?
1 초 기다리기
만일 < 날씨상황▼ 값 = 1 > (이)라면
  오늘은 날씨가 맑습니다. 을(를) 2 초 동안 말하기▼
아니면
  만일 < 날씨상황▼ 값 = 2 > (이)라면
    오늘은 비가 올 예정입니다. 우산을 준비하세요. 을(를) 2 초 동안 말하기▼
  아니면
    오늘은 날씨가 춥습니다. 따뜻한 옷을 준비하세요. 을(를) 2 초 동안 말하기▼

당나귀 오브젝트 : <점프>

당근 오브젝트 : <당근 복제>

```
스페이스 ▼ 키를 눌렀을 때
  y 좌표를 40 만큼 바꾸기
  0.2 초 기다리기
  y 좌표를 -40 만큼 바꾸기
```

```
시작하기 버튼을 클릭했을 때
  남은당근 ▼ 를 6 (으)로 정하기
  6 번 반복하기
    자신 ▼ 의 복제본 만들기
    x 좌표를 60 만큼 바꾸기
  모양 숨기기
```

```
복제본이 처음 생성되었을때
  당나귀 ▼ 에 닿았는가? 이(가) 될 때까지 기다리기
  남은당근 ▼ 에 -1 만큼 더하기
  이 복제본 삭제하기
```

심판 오브젝트

```
시작하기 버튼을 클릭했을 때
  공을 차서 더 멀리 가는 쪽이 이기는 게임입니다. 을(를) 1 초 동안 말하기 ▼
  공을 차세요. 을(를) 1 초 동안 말하기 ▼
  공차기 ▼ 신호 보내기
  3 초 기다리기
  계속 반복하기
    만일 영희공 ▼ 값 > 철수공 ▼ 값 (이)라면
      영희가 이겼습니다. 을(를) 2 초 동안 말하기 ▼
    아니면
      만일 영희공 ▼ 값 < 철수공 ▼ 값 (이)라면
        철수가 이겼습니다. 을(를) 2 초 동안 말하기 ▼
      아니면
        무승부 입니다. 을(를) 2 초 동안 말하기 ▼
```

쓰레기 오브젝트

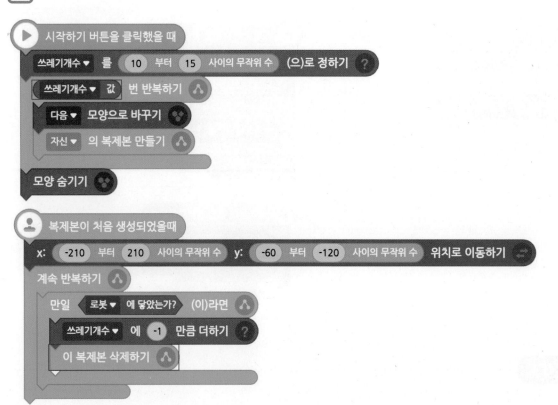

시작하기 버튼을 클릭했을 때

쓰레기개수▼ 를 10 부터 15 사이의 무작위 수 (으)로 정하기 ?

쓰레기개수▼ 값 번 반복하기

다음▼ 모양으로 바꾸기

자신▼ 의 복제본 만들기

모양 숨기기

복제본이 처음 생성되었을때

x: -210 부터 210 사이의 무작위 수 y: -60 부터 -120 사이의 무작위 수 위치로 이동하기

계속 반복하기

만일 로봇▼ 에 닿았는가? (이)라면

쓰레기개수▼ 에 -1 만큼 더하기 ?

이 복제본 삭제하기

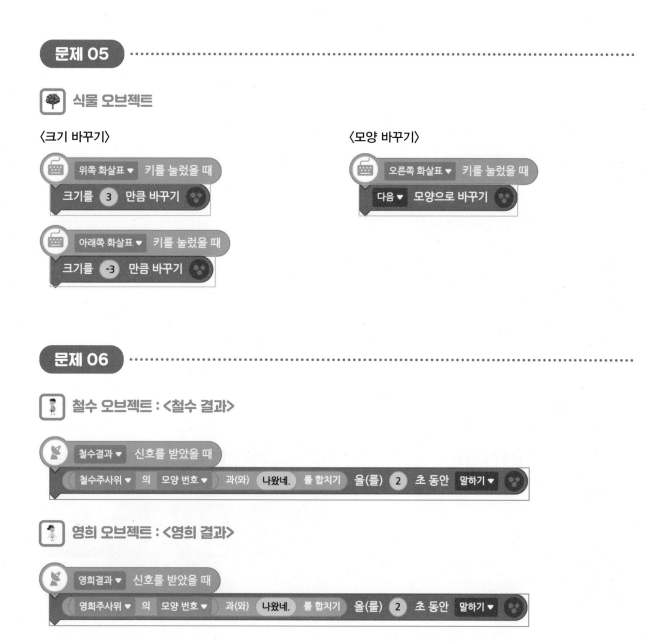

🌳 식물 오브젝트

〈크기 바꾸기〉

⌨ 위쪽 화살표 ▼ 키를 눌렀을 때
크기를 3 만큼 바꾸기 ⚅

⌨ 아래쪽 화살표 ▼ 키를 눌렀을 때
크기를 -3 만큼 바꾸기 ⚅

〈모양 바꾸기〉

⌨ 오른쪽 화살표 ▼ 키를 눌렀을 때
다음 ▼ 모양으로 바꾸기 ⚅

문제 06 ····················

🧍 철수 오브젝트 : 〈철수 결과〉

📡 철수결과 ▼ 신호를 받았을 때
철수주사위 ▼ 의 모양 번호 ▼ 과(와) 나왔네. 를 합치기 을(를) 2 초 동안 말하기 ▼ ⚅

👧 영희 오브젝트 : 〈영희 결과〉

📡 영희결과 ▼ 신호를 받았을 때
영희주사위 ▼ 의 모양 번호 ▼ 과(와) 나왔네. 를 합치기 을(를) 2 초 동안 말하기 ▼ ⚅

타자 오브젝트

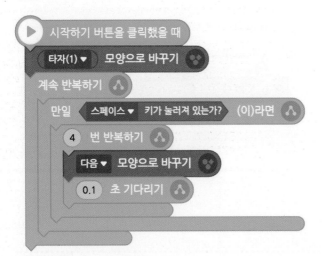

야구공 오브젝트

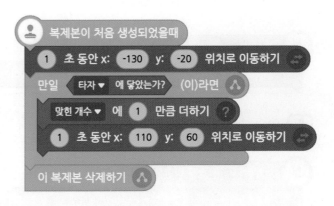

👤 선생님 오브젝트

▶ 시작하기 버튼을 클릭했을 때
　분홍 항목을 색관련단어 ▼ 에 추가하기 (?)
　노랑 항목을 색관련단어 ▼ 에 추가하기 (?)
　검전 항목을 색관련단어 ▼ 에 추가하기 (?)
　사과 항목을 색관련단어 ▼ 에 추가하기 (?)
　1 초 기다리기 △
　철자가 틀린 단어는 몇 번째일까요? 을(를) 2 초 동안 말하기 ▼ 😎
　4 초 기다리기 △
　색과 관련 없는 단어는 몇 번째일까요? 을(를) 2 초 동안 말하기 ▼ 😎

📡 바꾸기 ▼ 신호를 받았을 때
　맞았어요. 을(를) 1 초 동안 말하기 ▼ 😎
　색관련단어 ▼ 3 번째 항목을 검정 (으)로 바꾸기 (?)

📡 삭제 ▼ 신호를 받았을 때
　맞았어요. 을(를) 1 초 동안 말하기 ▼ 😎
　4 번째 항목을 색관련단어 ▼ 에서 삭제하기 (?)

👤 학생 오브젝트

▶ 시작하기 버튼을 클릭했을 때
　3 초 기다리기 △
　3번째 단어입니다. 을(를) 2 초 동안 말하기 ▼ 😎
　바꾸기 ▼ 신호 보내기 🚩
　4 초 기다리기 △
　4번째 단어입니다. 을(를) 2 초 동안 말하기 ▼ 😎
　삭제 ▼ 신호 보내기 🚩

공개문제 따라하기 3급

시험 시간	SW	응시일	수험번호	성명
45분	엔트리	년 월 일		

수험자 유의사항

- 수험자는 감독관의 안내에 따라 시험지와 시험용 SW 등의 이상 여부를 확인해야 합니다.
- 시험지는 시험이 끝난 후 제출해야 하며, 미제출 시 실격 처리됩니다.
- 제한된 시간 내에 시험을 완료하여야 합니다.
- 시험 시작 후에는 화장실 출입이 불가하며, 시험 시간 중에는 퇴실할 수 없습니다.
- 시험 시간 중 고사실 내에서 휴대 전화기, 디지털카메라, MP3 등 전자 기기를 소지한 경우, 해당자의 시험을 무효로 처리하오니 절대 휴대하지 않도록 합니다.
- 부정 응시 및 문제 유출에 해당하는 행위 즉, 답안을 타인에게 전달 및 외부로 반출하는 경우, 자격기본법 제32조에 의거 부정행위로 간주하여 해당자의 시험을 무효로 하며 민/형사상의 책임을 물을 수 있습니다.

답안 작성요령

- 답안 작성 절차
  - 바탕화면(Desktop) / SWC3–공개 / 수험번호–성명 / 파일에 답안을 작성 또는 작업 후 저장
- 시험을 완료한 수험자는 감독관의 안내에 따라 ① 시험지를 제출하고 ② 답안 파일을 저장한 후 퇴실합니다.

SMART KPC
kpc 한국생산성본부

- Part03₩SWC3-공개
- 수험번호-성명 폴더를 마우스 오른쪽 버튼으로 클릭한 후, [이름 바꾸기]를 클릭
  → 본인의 수험번호-성명으로 수정하시오.
- 본인의 수험번호-성명으로 수정된 폴더 안의 파일을 문항별로 더블클릭하여 프로그램을 실행합니다.
- 문항별 조건에 따라 작업을 완료하였으면, 파일 〉 저장하기 버튼을 클릭하여 저장합니다.

과목 1 알고리즘 설계

문제 01 엔트리봇이 장애물을 넘어 벤치에 앉을 수 있도록 〈조건〉에 맞게 코딩하시오. (10점)

〈조건〉

– 엔트리 프로그램 화면 [블록 꾸러미]에서 필요한 블록을 가져다 사용한다.
– 아래 〈점프〉과 〈벤치 앉기〉 순서도를 참고하여 블록을 완성한다.

– ▶ 시작하기 버튼을 클릭하면 엔트리봇은 계속 반복하여 움직이다가 〈점프〉를 하고 〈벤치 앉기〉를 한다.

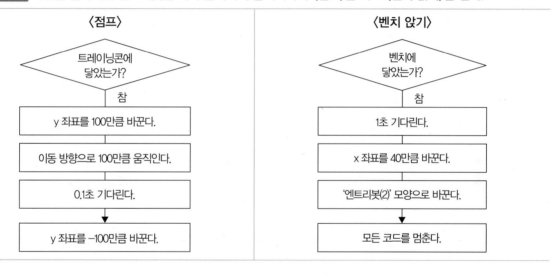

〈점프〉	〈벤치 앉기〉
트레이닝콘에 닿았는가?	벤치에 닿았는가?
참	참
y 좌표를 100만큼 바꾼다.	1초 기다린다.
이동 방향으로 100만큼 움직인다.	x 좌표를 40만큼 바꾼다.
0.1초 기다린다.	'엔트리봇(2)' 모양으로 바꾼다.
y 좌표를 −100만큼 바꾼다.	모든 코드를 멈춘다.

순서도 보기

시험지에는 제공되지 않지만 순서도 작성하기를 편하게 확인하면서
작업할 수 있도록 이기적에서 제공하는 QR코드입니다.

문제 02 카멜레온을 감지한 잠자리가 날아갈 수 있도록 〈조건〉에 맞게 코딩하시오. (10점)

〈조건〉

– 엔트리 프로그램 화면 [블록 꾸러미]에서 필요한 블록을 가져다 사용한다.
– 아래 〈이동〉과 〈움직임 감지〉 순서도를 참고하여 블록을 완성한다.

– ▶시작하기 버튼을 클릭하면 카멜레온은 잠자리 쪽으로 〈이동〉을 한다.
– 고추잠자리는 '움직임' 신호를 받았을 때 〈움직임 감지〉를 하여 날아간다.

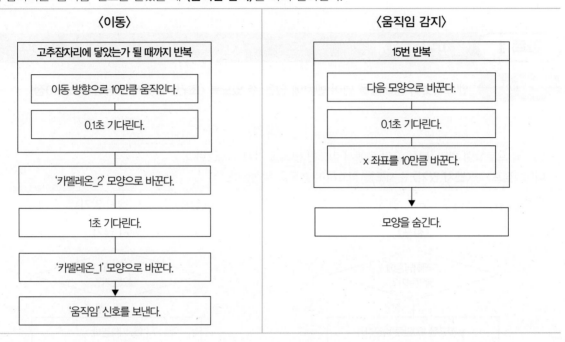

〈이동〉

고추잠자리에 닿았는가 될 때까지 반복
- 이동 방향으로 10만큼 움직인다.
- 0.1초 기다린다.

'카멜레온_2' 모양으로 바꾼다.

1초 기다린다.

'카멜레온_1' 모양으로 바꾼다.

'움직임' 신호를 보낸다.

〈움직임 감지〉

15번 반복
- 다음 모양으로 바꾼다.
- 0.1초 기다린다.
- x 좌표를 10만큼 바꾼다.

모양을 숨긴다.

순서도 보기

시험지에는 제공되지 않지만 순서도 작성하기를 편하게 확인하면서
작업할 수 있도록 이기적에서 제공하는 QR코드입니다.

180 PART 03 · 공개문제 따라하기

문제 03 영희가 약국과 빵집을 방문 후 놀이동산에 갈 수 있도록 〈조건〉에 맞게 코딩하시오. (10점)

〈조건〉

– 엔트리 프로그램 화면 [블록 조립소]에 주어진 명령어 블록만을 모두 사용한다.

– ▶시작하기 버튼을 클릭하면 영희는 x 좌표 −200 y 좌표 0 위치로 이동하고, '영희(오)' 모양으로 바꾼다.
– ▶시작하기 버튼을 클릭하면 약국은 영희에 닿았는가?까지 기다리고, "어서 오세요."를 1초 동안 말한다.
– ▶시작하기 버튼을 클릭하면 빵집은 영희에 닿았는가?까지 기다리고, "어서 오세요."를 1초 동안 말한다.
– ▶시작하기 버튼을 클릭하면 놀이동산은 영희에 닿았는가?까지 기다리고, "놀이동산에 오신 것을 환영합니다."를 1초 동안 말한다.
– 영희는 오른쪽 화살표 키를 눌렀을 때 '영희(오)' 모양으로 바꾸고, x 좌표를 10만큼 바꾼다.
– 영희는 왼쪽 화살표 키를 눌렀을 때 '영희(왼)' 모양으로 바꾸고, x 좌표를 −10만큼 바꾼다.
– 영희는 위쪽 화살표 키를 눌렀을 때 '영희(뒤)' 모양으로 바꾸고, y 좌표를 10만큼 바꾼다.
– 영희는 아래쪽 화살표 키를 눌렀을 때 '영희(앞)' 모양으로 바꾸고, y 좌표를 −10만큼 바꾼다.

문제 04 요정할머니가 소녀에게 받고 싶은 생일선물을 줄 수 있도록 〈조건〉에 맞게 코딩하시오. (10점)

〈조건〉

– 엔트리 프로그램 화면 [블록 조립소]에 주어진 명령어 블록만을 모두 사용한다.

– ▶시작하기 버튼을 클릭하면 선물은 요술상자 위치로 이동하고, '물음표' 모양으로 바꾼다.
– ▶시작하기 버튼을 클릭하면 요정할머니는 받고 싶은 선물을 질문한다.
  (1) "받고 싶은 선물을 입력해 봐.(인형/가방/책)"을 묻고 대답을 기다린다.
  (2) 1초 기다리고, '선물' 신호를 보낸다.
– 선물은 '선물' 신호를 받았을 때 선물이 소녀에게 이동한다.
  (1) 2초 동안 x 좌표 0 y 좌표 90 위치로 이동하고, 1초 기다린다.
  (2) 만일 (대답)="인형"이라면 '인형' 모양으로 바꾼다.
  (3) 만일 (대답)="가방"이라면 '가방' 모양으로 바꾼다.
  (4) 만일 (대답)="책"이라면 '책' 모양으로 바꾼다.
  (5) 1초 기다리고, 2초 동안 소녀 위치로 이동한다.

연필이 배경에 도형을 그려 꾸밀 수 있도록 〈조건〉에 맞게 코딩하시오. (10점)

〈조건〉

– 엔트리 프로그램 화면 [블록 조립소]에 주어진 명령어 블록만을 모두 사용한다.

– ▶시작하기 버튼을 클릭하면 연필은 그리기 준비를 한다.
  (1) x 좌표 −180 y 좌표 40 위치로 이동하고, 모든 붓을 지우고, 그리기 굵기를 2로 정한다.
  (2) '도형' 변수를 3부터 6 사이의 무작위 수로 정하고, 1초 기다린다.
– 연필은 15번 반복하여 도형을 그린다.
  (1) 붓의 색을 무작위로 정하고, 그리기 시작한다.
  (2) ('도형'값)번 반복하여 이동 방향으로 20만큼 움직이고, 방향을 (360/'도형'값)만큼 회전한다.
  (3) 그리기를 멈추고, x 좌표 −200부터 200 사이의 무작위 수 y 좌표 −100부터 100 사이의 무작위 수 위치로 이동한다.

화재신고를 받은 열기구가 불을 끌 수 있도록 〈조건〉에 맞게 코딩하시오. (10점)

〈조건〉

– 엔트리 프로그램 화면 [블록 꾸러미]에서 필요한 블록을 가져다 사용한다.
– 아래 〈**화재신고**〉, 〈**불 끄기**〉 미완성 블록을 완성한다.

– ▶시작하기 버튼을 클릭하면 철수가 불을 보고 〈**화재신고**〉를 한다.
  (1) 3번 반복하여 0.5초 기다리고, "불이야"를 1초 동안 말한다.
  (2) '화재신고' 신호를 보낸다.
– 물방울은 복제본이 처음 생성되었을 때 〈**불 끄기**〉를 한다.
  (1) y 좌표를 −20만큼 바꾸고, 0.1초 기다리고, 이 복제본을 삭제한다.

〈조건〉

– 엔트리 프로그램 화면 [블록 꾸러미]에서 필요한 블록을 가져다 사용한다.

– ▶ 시작하기 버튼을 클릭하면 원(1)은 모양을 숨긴다.
– ▶ 시작하기 버튼을 클릭하면 원(2)는 모양을 숨긴다.
– 곤충류글상자는 해당 오브젝트를 클릭했을 때 질문을 한다.
  (1) "곤충류를 찾아 입력하세요.(고래/잠자리)"를 묻고 대답을 기다린다.
  (2) 만일 (대답)="잠자리"라면 "맞았습니다."를 1초 동안 말하고, '정답잠자리' 신호를 보낸다.
    아니면 "틀렸습니다."를 1초 동안 말한다.
– 포유류글상자는 오브젝트를 클릭했을 때 질문을 한다.
  (1) "포유류를 찾아 입력하세요.(고래/잠자리)"를 묻고 대답을 기다린다.
  (2) 만일 (대답)="고래"라면 "맞았습니다."를 1초 동안 말하고, '정답고래' 신호를 보낸다.
    아니면 "틀렸습니다."를 1초 동안 말한다.
– 원(1)은 '정답잠자리' 신호를 받았을 때 모양이 보인다.
– 원(2)는 '정답고래' 신호를 받았을 때 모양이 보인다.

엔트리가 칠판에 그려진 막대의 길이를 비교하여 말할 수 있도록 〈조건〉에 맞게 코딩하시오. (20점)

〈조건〉

– 엔트리 프로그램 화면 [블록 꾸러미]에서 필요한 블록을 가져다 사용한다.

– ▶ 시작하기 버튼을 클릭하면 연필은 칠판에 막대 두 개를 그린다.

　(1) 모든 붓을 지우고, x 좌표 –110 y 좌표 –40 위치로 이동한다.

　(2) '막대(1)' 변수를 0으로 정하고, '막대(2)' 변수를 0으로 정하고, 1초 기다린다.

　(3) 그리기 시작하고, 그리기 굵기를 10으로 정한다.

　(4) '막대(1)'을 10부터 50 사이의 무작위 수로 정하고, y 좌표를 '막대(1)'값만큼 바꾼다.

　(5) 그리기를 멈추고, 1초 기다리고, x 좌표 10 y 좌표 –40 위치로 이동하고, 그리기를 시작한다.

　(6) '막대(2)'를 10부터 50 사이의 무작위 수로 정하고, y 좌표를 '막대(2)'값만큼 바꾸고, 그리기를 멈추고, '길이비교' 신호를 보낸다.

– 엔트리는 '길이비교' 신호를 받으면 막대 길이를 비교하여 말한다.

　(1) 1초 기다린다.

　(2) 만일 ('막대(1)'값 〉 '막대(2)'값)라면 "막대(1)의 길이가 더 깁니다."를 2초 동안 말한다.

　(3) 아니면 만일 ('막대(1)'값 〈 '막대(2)'값)라면 "막대(2)의 길이가 더 깁니다."를 2초 동안 말하고

　　(3-1) 아니면 "길이가 같습니다."를 2초 동안 말한다.

시험 종료 전

• 본인의 수험번호–성명 폴더 내에 작업한 답안 파일이 정상적으로 저장되었는지 확인합니다.

　→ 시험 종료 후, 감독관이 답안 파일을 수거합니다.

• 수험번호, 성명을 잘못 기재하였거나, 답안 파일을 잘못 저장하여 발생한 문제나 불이익에 대한 일체의 책임은 수험자에게 있습니다.

• 감독관의 안내에 따라 시험지를 제출하고 퇴실합니다.

문제 01

해설 강의

유형풀이   **순서도**

 엔트리봇 오브젝트

〈점프〉

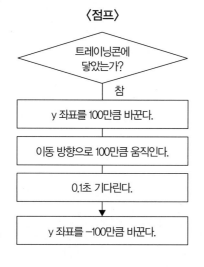

해결하기
- 엔트리봇이 '트레이닝콘'에 닿았는지의 조건을 판단합니다.
- 조건이 '참'인 경우 아래의 처리 명령들을 순차적으로 실행합니다.

01 엔트리가 실행되면 [파일]-[오프라인 작품 불러오기]를 선택합니다.

02 [열기] 대화상자가 나타나면 'Part03₩ SWC3-공개₩수험번호-성명' 폴더에서 '1.ent' 파일을 선택하고 [열기]를 클릭합니다.

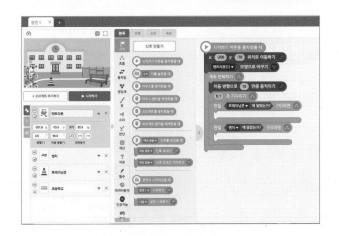

▶ 순서도 〈점프〉

🐾 엔트리봇 오브젝트 코딩

03 '엔트리봇(🐾)' 오브젝트에서 블록 조립을 시작합니다. 엔트리봇이 트레이닝콘에 닿으면 y 좌표를 100만큼 바꾸도록

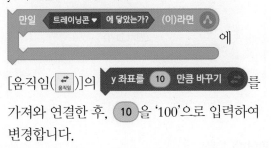

에 [움직임(🏃)]의 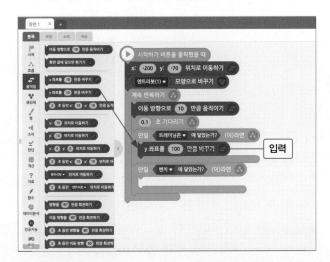 를 가져와 연결한 후, 10 을 '100'으로 입력하여 변경합니다.

.... **Tip**

'엔트리봇(🐾)'은 계속 반복하여 움직이다가 **〈점프〉**를 하고 **〈벤치 앉기〉**를 합니다. 먼저 **〈점프〉**를 코딩하고 이후 순차적으로 **〈벤치 앉기〉**를 코딩합니다.

04 엔트리봇이 이동 방향으로 100만큼 움직이도록, [움직임(움직임)]의 이동 방향으로 10 만큼 움직이기 를 가져와 연결하고 10 을 '100'으로 입력하여 변경합니다.

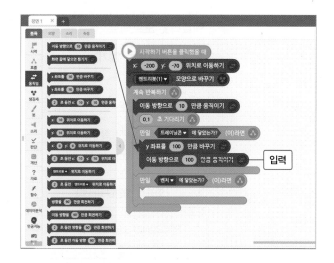

05 엔트리봇이 0.1초 기다리도록, [흐름(흐름)]의 2 초 기다리기 를 가져와 연결한 후 2 를 '0.1'로 변경하여 입력합니다.

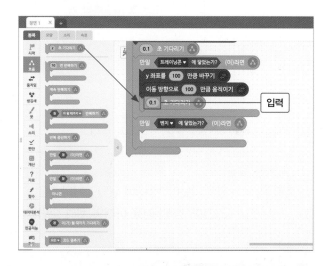

06 엔트리봇이 y 좌표를 −100만큼 바꾸도록, [움직임(움직임)]의 y 좌표를 10 만큼 바꾸기 를 가져와 연결한 후 10 을 '−100'으로 입력하여 변경합니다.

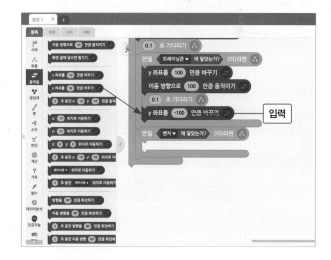

엔트리봇 오브젝트

〈벤치 앉기〉

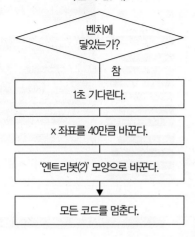

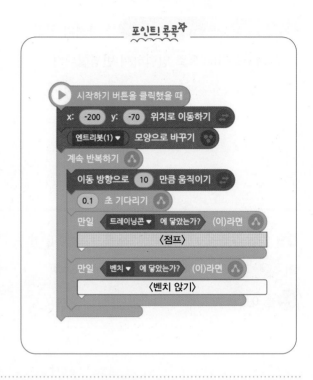

해결하기
- 엔트리봇이 '벤치'에 닿았는지의 조건을 판단합니다.
- 조건이 '참'인 경우 아래의 처리 명령들을 순차적으로 실행합니다.

▶ **순서도 〈벤치 앉기〉**

 엔트리봇 오브젝트 코딩

07 '엔트리봇()' 오브젝트에서 블록 조립합니다. 엔트리봇이 벤치에 닿으면 1초 기다리도록,

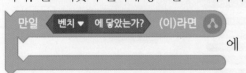 에

[흐름()]의 `2 초 기다리기`를 가져와 연결한 후 `2`를 '1'로 변경하여 입력합니다.

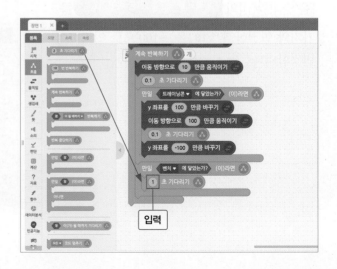

08 엔트리봇이 x 좌표를 40만큼 바꾸도록, [움직임(움직임)]의 x 좌표를 10 만큼 바꾸기를 가져와 연결하고 10을 '40'으로 입력하여 변경합니다.

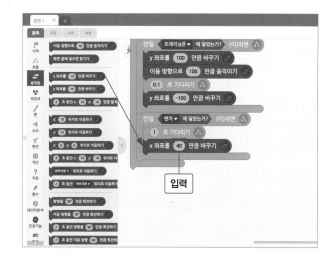

09 엔트리봇이 '엔트리봇(2)' 모양으로 바꾸도록, [생김새(생김새)]의 엔트리봇(1) ▼ 모양으로 바꾸기를 가져와 '엔트리봇(2)'으로 변경합니다.

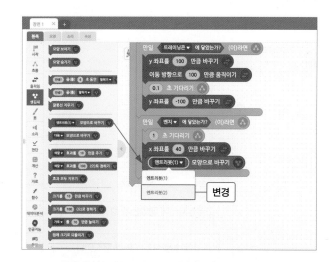

10 모든 코드를 멈추도록 [흐름(흐름)]의 모든 ▼ 코드 멈추기를 가져와 연결합니다.

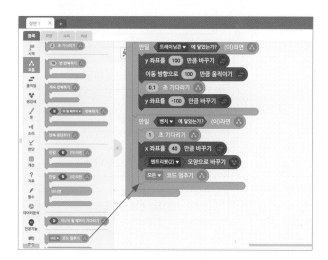

11 를 클릭하여 엔트리봇이 움직이다가 트레이닝콘(장애물)이 나오면 점프하여 이동하다가
벤치가 나오면 자리에 앉는지 확인합니다.

문제 02

해설 강의

유형풀이 **순서도**

🐱 카멜레온 오브젝트

〈이동〉

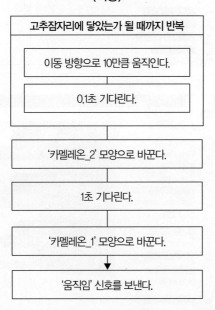

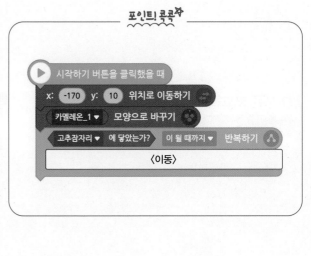

해결하기
- 카멜레온이 '고추잠자리'에 닿을 때까지 움직입니다.
- 카멜레온이 '고추잠자리'에 닿으면 경우 아래의 처리 명령들을 순차적으로 실행하고, '움직임' 신호를 보냅니다.

01 엔트리가 실행되면 [파일]–[오프라인 작품
불러오기]를 선택합니다.

02 [열기] 대화상자가 나타나면 'Part03₩
SWC3–공개₩수험번호–성명' 폴더에서 '2.ent'
파일을 선택하고 [열기]를 클릭합니다.

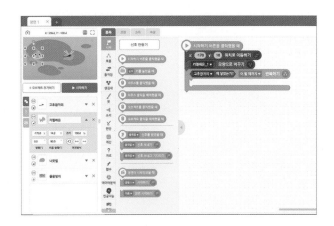

▶ 순서도 〈이동〉

🐾 **카멜레온 오브젝트 코딩**

03 '카멜레온(🐾)' 오브젝트에서 블록 조립을
시작합니다. 카멜레온이 고추잠자리에 닿을 때
까지 0.1초마다 이동 방향으로 10만큼 움직이기
를 반복하도록,

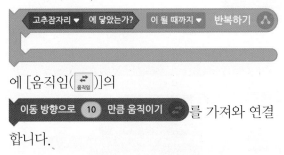

에 [움직임(움직임)]의

를 가져와 연결
합니다.

.... **Tip**

'카멜레온(🐾)'을 고추잠자리쪽으로 **〈이동〉**하도록 코딩합니다.

04 그리고 [흐름(🔽)]의 2 초 기다리기 🔼 를
가져와 연결한 후 2 를 '0.1'로 변경하여 입력
합니다.

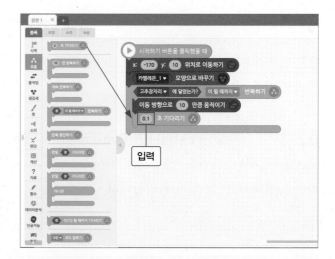

05 카멜레온이 고추잠자리에 닿으면, 카멜레
온의 모양을 '카멜레온_2'로 바꾸도록, [생김새
(🔽)]의 카멜레온_1 ▼ 모양으로 바꾸기 🔼 를 가져
와 연결한 후 '카멜레온_2' 모양으로 변경하여
입력합니다.

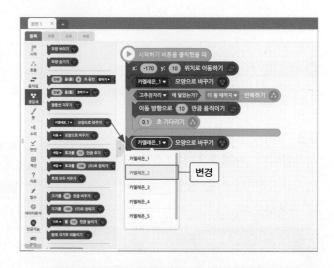

06 카멜레온이 1초 후 다시 원래 모양인 '카멜
레온_1'로 모양을 바꾸도록, [흐름(🔽)]의
2 초 기다리기 🔼 를 가져와 연결한 후 2 를
'1'로 변경하여 입력합니다.

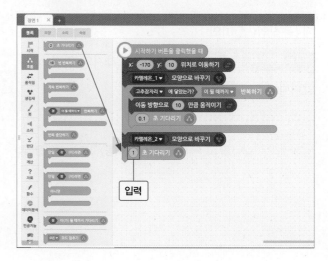

07 이어서 [생김새(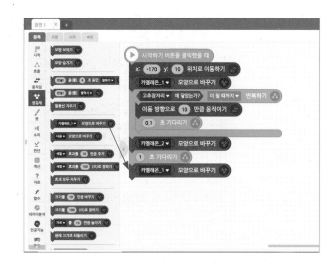)]의

카멜레온_1 ▼   모양으로 바꾸기   를 가져와 연결

합니다.

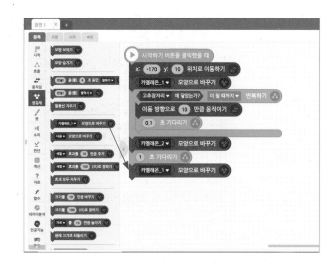

08 카멜레온이 '움직임' 신호를 보내도록,

[시작(시작)]의   움직임 ▼   신호 보내기   를 가져와

연결합니다.

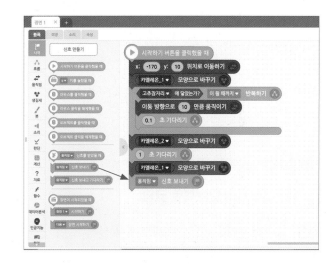

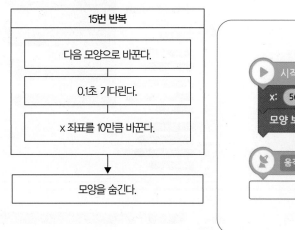

〈움직임 감지〉

고추잠자리 오브젝트

15번 반복

다음 모양으로 바꾼다.

0.1초 기다린다.

x 좌표를 10만큼 바꾼다.

모양을 숨긴다.

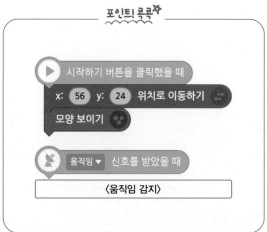

포인트! 콕콕

───────────────────────────────

해결하기 고추잠자리는 반복하여 움직이고, 아래 명령을 순차적으로 실행합니다.

▶ 순서도 〈움직임 감지〉

고추잠자리 오브젝트 코딩

09 '고추잠자리( )' 오브젝트에서 블록 조립을 시작합니다. 고추잠자리가 '움직임' 신호를 받으면 날개짓하며 날아가도록,

 에 [흐름( )]의

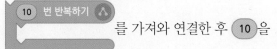 를 가져와 연결한 후 **10** 을

'15'로 변경하여 입력합니다.

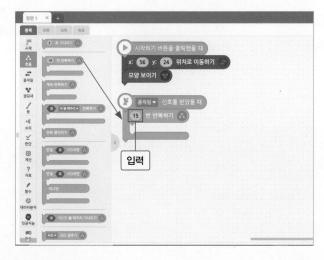

··· Tip

'고추잠자리( )'는 '움직임' 신호를 받았을 때 **〈움직임 감지〉**를 하여 날아갑니다.

10 고추잠자리가 다음 모양으로 바꾸도록 [생김새( )]의 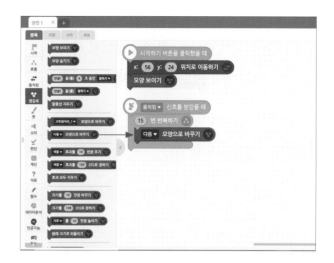 를 가져와 연결합니다.

11 고추잠자리가 0.1초마다 모양을 바꾸도록, [흐름( )]의 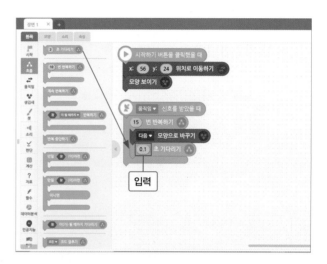 를 가져와 연결한 후 를 '0.1'로 변경하여 입력합니다.

12 고추잠자리가 오른쪽으로 날아가도록, 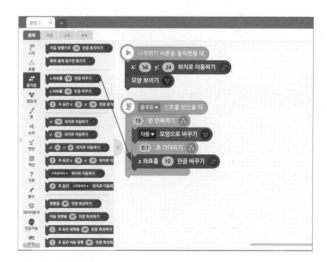 를 가져와 연결합니다.

13 고추잠자리가 15번 반복하며 모양을 바꾸고 움직이는 것이 끝나면, 화면에 보이지 않도록 [생김새(생김새)]의 모양 숨기기 를 가져와 연결합니다.

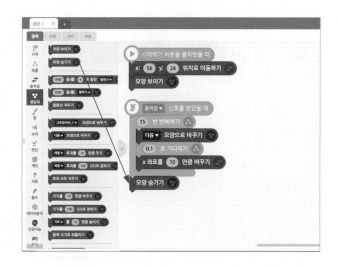

14 ▶ 시작하기 를 클릭하여 카멜레온이 고추잠자리 쪽으로 이동하고 모양을 바꾸면, 고추잠자리가 날아가는지를 확인합니다.

유형풀이   **주어진 블록 조합**

실행화면

해결하기   '~ 화살표 키를 눌렀을 때' 블록을 이용하여 방향에 따라 움직이도록 코딩합니다. 엔트리 프로그램 화면 [블록 조립소]에 주어진 명령어 블록만을 모두 사용해야 합니다.

코딩풀이

01 엔트리가 실행되면 [파일]-[오프라인 작품 불러오기]를 선택합니다.

02 [열기] 대화상자가 나타나면 'Part03₩ SWC3-공개₩수험번호-성명' 폴더에서 '3.ent' 파일을 선택하고 [열기]를 클릭합니다.

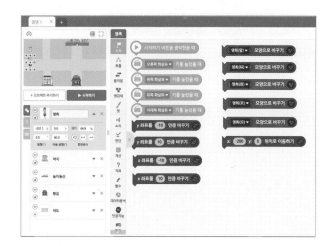

📱 영희 오브젝트 코딩

03 '영희(📱)' 오브젝트에서 블록 조립을 시작합니다. 영희가 x 좌표 −200, y 좌표 0 위치로 이동하도록 ▶ 시작하기 버튼을 클릭했을 때 에 x: -200 y: 0 위치로 이동하기 를 연결하고, '영희(오)' 모양으로 바꾸기 위해 영희(오) ▼ 모양으로 바꾸기 를 연결합니다.

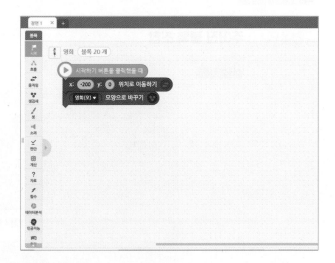

🏛 약국 오브젝트 코딩

04 '약국(🏛)' 오브젝트를 선택합니다. 약국은 영희에 닿을 때까지 기다리도록 ▶ 시작하기 버튼을 클릭했을 때 에 영희 ▼ 에 닿았는가? 이(가) 될 때까지 기다리기 를 연결합니다. 약국이 영희에 닿으면 "어서 오세요."를 1초 동안 말하도록 어서 오세요. 을(를) 1 초 동안 말하기 ▼ 를 연결합니다.

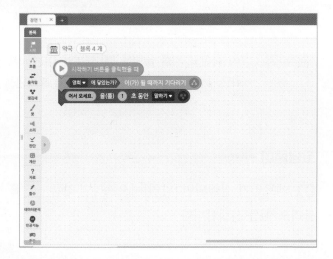

🏛 빵집 오브젝트 코딩

05 '빵집(🏛)' 오브젝트를 선택합니다. 빵집은 약국과 마찬가지로 영희에 닿을 때까지 기다리도록 ▶️ `시작하기 버튼을 클릭했을 때` 에

`영희 ▼ 에 닿았는가?` `이(가) 될 때까지 기다리기 ∧` 를 연결합니다. 빵집이 영희에 닿으면 "어서 오세요."를 1초 동안 말하도록

`어서 오세요. 을(를) 1 초 동안 말하기 ▼` 를 연결합니다.

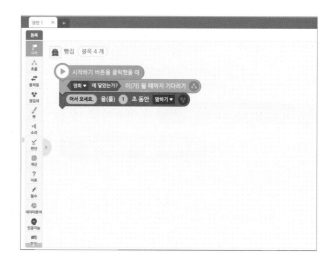

🏙 놀이동산 오브젝트 코딩

06 '놀이동산(🏙)' 오브젝트를 선택합니다. 놀이동산은 영희에 닿을 때까지 기다리도록 ▶️ `시작하기 버튼을 클릭했을 때` 에

`영희 ▼ 에 닿았는가?` `이(가) 될 때까지 기다리기 ∧` 를 연결합니다. 놀이동산이 영희에 닿으면 "놀이동산에 오신 것을 환영합니다."를 1초 동안 말하도록

`놀이동산에 오신 것을 환영합니다. 을(를) 1 초 동안 말하기 ▼` 를 연결합니다.

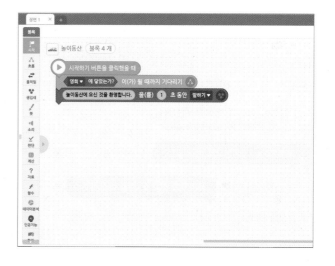

07 '영희( )' 오브젝트를 선택합니다. 영희가 오른쪽 화살표 키를 눌렀을 때 '영희(오)' 모양으로 바꾸도록 `오른쪽 화살표 ▼ 키를 눌렀을 때`에 `영희(오) ▼ 모양으로 바꾸기`를 연결하고, 오른쪽으로 이동하도록 `x 좌표를 10 만큼 바꾸기`를 연결합니다.

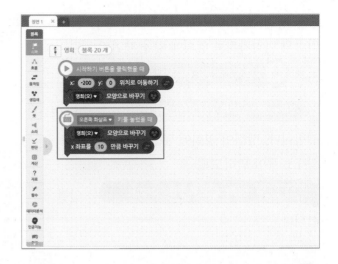

.... **Tip**

영희가 오른쪽으로 움직이기 위해서는 x 좌표의 '+' 방향으로, 왼쪽으로 움직이기 위해서는 x 좌표의 '−' 방향으로 이동합니다.

08 영희가 왼쪽 화살표 키를 눌렀을 때 '영희(왼)' 모양으로 바꾸도록 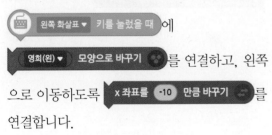 `왼쪽 화살표 ▼ 키를 눌렀을 때`에 `영희(왼) ▼ 모양으로 바꾸기`를 연결하고, 왼쪽으로 이동하도록 `x 좌표를 -10 만큼 바꾸기`를 연결합니다.

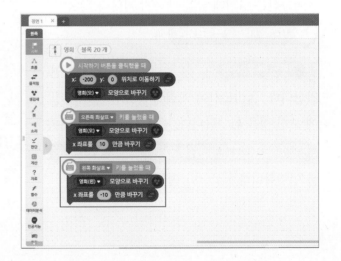

09 영희가 위쪽 화살표 키를 눌렀을 때 '영희
(뒤)' 모양으로 바꾸도록

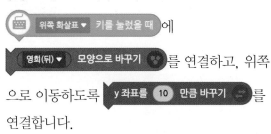 에

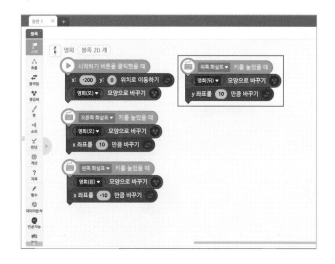

를 연결하고, 위쪽
으로 이동하도록 (y 좌표를 10 만큼 바꾸기)를
연결합니다.

··· **Tip**

영희가 위쪽으로 움직이기 위해서는 y 좌표의 '+' 방향으로, 아래쪽으로 움직이기 위해서는 y 좌표의 '−' 방향으로 이동합니
다.

10 영희가 아래쪽 화살표 키를 눌렀을 때 '영
희(앞)' 모양으로 바꾸도록

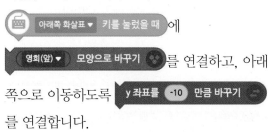 에

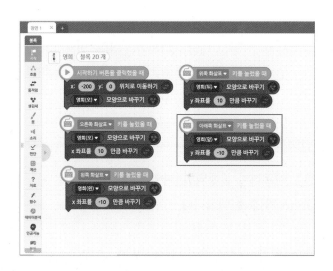

를 연결하고, 아래
쪽으로 이동하도록 (y 좌표를 −10 만큼 바꾸기)
를 연결합니다.

11 ▶시작하기 를 클릭하여 화살표 방향 키에 따라 영희가 이동하고, 약국과 빵집, 놀이동산에 영희가 닿
으면 인사를 하는지 확인합니다.

문제 04 ·· 해설 강의

유형풀이   **주어진 블록 조합**

실행화면

· ·

해결하기   '묻고 대답 기다리기' 블록을 이용하여 요정할머니가 소녀에게 받고 싶은 선물을 주도록 코딩합니다. 엔트리 프로그램 화면 [블록 조립소]에 주어진 명령어 블록만을 모두 사용해야 합니다.

코딩풀이

01 엔트리가 실행되면 [파일]–[오프라인 작품 불러오기]를 선택합니다.

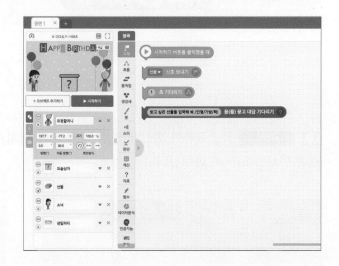

02 [열기] 대화상자가 나타나면 'Part03₩ SWC3–공개₩수험번호–성명' 폴더에서 '4.ent' 파일을 선택하고 [열기]를 클릭합니다.

 **선물 오브젝트 코딩**

03 '선물()' 오브젝트에서 블록 조립을 시작
합니다. 선물은 요술상자 위치로 이동하도록

시작하기 버튼을 클릭했을 때 에

요술상자 ▼ 위치로 이동하기 를 연결하고,
'물음표' 모양으로 바꾸도록

물음표 ▼ 모양으로 바꾸기 를 연결합니다.

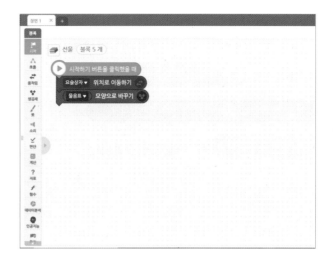

 **요정할머니 오브젝트 코딩**

04 '요정할머니()' 오브젝트를 선택합니다.
요정할머니는 받고 싶은 선물이 무엇인지 묻고
대답을 기다리도록

시작하기 버튼을 클릭했을 때 에

받고 싶은 선물을 입력해 봐.(인형/가방/책) 을(를) 묻고 대답 기다리기 ?

를 연결합니다. 1초 후 '선물' 신호를 보내도록

1 초 기다리기 와 선물 ▼ 신호 보내기 를
순서대로 연결합니다.

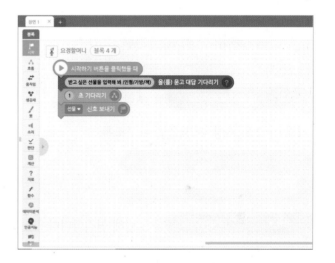

.... **Tip**

받고 싶은 선물을 입력해 봐.(인형/가방/책) 을(를) 묻고 대답 기다리기 ? 블록은 이 블록에 입력한 내용인 '받고 싶은 선물을 입력해 봐. (인형/
가방/책)'을 질문으로 던지면 사용자가 입력할 수 있도록 실행화면 하단에 대답창이 생깁니다. 이때 대답창에 입력한 값은
대답 블록에 저장됩니다.

 선물 오브젝트 코딩

05 '선물()' 오브젝트를 선택합니다. '선물' 신호를 받으면 선물이 소녀에게 이동하고 1초 기다리도록 `선물 ▼ 신호를 받았을 때`에

`2 초 동안 x: 0 y: 90 위치로 이동하기`와

`1 초 기다리기`를 차례로 연결합니다.

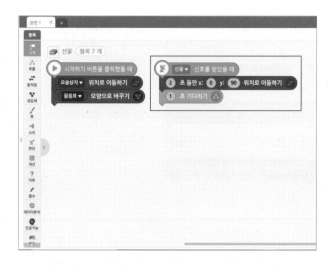

06 만일 받고 싶은 선물로 입력한 값(대답)이 '인형'이라면 '인형' 모양으로 바꾸도록

`만일 대답 = 인형 (이)라면`에

`인형 ▼ 모양으로 바꾸기`를 조립해 연결하고,

'가방'이라면 '가방' 모양으로 바꾸도록

`만일 대답 = 가방 (이)라면`에

`가방 ▼ 모양으로 바꾸기`를 조립해 연결합니다.

'책'이라면 '책' 모양으로 바꾸도록

`만일 대답 = 책 (이)라면`에

`책 ▼ 모양으로 바꾸기`를 조립해 연결합니다.

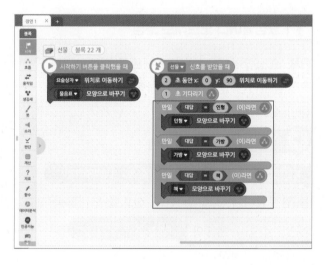

.... **Tip**

`대답 = 인형` 블록은 사용자가 입력한 값이 들어있는 `대답`과 '인형'이 같은지를 비교하여, 같다면 '참'이 되고, 같지 않다면 '거짓'이 됩니다.

07 선물은 1초 후 소녀의 위치로 이동하도록
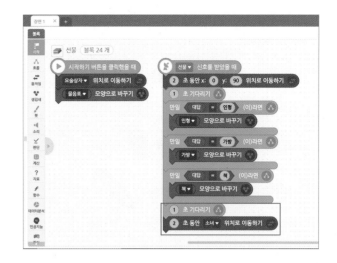

① 초 기다리기 ∧ 와

② 초 동안 소녀 ▾ 위치로 이동하기 ⟲ 를 차례로 연결합니다.

08 ▶시작하기 를 클릭하여 요정할머니가 받고 싶은 선물을 입력하라고 질문하여 인형, 가방, 책 중 하나를 대답하면, 그 선물이 소녀의 위치로 이동하는지를 확인합니다.

유형풀이　주어진 블록 조합

실행화면

도형 4

해결하기　붓 카테고리에는 실행 화면에 원하는 색이나 굵기를 정하여 그림을 그릴 수 있는 붓 기능에 관련된 블록이 있습니다. 이 블록들을 이용하여 연필로 도형을 그리도록 코딩합니다. 엔트리 프로그램 화면 [블록 조립소]에 주어진 명령어 블록만을 모두 사용해야 합니다.

코딩풀이

01 엔트리가 실행되면 [파일]–[오프라인 작품 불러오기]를 선택합니다.

02 [열기] 대화상자가 나타나면 'Part03₩SWC3–공개₩수험번호–성명' 폴더에서 '5.ent' 파일을 선택하고 [열기]를 클릭합니다.

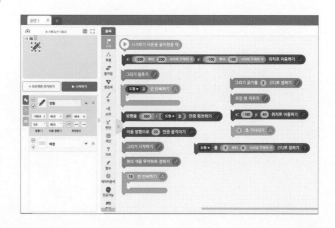

✏️ 연필 오브젝트 코딩

03 '연필(✏️)' 오브젝트에서 블록 조립을 시작합니다. 연필은 x 좌표 −180, y 좌표 40 위치로 이동하고, 모든 붓을 지우고, 그리기 굵기를 2로 정하여 그리기 준비를 하도록,

▶️ 시작하기 버튼을 클릭했을 때 에

x: -180 y: 40 위치로 이동하기 와

모든 붓 지우기 ,

그리기 굵기를 2 (으)로 정하기 를 차례로 연결합니다.

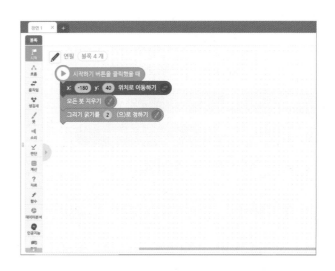

04 '도형' 변수를 3부터 6 사이의 무작위 수로 정하도록

도형▼ 를 3 부터 6 사이의 무작위 수 (으)로 정하기

를 연결하고, 1초 기다리도록

1 초 기다리기 를 연결합니다.

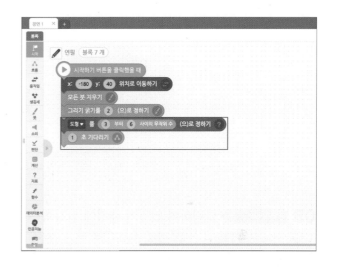

·· Tip

도형을 삼각형부터 육각형까지 랜덤으로 정하기 위해 3부터 6 사이의 무작위 수를 변수 '도형' 값으로 정합니다. '도형' 값이 '3'인 경우에는 삼각형을, '4'인 경우에는 사각형을, '5'인 경우에는 오각형을, '6'인 경우에는 육각형을 그립니다.

05 연필이 15번 반복하여 도형을 그리도록

15 번 반복하기 를 연결하고 붓의 색을 무작위로 정하고 그리기를 시작하도록

붓의 색을 무작위로 정하기 와 그리기 시작하기

를 순서대로 조립하여 연결합니다.

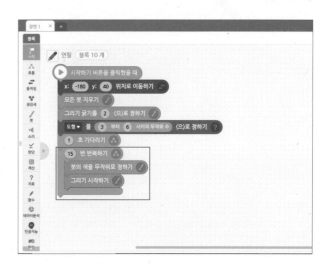

06 ('도형'값)번 반복하여 이동 방향으로 20만 큼씩 움직이고 방향을 (360/'도형'값)만큼

회전하도록 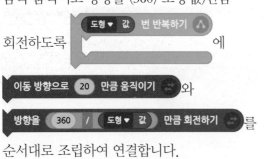 에

순서대로 조립하여 연결합니다.

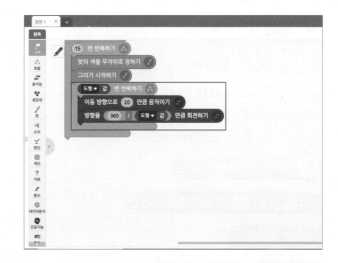

07 연필이 그리기를 멈추고, 랜덤 위치로 이동 하도록 그리기 멈추기 와

x: -200 부터 200 사이의 무작위 수 y: -100 부터 100 사이의 무작위 수 위치로 이동하기

를 차례로 연결합니다.

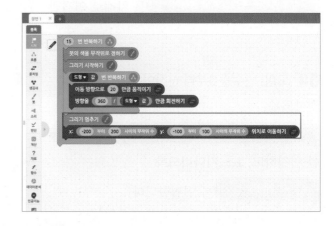

08 ▶시작하기 를 클릭하여 연필이 배경에 삼각형부터 육각형 중 랜덤으로 도형을 그리는지 확인합니다.

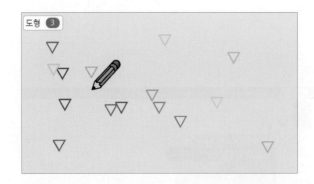

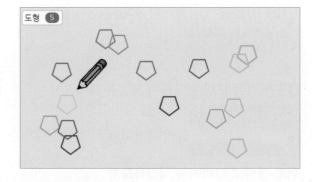

유형풀이 **미완성 부분 코딩**

 철수 오브젝트   물방울 오브젝트

〈화재신고〉   〈불 끄기〉

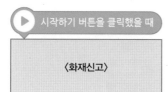   

핵심블록

- 복제본이 처음 생성되었을때 : 복제본이 생성되었을 때 이 블록에 연결된 블록을 실행합니다.
- 이 복제본 삭제하기 : 이 블록에 연결된 블록들이 실행되고 있는 복제본을 삭제할 때 사용합니다.

코딩풀이

01 엔트리가 실행되면 [파일]−[오프라인 작품 불러오기]를 선택합니다.

02 [열기] 대화상자가 나타나면 'Part03₩ SWC3−공개₩수험번호−성명' 폴더에서 '6.ent' 파일을 선택하고 [열기]를 클릭합니다.

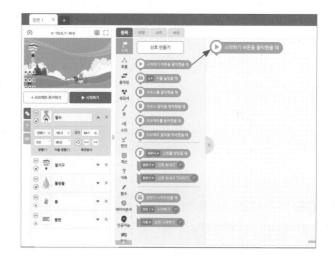

👤 **철수 오브젝트 코딩**

03 '철수(👤)' 오브젝트에서 블록 조립을 시작합니다. 철수가 0.5초마다 3번 반복하여 '불이야'라고 말하도록 ▶ 시작하기 버튼을 클릭했을 때 에 [흐름(👣)]의 ⑩ 번 반복하기 🔺 를 가져와 연결한 후 ⑩ 을 '3'으로 변경하여 입력합니다. 그리고 [흐름(👣)]의 ② 초 기다리기 🔺 를 가져와 연결한 후 ② 를 '0.5'로 변경하여 입력합니다.

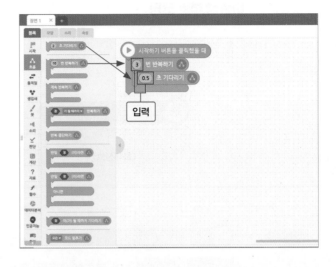

04 [생김새(🎭)]의 안녕! 을(를) ④ 초 동안 말하기 ▼ 🎭 를 가져와 조립하고, 안녕! 을 '불이야'로 변경하여 입력하고, ④ 를 '1'로 입력하여 변경합니다.

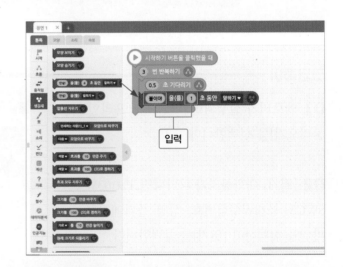

05 화재신고 신호를 보내도록 [시작(🚩)]의 물분사 ▼ 신호 보내기 🚩 를 가져와 '화재신고'로 변경하여 연결합니다.

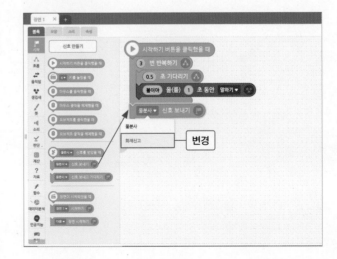

💧 물방울 오브젝트 코딩

06 '물방울(💧)' 오브젝트를 선택합니다. 물방울은 복제본이 생성되었을 때 y 좌표를 −20만큼 바꾸도록 👤 복제본이 처음 생성되었을때 에 [움직임(🔄)]의 y 좌표를 10 만큼 바꾸기 🔄 를 가져와 연결한 후 10 을 '−20'으로 변경하여 입력합니다.

·· **Tip**

철수가 '화재신고' 신호를 보내면, 열기구가 위치를 이동하여 '물분사' 신호를 보냅니다. 이때 '물분사' 신호를 받은 물방울이 자신의 복제본을 만듭니다.

07 [흐름(🔼)]의 2 초 기다리기 🔼 를 가져와 연결한 후 2 를 '0.1'로 변경하여 입력합니다.

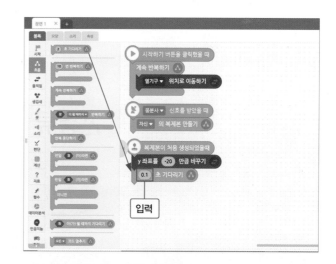

08 복제본을 생성하여 실행한 후 복제본을 삭제하도록 [흐름(🔼)]의 이 복제본 삭제하기 🔼 를 가져와 연결합니다.

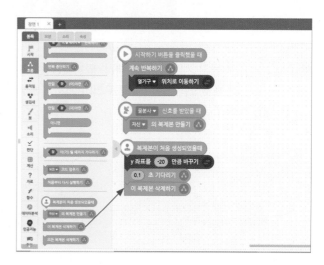

09 ▶시작하기 를 클릭하여 화재신고를 받은 열기구가 불을 끄는지 확인합니다.

··· 해설 강의

유형풀이 **전체 코딩**

실행화면

해결하기 '～ 묻고 기다리기'와 '대답' 블록을 이용하여 각 동물의 종류를 입력하여 맞히도록 코딩합니다. 엔트리 프로그램 화면 [블록 꾸러미]에서 필요한 블록을 가져다 사용해야 합니다.

01 엔트리가 실행되면 [파일]-[오프라인 작품 불러오기]를 선택합니다.

02 [열기] 대화상자가 나타나면 'Part03₩ SWC3-공개₩수험번호-성명' 폴더에서 '7.ent' 파일을 선택하고 [열기]를 클릭합니다.

[O] 원(1) 오브젝트 코딩

03 '원(1)([O])' 오브젝트에서 블록 조립을 시작합니다. [시작(시작)]의

[▶ 시작하기 버튼을 클릭했을 때]를 가져옵니다.

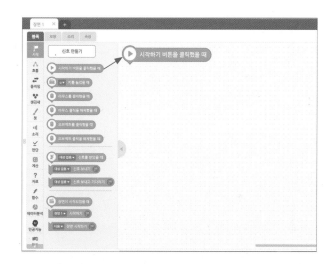

04 원(1)이 화면에 보이지 않도록 [생김새(생김새)]의 [모양 숨기기 ◈]를 가져와 연결합니다.

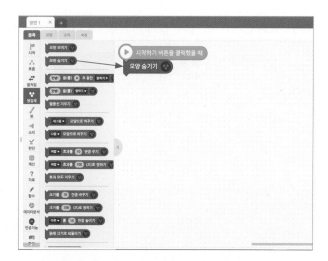

◎ 원(2) 오브젝트 코딩

05 '원(2)(◎)' 오브젝트를 선택합니다.
[시작(🏳️시작)]의 ⏵ 시작하기 버튼을 클릭했을 때 를 가
져옵니다.

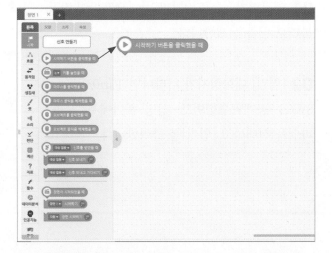

06 원(2)가 화면에 보이지 않도록 [생김새(💠생김새)]
의 모양 숨기기 💠 를 가져와 연결합니다.

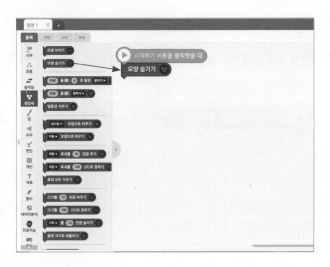

가 곤충류글상자 오브젝트 코딩

07 '곤충류글상자(가)' 오브젝트를 선택합니
다. [시작(🏳️시작)]의 🟠 오브젝트를 클릭했을 때 를 가
져옵니다.

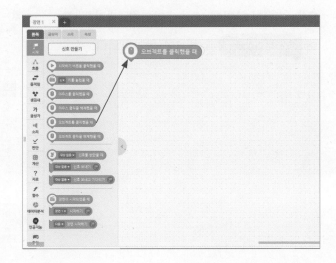

08 [자료([?]자료)]의

안녕! 을(를) 묻고 대답 기다리기 ? 를 가져와 안녕!

을 '곤충류를 찾아 입력하세요.(고래/잠자리)'로
변경하여 입력합니다.

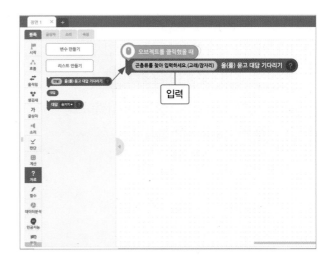

.... **Tip**

곤충류를 찾아 입력하세요.(고래/잠자리) 을(를) 묻고 대답 기다리기 ? 의 질문에 사용자가 입력한 값은 대답 에 저장됩니다.

09 곤충류인지 아닌지를 선택하기 위하여

[흐름(∧흐름)]의 을 가져와

연결하고, [판단(✓판단)]의 10 = 10 블록을
가져와 참 위치에 조립합니다.

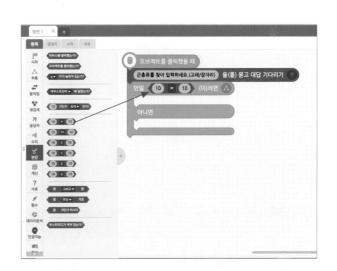

10 10 = 10 의 왼쪽 10 위치에는 사용
자가 입력한 값이 저장되어 있는 [자료([?]자료)]의
대답 블록을 조립하고, 오른쪽 10 위치에는
'잠자리'로 변경하여 입력합니다.

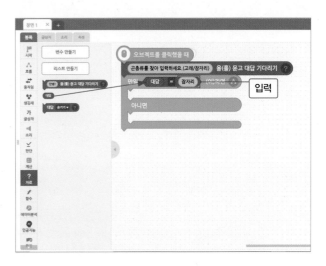

11 만일 `대답 = 잠자리` 가 '참'이라면 '맞았습니다.'라고 1초 동안 말하도록 [생김새(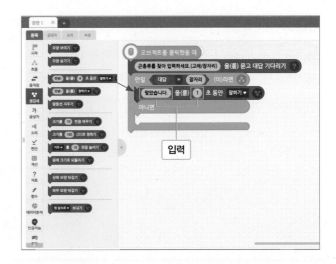)] 의 `안녕! 을(를) 4 초 동안 말하기 ▼` 를 가져와 `안녕!` 을 '맞았습니다.'로 변경하여 입력하고, `4` 를 '1'로 입력하여 변경합니다.

12 '정답잠자리' 신호를 만듭니다. [시작(시작)] 의 `정답잠자리 ▼ 신호 보내기` 를 가져와 연결합니다.

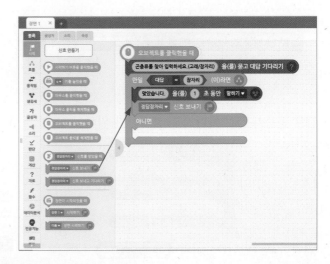

.... **Tip**

'정답잠자리' 신호는 속성(속성)의 신호(✕ 신호)에서 신호 추가하기(신호 추가하기)를 클릭하여, 신호 이름을 '정답잠자리'로 입력하여 신호 추가(신호 추가) 버튼을 클릭하여 만듭니다.

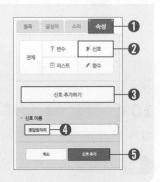

13 만일 <대답 = 잠자리>가 '거짓'이라면
'틀렸습니다.'라고 1초 동안 말하도록 [생김새
( )]의 <안녕! 을(를) 4 초 동안 말하기>를
가져와 <안녕!>을 '틀렸습니다.'로 변경하여 입력
하고, 4 를 '1'로 입력하여 변경합니다.

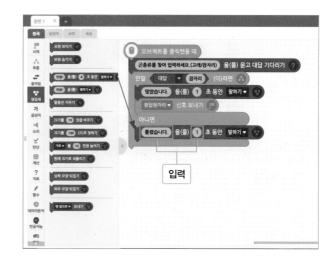

가 **포유류글상자 오브젝트 코딩**

14 '포유류글상자(가)' 오브젝트를 선택합니
다. [시작( )]의 <오브젝트를 클릭했을 때>를 가
져옵니다.

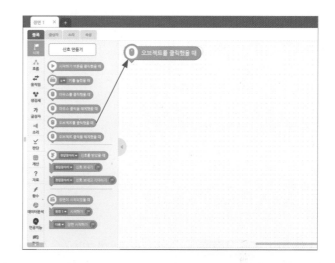

15 [자료(?)]의
<안녕! 을(를) 묻고 대답 기다리기 ?>를 가져와 <안녕!>
을 '포유류를 찾아 입력하세요.(고래/잠자리)'로
변경하여 입력합니다.

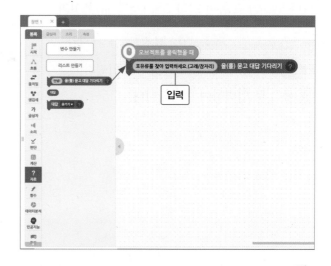

.... **Tip**

<포유류를 찾아 입력하세요.(고래/잠자리) 을(를) 묻고 대답 기다리기 ?>의 질문에 사용자가 입력한 값은 <대답>에 저장됩니다.

16 포유류인지 아닌지를 선택하기 위하여

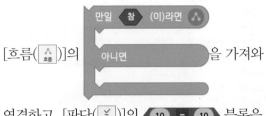

[흐름(흐름)]의 을 가져와 연결하고, [판단(판단)]의 〈 10 = 10 〉 블록을 가져와 참 위치에 조립합니다.

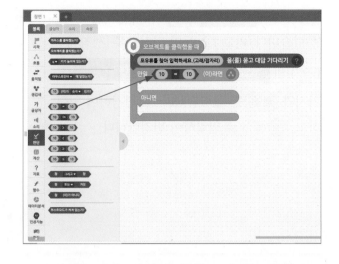

17 〈 10 = 10 〉의 왼쪽 10 위치에는 사용자가 입력한 값이 저장되어 있는 [자료(?자료)]의 대답 블록을 조립하고, 오른쪽 10 위치에는 '고래'로 변경하여 입력합니다.

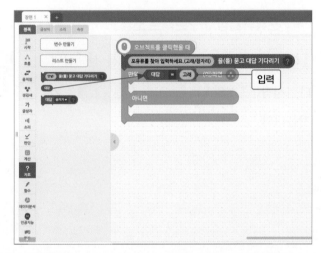

18 만일 〈 대답 = 고래 〉가 '참'이라면 '맞았습니다.'라고 1초 동안 말하도록 [생김새(생김새)]의 안녕! 을(를) 4 초 동안 말하기 를 가져와 안녕! 을 '맞았습니다.'로 변경하여 입력하고, 4 를 '1'로 입력하여 변경합니다.

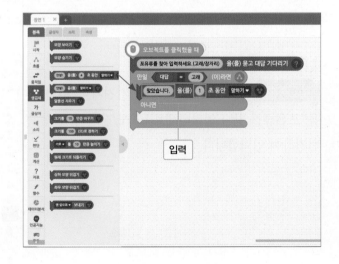

19 '정답고래' 신호를 만듭니다. [시작(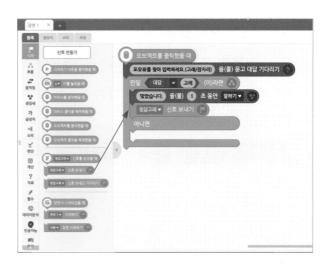)]의
정답고래 ▼ 신호 보내기 를 가져와 연결합니다.

·· **Tip**

'정답고래' 신호는 속성(속성)의 신호(신호)에서 신호 추가하기(신호 추가하기)를 클릭
하여, 신호 이름을 '정답고래'로 입력하여 신호 추가(신호추가) 버튼을 클릭하여 만듭니다.

---

20 만일 대답 = 고래 가 '거짓'이라면 '틀렸
습니다.'라고 1초 동안 말하도록 [생김새(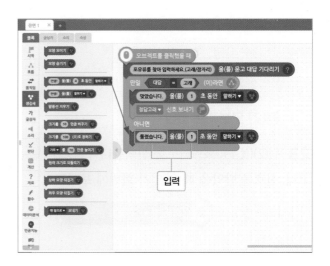)]
의 안녕! 을(를) 4 초 동안 말하기 ▼ 를 가져와
안녕! 을 '틀렸습니다.'로 변경하여 입력하고,
4 를 '1'로 입력하여 변경합니다.

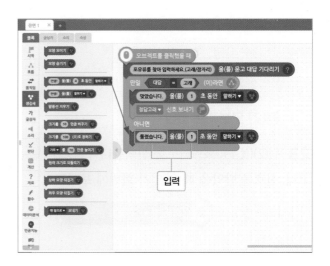

입력

◎ 원(1) 오브젝트 코딩

21 '원(1)(◎)' 오브젝트를 선택합니다. '정답
잠자리' 신호를 받았을 때 원(1)이 화면에 보이
도록 [시작(🚩)]의

[📡 정답잠자리 ▼ 신호를 받았을 때]를 가져옵니다.

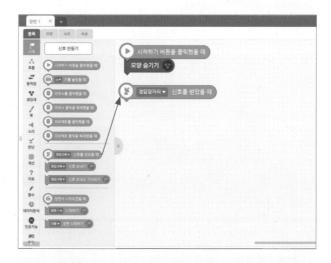

22 [생김새(🎨)]의 [모양 보이기 ◎]를 가져와
연결합니다.

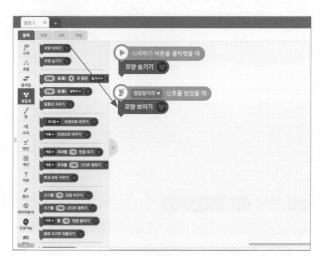

◎ 원(2) 오브젝트 코딩

23 '원(2)(◎)' 오브젝트를 선택합니다. '정답
고래' 신호를 받았을 때 원(2)가 화면에 보이도
록 [시작(🚩)]의 [📡 정답고래 ▼ 신호를 받았을 때]를
가져옵니다.

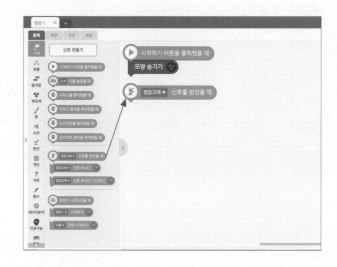

24 [생김새( )]의 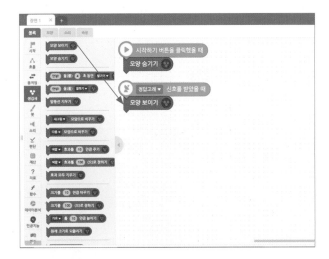 를 가져와
연결합니다.

25 ▶시작하기 를 클릭하여 '곤충류' 또는 '포유류'를 마우스로 클릭하면 종류에 맞게 고래 또는 잠자리를
입력하여 결과가 제대로 나오는지를 확인합니다.

 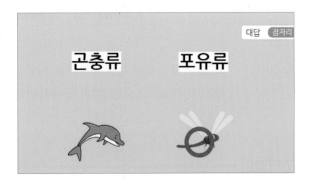

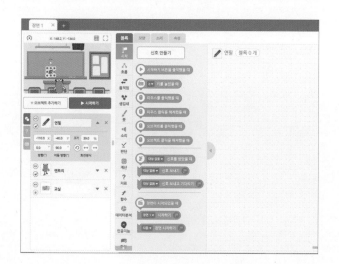

유형풀이   **전체 코딩**

실행화면

해결하기   비교 연산 블록을 이용하여 엔트리가 칠판에 그려진 막대의 길이를 비교하여 말하도록 코딩합니다. 엔트리 프로그램 화면 [블록 꾸러미]에서 필요한 블록을 가져다 사용해야 합니다.

코딩풀이

01 엔트리가 실행되면 [파일]-[오프라인 작품 불러오기]를 선택합니다.

02 [열기] 대화상자가 나타나면 'Part03₩ SWC3-공개₩수험번호-성명' 폴더에서 '8.ent' 파일을 선택하고 [열기]를 클릭합니다.

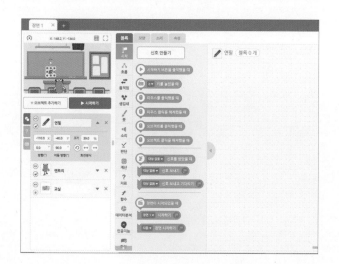

✏️ 연필 오브젝트 코딩

03 '연필(✏️)' 오브젝트를 선택합니다. 연필은 칠판에 막대 두 개를 그리기 위해 [시작(🏳️)]의

▶️ 시작하기 버튼을 클릭했을 때 를 가져옵니다.

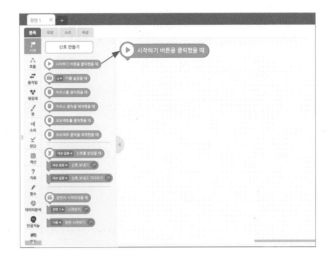

04 화면에 그려진 것을 모두 지우도록 [붓(🖌️)]의 모든 붓 지우기 🖌️ 를 가져와 연결합니다.

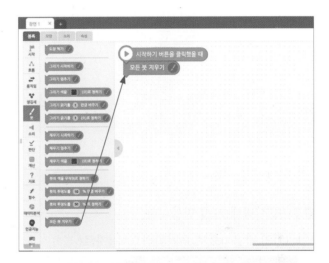

05 연필의 위치를 x 좌표 −100, y 좌표 −40 위치로 이동하도록 [움직임(⇄)]의

x: 0 y: 0 위치로 이동하기 ⇄ 를 가져와 x 좌표의 0 은 '−100'으로, y 좌표의 0 은 '−40'으로 변경하여 입력합니다.

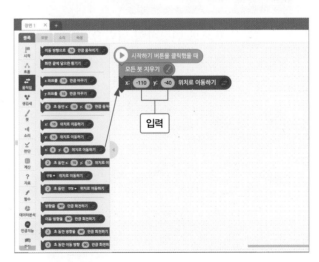

06 변수 '막대(1)'을 만듭니다.

막대(1)의 값을 0으로 초기화하도록 [자료(? 자료)]

의 막대(1) ▼ 를 10 (으)로 정하기 ? 를 가져와 연

결하고 10 을 '0'으로 변경하여 입력합니다.

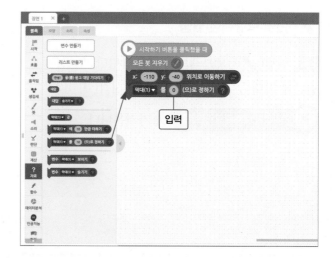

·· **Tip**

변수 '막대(1)', '막대(2)'는 속성(속성)의 변수(? 변수)에서 변수 추가

하기(변수 추가하기)를 클릭하여, 변수 이름을 각각 '막대(1)'과 '막대(2)'

로 입력하고 변수 추가(변수 추가) 버튼을 클릭하여 만듭니다.

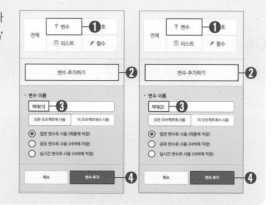

07 변수 '막대(2)'를 만듭니다.

막대(2)의 값을 0으로 초기화하도록 [자료(? 자료)]

의 막대(2) ▼ 를 10 (으)로 정하기 ? 를 가져와 연

결하고 10 을 '0'으로 변경하여 입력합니다.

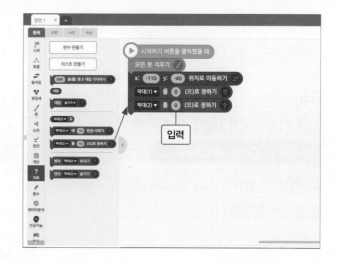

08 1초 기다리도록 [흐름(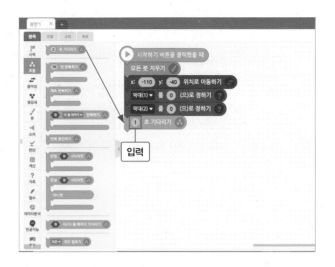)]의
2 초 기다리기 를 가져와 연결하고 2 를
'1'로 변경하여 입력합니다.

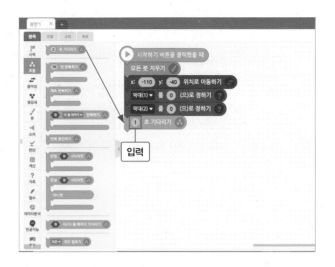

09 칠판에 첫 번째 막대를 그리기 시작하도록
[붓( )]의 그리기 시작하기 를 가져와 연결하
고, 그리기 굵기를 10으로 정하도록
그리기 굵기를 1 (으)로 정하기 를 가져와 1 을
'10'으로 변경하여 입력합니다.

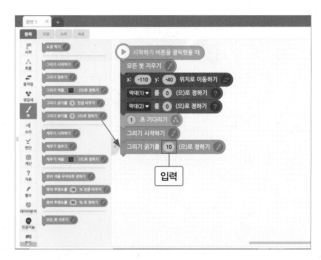

10 막대(1)의 값을 10부터 50 사이의 무작위
수로 정하도록 [자료( )]의
막대(2) ▾ 를 10 (으)로 정하기 를 연결하고 '막
대(1)'로 변경합니다.

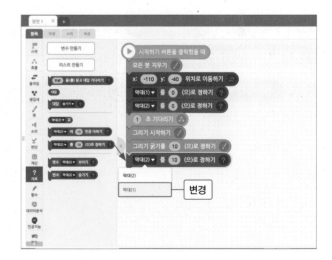

11 [계산()]의

⬭ 0 ⬭ 부터 ⬭ 10 ⬭ 사이의 무작위 수 를 가져와

⬭ 막대(1) ▼ 를 ⬭ 10 ⬭ (으)로 정하기 의 ⬭ 10 ⬭ 위치에

조립합니다. ⬭ 0 ⬭ 부터 ⬭ 10 ⬭ 사이의 무작위 수 의

⬭ 0 ⬭ 은 '10'으로, ⬭ 10 ⬭ 은 '50'으로 변경하여 입력

합니다.

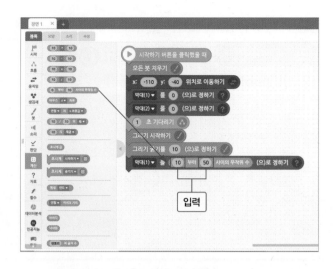

12 y 좌표를 막대(2) 값만큼 바꾸도록

[움직임(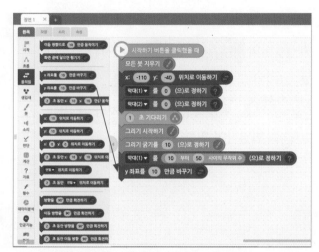)]의 ⬭ y 좌표를 ⬭ 10 ⬭ 만큼 바꾸기 를

가져와 연결합니다.

13 [자료(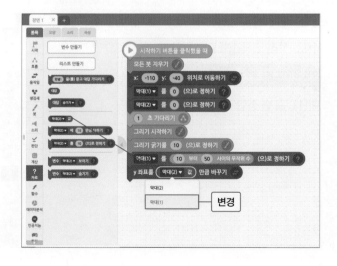)]의 ⬭ 막대(2) ▼ 값 을 가져와

⬭ y 좌표를 ⬭ 10 ⬭ 만큼 바꾸기 의 ⬭ 10 ⬭ 위치에 조립

하고, ⬭ 막대(1) ▼ 값 으로 변경합니다.

14 그리기를 멈추도록 [붓(🖌)]의

그리기 멈추기 🖌 를 연결합니다.

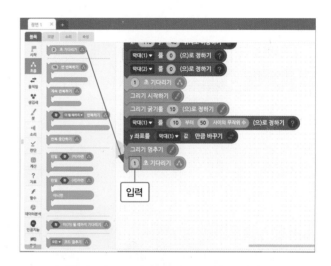

15 1초 기다리도록 [흐름(⋀)]의

2 초 기다리기 ⋀ 를 가져와 연결하고 2 를
'1'로 변경하여 입력합니다.

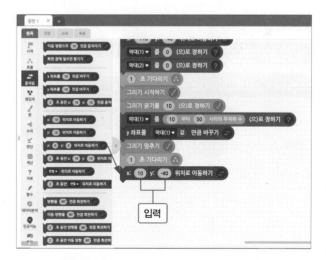

16 연필의 위치를 x 좌표 −10, y 좌표 −40 위
치로 이동하도록 [움직임(⇄)]의

x: 0 y: 0 위치로 이동하기 ⇄ 를 가져와 x 좌표
의 0 은 '−10'으로, y 좌표의 0 은 '−40'으로
변경하여 입력합니다.

17 칠판에 두 번째 막대를 그리기 시작하도록
[붓(🖌)]의 그리기 시작하기 🖌 를 가져와 연결합
니다.

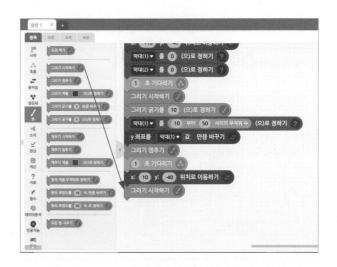

18 막대(2)의 값을 10부터 50 사이의 무작위
수로 정하도록 [자료(?)]의
막대(2) ▼ 를 10 (으)로 정하기 ? 를 연결합니다.

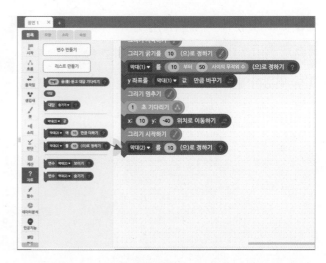

19 [계산(🖩)]의
0 부터 10 사이의 무작위 수 를 가져와
막대(2) ▼ 를 10 (으)로 정하기 ? 의 10 위치에
조립합니다. 0 부터 10 사이의 무작위 수 의
0 은 '10'으로, 10 은 '50'으로 변경하여 입력
합니다.

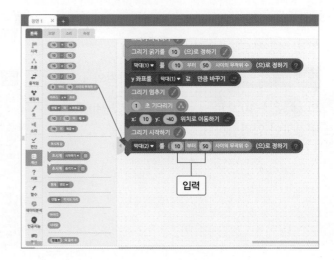

20 y 좌표를 막대(2) 값만큼 바꾸도록
[움직임(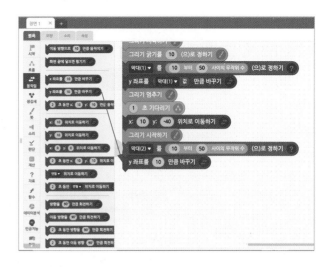)]의 `y 좌표를 10 만큼 바꾸기`를
가져와 연결합니다.

21 [자료(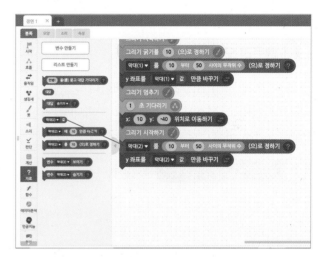)]의 `막대(2) ▼ 값`을 가져와
`y 좌표를 10 만큼 바꾸기`의 `10` 위치에 조립
합니다.

22 그리기를 멈추도록 [붓(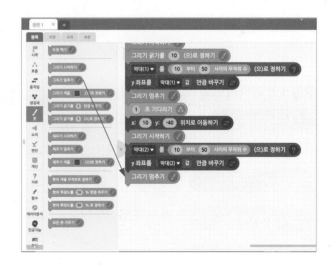)]의
`그리기 멈추기`를 연결합니다.

23 엔트리가 막대 길이를 비교하도록 신호를 보내기 위해 '길이비교' 신호를 만든 후 [시작(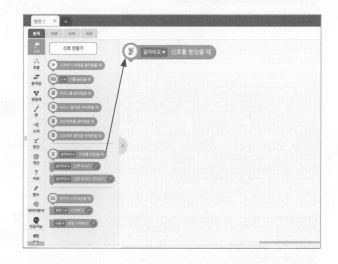시작)]의 길이비교▼ 신호 보내기 를 연결합니다.

.... **Tip**

'길이비교' 신호는 속성(속성)의 신호(🎺 신호)에서 신호 추가하기(신호 추가하기)를 클릭하여, 신호 이름 을 '길이비교'로 입력하여 신호 추가(신호추가) 버튼을 클릭하여 만듭니다.

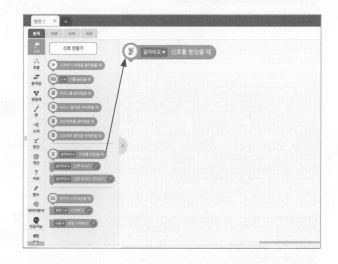

🐜 엔트리 오브젝트 코딩

24 '엔트리(🐜)' 오브젝트를 선택합니다. 엔트리가 '길이비교' 신호를 받으면 1초 후 막대 길이를 비교하여 말하도록 [시작(시작)]의

🎺 길이비교▼ 신호를 받았을 때 를 가져옵니다.

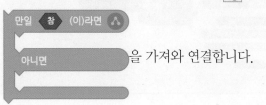

25 1초 기다리도록 [흐름(흐름)]의

2 초 기다리기 를 가져와 연결하고 2 를 '1' 로 변경하여 입력합니다. 그리고 [흐름(흐름)]의

만일 참 (이)라면

아니면 을 가져와 연결합니다.

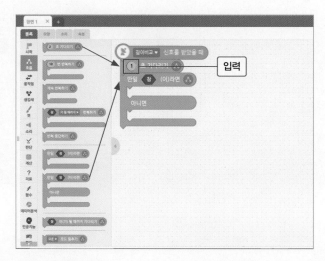

26 막대(1)과 막대(2)의 막대의 길이를 비교하

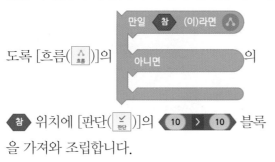

도록 [흐름(흐름)]의

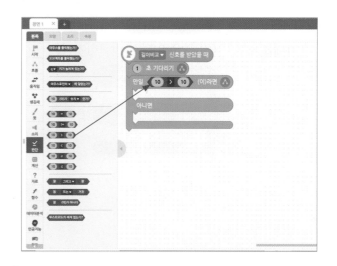

참 위치에 [판단(판단)]의 10 > 10 블록을 가져와 조립합니다.

27 10 > 10 의 양쪽 10 위치에 [자료(?자료)]의 막대(2)▼ 값 을 가져와 연결하고, 왼쪽 값은 막대(1)▼ 값 으로 변경하여 입력합니다.

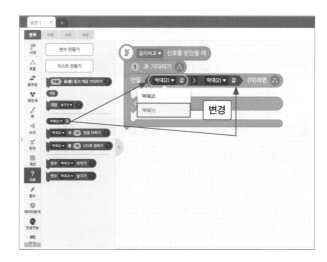

28 막대(1)▼ 값 > 막대(2)▼ 값 에서 막대(1) 이 더 크면 '막대(1)의 길이가 더 깁니다.'라고 2초 동안 말하도록 [생김새(생김새)]의

안녕! 을(를) 4 초 동안 말하기▼ 를 가져와

안녕! 을 '막대(1)의 길이가 더 깁니다.'로, 4 를 '2'로 변경하여 입력합니다.

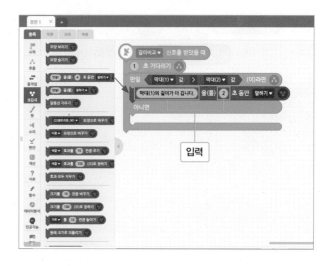

29 **막대(1) ▼ 값** > **막대(2) ▼ 값** 에서 막대(1)
이 막대(2) 보다 크지 않으면 다시 비교하기 위

해 [흐름(∧)]의

만일 **참** (이)라면 ∧

아니면

을 연결

합니다.

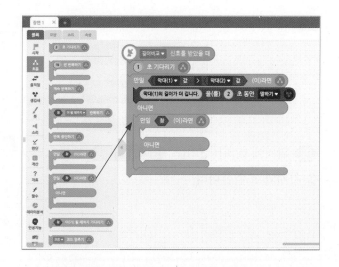

30 흐름(∧)의

만일 **참** (이)라면 ∧

아니면

의

참 위치에 [판단(∨)]의 **10** < **10** 블록
을 가져와 조립합니다.

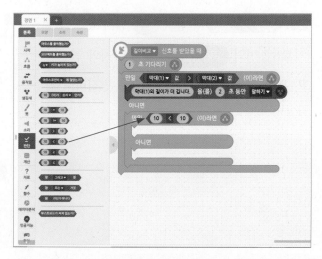

31 **10** < **10** 의 양쪽 **10** 위치에
[자료(?)]의 **막대(2) ▼ 값** 을 가져와 연결하
고, 왼쪽 값은 **막대(1) ▼ 값** 으로 변경하여 입
력합니다.

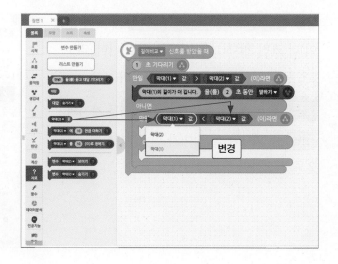

32 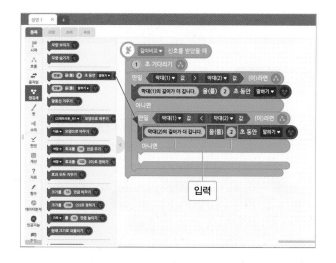 막대(1) ▼ 값 < 막대(2) ▼ 값 에서 막대(2)가 크면 '막대(2)의 길이가 더 깁니다.'라고 2초 동안 말하도록 [생김새(생김새)]의

안녕! 을(를) 4 초 동안 말하기 ▼ 를 가져와

안녕! 을 '막대(2)의 길이가 더 깁니다.'로, 4 를 '2'로 변경하여 입력합니다.

33 막대(1) ▼ 값 > 막대(2) ▼ 값 이 아니면서 막대(1) ▼ 값 < 막대(2) ▼ 값 도 아닌 경우는 막대(1)과 막대(2)가 같은 경우이므로, [생김새(생김새)]의 안녕! 을(를) 4 초 동안 말하기 ▼ 를 가져와 안녕! 을 '길이가 같습니다.'로, 4 를 '2'로 변경하여 입력합니다.

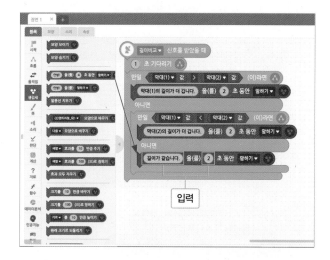

34 ▶ 시작하기 를 클릭하여 두 막대의 길이를 비교하여 비교 결과를 제대로 말하는지를 확인합니다.

문제 01

엔트리봇 오브젝트 : <점프>, <벤치 앉기>

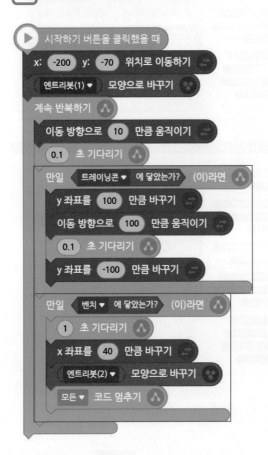

카멜레온 오브젝트 : <이동>

```
시작하기 버튼을 클릭했을 때
  x: -170 y: 10 위치로 이동하기
  카멜레온_1 ▼ 모양으로 바꾸기
  고추잠자리 ▼ 에 닿았는가? 이 될 때까지 ▼ 반복하기
    이동 방향으로 10 만큼 움직이기
    0.1 초 기다리기
  카멜레온_2 ▼ 모양으로 바꾸기
  1 초 기다리기
  카멜레온_1 ▼ 모양으로 바꾸기
  움직임 ▼ 신호 보내기
```

고추잠자리 오브젝트 : <움직임 감지>

```
시작하기 버튼을 클릭했을 때
  x: 56 y: 24 위치로 이동하기
  모양 보이기
```

```
움직임 ▼ 신호를 받았을 때
  15 번 반복하기
    다음 ▼ 모양으로 바꾸기
    0.1 초 기다리기
    x 좌표를 10 만큼 바꾸기
  모양 숨기기
```

영희 오브젝트

```
시작하기 버튼을 클릭했을 때
  x: -200 y: 0 위치로 이동하기
  영희(오) ▼ 모양으로 바꾸기
```

```
위쪽 화살표 ▼ 키를 눌렀을 때
  영희(뒤) ▼ 모양으로 바꾸기
  y 좌표를 10 만큼 바꾸기
```

```
오른쪽 화살표 ▼ 키를 눌렀을 때
  영희(오) ▼ 모양으로 바꾸기
  x 좌표를 10 만큼 바꾸기
```

```
아래쪽 화살표 ▼ 키를 눌렀을 때
  영희(앞) ▼ 모양으로 바꾸기
  y 좌표를 -10 만큼 바꾸기
```

```
왼쪽 화살표 ▼ 키를 눌렀을 때
  영희(왼) ▼ 모양으로 바꾸기
  x 좌표를 -10 만큼 바꾸기
```

약국 오브젝트

```
시작하기 버튼을 클릭했을 때
  영희 ▼ 에 닿았는가? 이(가) 될 때까지 기다리기
  어서 오세요. 을(를) 1 초 동안 말하기 ▼
```

🏛 빵집 오브젝트

시작하기 버튼을 클릭했을 때
영희 ▼ 에 닿았는가? 이(가) 될 때까지 기다리기 ⚙
어서 오세요. 을(를) 1 초 동안 말하기 ▼ ⚙

🏙 놀이동산 오브젝트

시작하기 버튼을 클릭했을 때
영희 ▼ 에 닿았는가? 이(가) 될 때까지 기다리기 ⚙
놀이동산에 오신 것을 환영합니다. 을(를) 1 초 동안 말하기 ▼ ⚙

문제 04

🧚 요정할머니 오브젝트

시작하기 버튼을 클릭했을 때
받고 싶은 선물을 입력해 봐.(인형/가방/책) 을(를) 묻고 대답 기다리기 ❓
1 초 기다리기 ⚙
선물 ▼ 신호 보내기 🏳

❓ 선물 오브젝트

시작하기 버튼을 클릭했을 때
요술상자 ▼ 위치로 이동하기 ⇄
물음표 ▼ 모양으로 바꾸기 ⚙

선물 ▼ 신호를 받았을 때
2 초 동안 x: 0 y: 90 위치로 이동하기 ⇄
1 초 기다리기 ⚙
만일 〈 대답 = 인형 〉 (이)라면 ⚙
　인형 ▼ 모양으로 바꾸기 ⚙
만일 〈 대답 = 가방 〉 (이)라면 ⚙
　가방 ▼ 모양으로 바꾸기 ⚙
만일 〈 대답 = 책 〉 (이)라면 ⚙
　책 ▼ 모양으로 바꾸기 ⚙
1 초 기다리기 ⚙
2 초 동안 소녀 ▼ 위치로 이동하기 ⇄

문제 05

📝 **연필 오브젝트**

```
▶ 시작하기 버튼을 클릭했을 때
x: -180  y: 40  위치로 이동하기
모든 붓 지우기
그리기 굵기를 2 (으)로 정하기
도형 ▼ 를 3 부터 6 사이의 무작위 수 (으)로 정하기
1 초 기다리기
15 번 반복하기
    붓의 색을 무작위로 정하기
    그리기 시작하기
    도형 ▼ 값 번 반복하기
        이동 방향으로 20 만큼 움직이기
        방향을 360 / 도형 ▼ 값 만큼 회전하기
    그리기 멈추기
    x: -200 부터 200 사이의 무작위 수 y: -100 부터 100 사이의 무작위 수 위치로 이동하기
```

문제 06

👤 **철수 오브젝트**

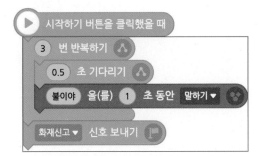

💧 **물방울 오브젝트**

문제 07

○ 원(1) 오브젝트

시작하기 버튼을 클릭했을 때
모양 숨기기

정답잠자리 ▼ 신호를 받았을 때
모양 보이기

가 곤충류글상자 오브젝트

오브젝트를 클릭했을 때
곤충류를 찾아 입력하세요.(고래/잠자리) 을(를) 묻고 대답 기다리기 ?
만일 대답 = 잠자리 (이)라면
　맞았습니다. 을(를) 1 초 동안 말하기 ▼
　정답잠자리 ▼ 신호 보내기
아니면
　틀렸습니다. 을(를) 1 초 동안 말하기 ▼

○ 원(2) 오브젝트

시작하기 버튼을 클릭했을 때
모양 숨기기

정답고래 ▼ 신호를 받았을 때
모양 보이기

가 포유류글상자 오브젝트

오브젝트를 클릭했을 때
포유류를 찾아 입력하세요.(고래/잠자리) 을(를) 묻고 대답 기다리기 ?
만일 대답 = 고래 (이)라면
　맞았습니다. 을(를) 1 초 동안 말하기 ▼
　정답고래 ▼ 신호 보내기
아니면
　틀렸습니다. 을(를) 1 초 동안 말하기 ▼

✏️ 연필 오브젝트

- ▶ 시작하기 버튼을 클릭했을 때
- 모든 붓 지우기
- x: -110 y: -40 위치로 이동하기
- 막대(1) ▼ 를 0 (으)로 정하기
- 막대(2) ▼ 를 0 (으)로 정하기
- 1 초 기다리기
- 그리기 시작하기
- 그리기 굵기를 10 (으)로 정하기
- 막대(1) ▼ 를 10 부터 50 사이의 무작위 수 (으)로 정하기
- y 좌표를 막대(1) ▼ 값 만큼 바꾸기
- 그리기 멈추기
- 1 초 기다리기
- x: 10 y: -40 위치로 이동하기
- 그리기 시작하기
- 막대(2) ▼ 를 10 부터 50 사이의 무작위 수 (으)로 정하기
- y 좌표를 막대(2) ▼ 값 만큼 바꾸기
- 그리기 멈추기
- 길이비교 ▼ 신호 보내기

🐱 엔트리 오브젝트

- 길이비교 ▼ 신호를 받았을 때
- 1 초 기다리기
- 만일 〈 막대(1) ▼ 값 > 막대(2) ▼ 값 〉 (이)라면
  - 막대(1)의 길이가 더 깁니다. 을(를) 2 초 동안 말하기 ▼
- 아니면
  - 만일 〈 막대(1) ▼ 값 < 막대(2) ▼ 값 〉 (이)라면
    - 막대(2)의 길이가 더 깁니다. 을(를) 2 초 동안 말하기 ▼
  - 아니면
    - 길이가 같습니다. 을(를) 2 초 동안 말하기 ▼

PART 04

출제예상문제(2급) 풀어보기

출제예상문제 01회 2급

과목 1 | 알고리즘 설계

문제 01 | 달리기 경기가 진행되도록 〈조건〉에 맞게 코딩하시오. (10점)

〈조건〉

– 엔트리 프로그램 화면 [블록 꾸러미]에서 필요한 블록을 가져다 사용한다.
– 아래 〈달리기〉와 〈결과 판정〉 순서도를 참고하여 블록을 완성한다.

– 거북이와 늑대는 심판의 출발 신호를 받으면 〈달리기〉를 한다.
– 심판은 결승선에서 기다리다 〈결과 판정〉을 한다.

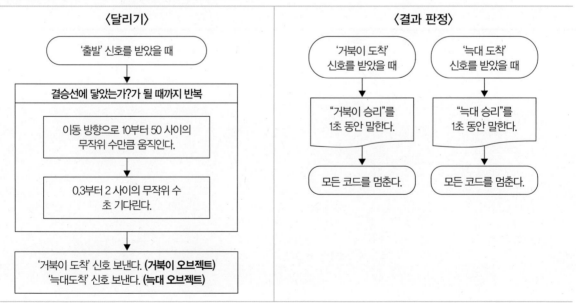

로봇이 3의 배수를 구하도록 〈조건〉에 맞게 코딩하시오. (10점)

〈조건〉

– 엔트리 프로그램 화면 [블록 꾸러미]에서 필요한 블록을 가져다 사용한다.
– 아래 〈3의 배수 구하기〉 순서도를 참고하여 블록을 완성한다.

– ▶시작하기 버튼을 클릭하면 로봇은 〈3의 배수 구하기〉를 한다.

〈3의 배수 구하기〉

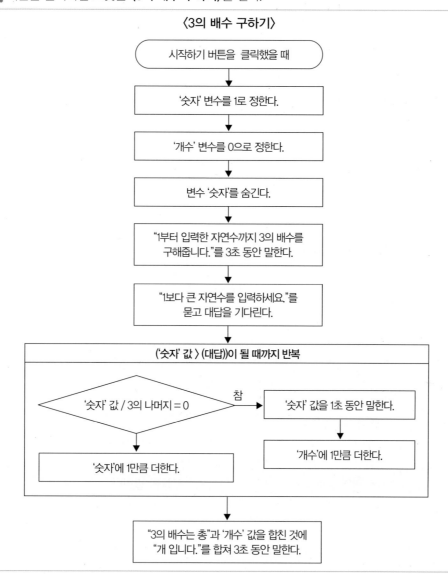

문제 03　자동차가 떨어지는 돌에 맞으면 멈추도록 〈조건〉에 맞게 코딩하시오. (10점)

〈조건〉

– 엔트리 프로그램 화면 [블록 조립소]를 올바르게 코딩한다.
– **'자동차' 오브젝트**의 코드 중 **3곳의 오류**를 찾아 수정한다.
– **'돌' 오브젝트**의 코드 중 **1곳의 오류**를 찾아 수정한다.
※ 오류 수정은 [블록 꾸러미]에서 필요한 블록을 가져다 사용하거나 기존 블록을 수정하여 완성한다.

– 자동차가 다음 조건대로 움직이도록 **코드를 수정한다.**
　(1) 왼쪽 화살표 키를 누르면 왼쪽으로 10만큼 이동한다.
　(2) 오른쪽 화살표 키를 누르면 오른쪽으로 10만큼 이동한다.
　(3) 만일 ('고장' 값 = 3)이라면 "운행이 불가능합니다."를 1초 동안 말하고 모두 멈춘다.
– 돌이 다음 조건대로 움직이도록 **코드를 수정한다.**
　(1) 돌은 복제되었을 때 벽에 닿을 때까지 아래쪽으로 10만큼 이동한다.

문제 04　로봇이 입력받은 두 수의 크기를 비교하여 말하도록 〈조건〉에 맞게 코딩하시오. (10점)

〈조건〉

– 엔트리 프로그램 화면 [블록 조립소]를 올바르게 코딩한다.
– **'로봇' 오브젝트**의 코드 중 **4곳의 오류**를 찾아 수정한다.
※ 오류 수정은 [블록 꾸러미]에서 필요한 블록을 가져다 사용하거나 기존 블록을 수정하여 완성한다.

– 로봇이 비교할 두 수를 입력받아 기억하도록 **코드를 수정한다.**
　(1) '수1'을 입력받은 첫 번째 수로 정한다.
　(2) '수2'를 입력받은 두 번째 수로 정한다.
– 로봇은 '수 비교하기' 신호를 받았을 때 다음과 같이 비교 결과를 말하도록 **코드를 수정한다.**
　(1) 만일 ('수1' 값 〉 '수2' 값)이라면 "수1이 수2보다 큽니다."라고 3초 동안 말한다.
　(2) 만일 ('수2' 값 〉 '수1' 값)이라면 "수2가 수1보다 큽니다."라고 3초 동안 말한다.

연필이 직선과 점선을 그리도록 〈조건〉에 맞게 코딩하시오. (10점)

〈조건〉

- 엔트리 프로그램 화면 [블록 꾸러미]에서 필요한 블록을 가져다 사용한다.
- 아래 **〈직선 그리기〉**, **〈점선 그리기〉** 미완성 블록을 완성한다.

- 연필1은 '직선 그리기' 신호를 받았을 때 **〈직선 그리기〉**를 한다.
  (1) "직선 그리기 시작"을 2초 동안 말하고, 그리기를 시작한다.
  (2) 이동 방향으로 300만큼 움직이고, "직선 그리기 종료"를 2초 동안 말한다.
  (3) '점선 그리기' 신호를 보낸다.
- 연필2는 '점선 그리기' 신호를 받았을 때 **〈점선 그리기〉**를 한다.
  (1) "점선 그리기 시작"을 2초 동안 말하고, 4번 반복하여 (1–1) ~ (1–2)를 한다.
    (1–1) 그리기를 시작하고, 이동 방향으로 50만큼 움직이고, 0.1초 기다린다.
    (1–2) 그리기를 멈추고, 이동 방향으로 50만큼 움직이고, 0.1초 기다린다.
  (2) "점선 그리기 종료"를 2초 동안 말한다.

문제 06 안나가 물속에서 인어가 되어 문어를 잡도록 〈조건〉에 맞게 코딩하시오. (10점)

〈조건〉

- 엔트리 프로그램 화면 [블록 꾸러미]에서 필요한 블록을 가져다 사용한다.
- 아래 **〈문어 잡기〉**, **〈이동하기〉** 미완성 블록을 완성한다.

- 인어는 '물속' 신호를 받았을 때 문어를 잡아 위로 헤엄쳐 물 밖으로 나오는 **〈문어 잡기〉**를 한다.
  (1) 모양이 보이고, "문어다~"를 2초 동안 말한다.
  (2) 3초 동안 문어 위치로 이동하고, "잡았다."를 2초 동안 말한다.
  (3) '인어2' 모양으로 바꾸고, '위로' 신호를 보낸다.
  (4) 2초 동안 x 좌표 140 y 좌표 95 위치로 이동하고, '물밖' 신호를 보내고, 모양을 숨긴다.
- 문어는 물속에서 인어에게 잡힌 후 물 밖으로 옮겨지는 **〈이동하기〉**를 한다.
  (1) '위로' 신호를 받았을 때 계속 반복하여 인어 위치로 이동한다.
  (2) '물밖' 신호를 받았을 때 계속 반복하여 안나 위치로 이동한다.

쥐잡기 게임이 진행되도록 〈조건〉에 맞게 코딩하시오. (20점)

〈조건〉

– 엔트리 프로그램 화면 [블록 꾸러미]에서 필요한 블록을 가져다 사용한다.

– ▶시작하기 버튼을 클릭하면 생쥐는 계속 반복하여 (1) ~ (3)을 한다.

 (1) x 좌표 −190부터 190 사이의 무작위 수 y 좌표 −120부터 −20 사이의 무작위 수 위치로 이동한다.

 (2) 모양을 보이고, 0.3부터 3 사이의 무작위 수 초 기다린다.

 (3) 모양을 숨기고, 0.3부터 3 사이의 무작위 수 초 기다린다.

– ▶시작하기 버튼을 클릭하면 뽕망치는 '점수' 변수를 0으로 정하고, 계속 반복하여 (1) ~ (2)를 한다.

 (1) 마우스 포인터 위치로 이동한다.

 (2) 만일 마우스를 클릭했는가?라면

  (2–1) 방향을 −30°만큼 회전하고, '때렸다' 신호를 보낸다.

  (2–2) 0.1초 기다리고, 방향을 30°만큼 회전한다.

– 생쥐는 '때렸다' 신호를 받았을 때 만일 뽕망치에 닿았는가?라면 (1) ~ (2)를 한다.

 (1) '점수'에 1만큼 더하고, 모양을 숨긴다.

 (2) '점수 계산' 신호를 보낸다.

– 뽕망치는 '점수 계산' 신호를 받았을 때 만일 ('점수' 값 = 5)라면 (1)을 한다.

 (1) "생쥐 잡기 성공!"을 2초 동안 말하고, 모든 코드를 멈춘다.

원숭이 간식 리스트 관리를 위해 〈조건〉에 맞게 코딩하시오. (20점)

〈조건〉

– 엔트리 프로그램 화면 [블록 꾸러미]에서 필요한 블록을 가져다 사용한다.

– ▶시작하기 버튼을 클릭하면 원숭이는 3번 반복하여 (1) ~ (2)를 한다.
  (1) "저에게 줄 간식을 입력하세요."를 묻고 대답을 기다린다.
  (2) (대답) 항목을 '원숭이 간식' 리스트에 추가하고, 1초 기다린다.
– "마지막 간식은 싫어해서 빼겠습니다."를 2초 동안 말한다.
– '원숭이 간식' 항목 수 번째 항목을 '원숭이 간식'에서 삭제하고, 1초 기다린다.
– "저에게 줄 마지막 간식을 입력하세요."를 묻고 대답을 기다린다.
– "제일 좋아해서 첫 번째 항목에 추가하겠습니다."를 2초 동안 말한다.
– (대답)을 '원숭이 간식' 리스트의 1번째에 넣고, 1초 기다린다.
– 리스트 '원숭이 간식'을 숨긴다.
– "제 간식 리스트의 간식을 맞춰보세요."를 묻고 대답을 기다린다.
– 만일 '원숭이 간식'에 (대답)이 포함되어 있는가?라면 "정답입니다."를 2초 동안 말하고, 아니면 "틀렸습니다."를 2초 동안 말한다.
– 리스트 '원숭이 간식'을 보인다.

시험 종료 전

• 본인의 수험번호–성명 폴더 내에 작업한 답안 파일이 정상적으로 저장되었는지 확인합니다.
  → 시험 종료 후, 감독관이 답안 파일을 수거합니다.
• 수험번호, 성명을 잘못 기재하였거나, 답안 파일을 잘못 저장하여 발생한 문제나 불이익에 대한 일체의 책임은 수험자에게 있습니다.
• 감독관의 안내에 따라 시험지를 제출하고 퇴실합니다.

문제 01

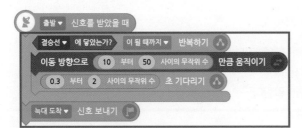 늑대 오브젝트 : <달리기>

```
출발 ▼ 신호를 받았을 때
    결승선 ▼ 에 닿았는가?  이 될 때까지 ▼ 반복하기
    이동 방향으로  10  부터  50  사이의 무작위 수  만큼 움직이기
        0.3  부터  2  사이의 무작위 수  초 기다리기
    늑대 도착 ▼ 신호 보내기
```

거북이 오브젝트 : <달리기>

```
출발 ▼ 신호를 받았을 때
    결승선 ▼ 에 닿았는가?  이 될 때까지 ▼ 반복하기
    이동 방향으로  10  부터  50  사이의 무작위 수  만큼 움직이기
        0.3  부터  2  사이의 무작위 수  초 기다리기
    거북이 도착 ▼ 신호 보내기
```

심판 오브젝트 : <결과판정>

```
거북이 도착 ▼ 신호를 받았을 때
    거북이 승리  을(를)  1  초 동안  말하기 ▼
    모든 ▼ 코드 멈추기

늑대 도착 ▼ 신호를 받았을 때
    늑대 승리  을(를)  1  초 동안  말하기 ▼
    모든 ▼ 코드 멈추기
```

🤖 로봇 오브젝트 : <3의 배수 구하기>

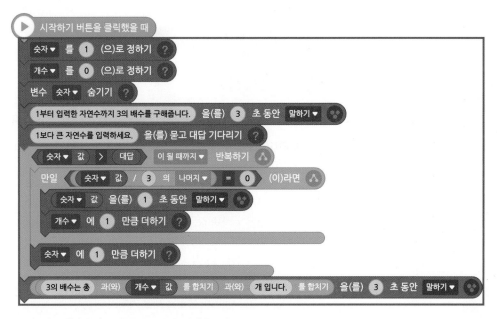

※ 변수 '숫자', '개수'를 만들어 코드를 작성합니다.

··· Tip

[~ 말하기] 블록에 합치기 블록 두 개 이상 결합한 것을 넣어 연결할 때 블록이 너무 길면 잘 안 들어갑니다. 이런 경우에는 왼쪽 끝부분끼리 맞추면 쉽게 잘 연결됩니다.

문제 03

🚗 자동차 오브젝트 : <3곳의 오류 수정>

Tip

자동차의 오류 수정

• 좌푯값 입력 수정

실행화면의 원점(정가운데인 x 좌표 0, y 좌표 0 위치)를 중심으로 오른쪽으로 갈수록 x 좌표 값은 커지고, 왼쪽으로 갈수록 x 좌표 값은 작아집니다. 그러므로 오른쪽 화살표 키를 눌렀다면 10만큼 바꾸고, 왼쪽 화살표 키를 눌렀다면 −10만큼 바꾸기 해야 합니다.

• 누락된 블록 새로 가져와 연결

['모든' 코드 멈추기] 블록을 새로 가져와 연결합니다.

⚫ 돌 오브젝트 : <1곳의 오류 수정>

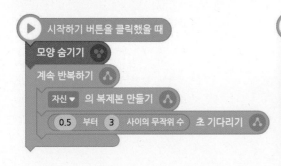

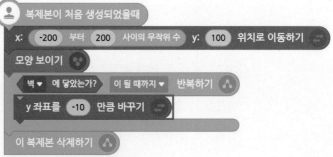

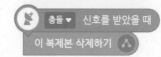

Tip

돌의 오류 수정

y 좌표를 아래로 이동시키기 위해서는 −10만큼 바꾸기로 수정해야 합니다.

'10' → '−10'

로봇 오브젝트 : <4곳의 오류 수정>

▶ 시작하기 버튼을 클릭했을 때
> 수1 ▼ 를 0 (으)로 정하기 ?
> 수2 ▼ 를 0 (으)로 정하기 ?
> 로봇1 ▼ 모양으로 바꾸기
> 입력한 두 수의 크기를 비교합니다. 을(를) 2 초 동안 말하기 ▼
> 첫 번째 수를 입력하세요. 을(를) 묻고 대답 기다리기 ?
> 수1 ▼ 를 대답 (으)로 정하기 ?
> 두 번째 수를 입력하세요. 을(를) 묻고 대답 기다리기 ?
> 수2 ▼ 를 대답 (으)로 정하기 ?
> 수 비교하기 ▼ 신호 보내기

📡 수 비교하기 ▼ 신호를 받았을 때
> 로봇2 ▼ 모양으로 바꾸기
> 1 초 기다리기
> 수 비교 중입니다. 잠시만 기다려 주세요. 을(를) 3 초 동안 말하기 ▼
> 1 초 기다리기
> 로봇3 ▼ 모양으로 바꾸기
> ((수1 ▼ 값 과(와) 와(과) 를 합치기 과(와) (수2 ▼ 값 과(와) 의 비교 결과입니다. 를 합치기 를 합치기 을(를) 3 초 동안 말하기 ▼
> 만일 〈 수1 ▼ 값 = 수2 ▼ 값 〉 (이)라면
>> ((수1 ▼ 값 과(와) 와(과) 를 합치기 과(와) (수2 ▼ 값 과(와) 는 같습니다. 를 합치기 를 합치기 을(를) 3 초 동안 말하기 ▼
> 아니면
>> 만일 〈 수1 ▼ 값 > 수2 ▼ 값 〉 (이)라면
>>> ((수1 ▼ 값 과(와) 이(가) 를 합치기 과(와) (수2 ▼ 값 과(와) 보다 큽니다. 를 합치기 를 합치기 을(를) 3 초 동안 말하기 ▼
>> 아니면
>>> ((수2 ▼ 값 과(와) 이(가) 를 합치기 과(와) (수1 ▼ 값 과(와) 보다 큽니다. 를 합치기 를 합치기 을(를) 3 초 동안 말하기 ▼

.... **Tip**

로봇의 오류 수정

• '대답'을 변수의 값으로 저장

사용자가 입력한 수는 '대답'에 저장됩니다. 이 값을 변수 '수1'에 저장합니다. 한 번 더 사용자 입력을 받아 '대답'의 수를 '수2'에 저장합니다. '수1'의 값과 '수2'의 값을 저장하는 부분이 고정된 수 10으로 저장되어 있는 것을 '대답'으로 수정합니다.

• 비교연산의 결과값 출력 오류

'수1'이 크면 '수1'이 '수2'보다 크다고 말하고, 아니면 '수2'가 '수1'보다 크다고 말해야 하는데 반대로 출력하는 오류를 수정해야 합니다.

✏️ 연필1 오브젝트 : <직선 그리기>

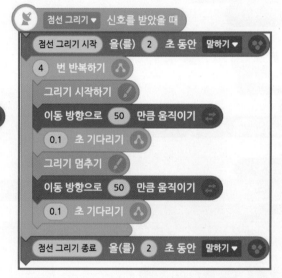

✏️ 연필2 오브젝트 : <점선 그리기>

●● Tip

<직선 그리기> 완성하기
[그리기 시작하기]한 후 움직이는 명령이 실행동안 그림이 그려집니다.

<점선 그리기> 완성하기
[그리기 시작하기] 후 움직이는 부분을 그리다가, [그리기 멈추기] 후 움직인 부분은 그림이 그려지지 않습니다. 이 과정을 4번 반복하여 실행하면 점선이 그려집니다.

문제 06 ....

🦑 **인어 오브젝트 : <문어 잡기>**

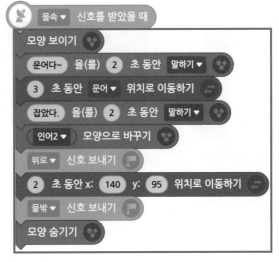

🕷 **문어 오브젝트 : <이동하기>**

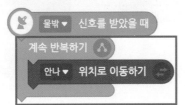

.... **why**

<문어잡기> 완성하기
순서대로 명령을 실행하며, 신호보내기를 합니다.

<이동하기> 완성하기
각 신호를 받았을 때 '문어'가 누가 가지고 있어야 할지를 정하기 위하여, 계속 반복해 그 위치로 이동하도록 합니다.

뿅망치 오브젝트

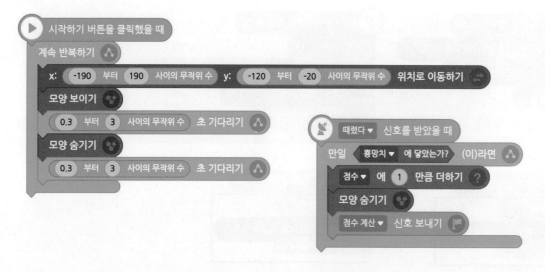

※ 변수 '점수'를, 신호 '때렸다', '점수 계산'을 만들어 코드를 작성합니다.

생쥐 오브젝트

```
시작하기 버튼을 클릭했을 때
계속 반복하기
    x: -190 부터 190 사이의 무작위 수  y: -120 부터 -20 사이의 무작위 수  위치로 이동하기
    모양 보이기
    0.3 부터 3 사이의 무작위 수  초 기다리기
    모양 숨기기
    0.3 부터 3 사이의 무작위 수  초 기다리기
```

```
때렸다 ▼ 신호를 받았을 때
만일  뿅망치 ▼ 에 닿았는가?  (이)라면
    점수 ▼ 에 1 만큼 더하기
    모양 숨기기
    점수 계산 ▼ 신호 보내기
```

·· **Tip**

[마우스를 클릭했는가?]를 판단하는 것은 [계속 반복하기] 안에 연결해야 하는 것과 달리, 한 번만 판단해도 되어야 하는 경우엔 [만약 ~라면]을 [~신호를 받았을 때] 아래에 바로 사용할 수 있습니다. 이 두 가지 방법을 구분해 사용합시다.

🐵 원숭이 오브젝트

▶ 시작하기 버튼을 클릭했을 때

3 번 반복하기 ∧

저에게 줄 간식을 입력하세요. 을(를) 묻고 대답 기다리기 ?

대답 항목을 원숭이 간식 ▼ 에 추가하기 ?

1 초 기다리기 ∧

마지막 간식은 싫어서 빼겠습니다. 을(를) 2 초 동안 말하기 ▼ 🌀

원숭이 간식 ▼ 항목 수 번째 항목을 원숭이 간식 ▼ 에서 삭제하기 ?

1 초 기다리기 ∧

저에게 줄 마지막 간식을 입력하세요. 을(를) 묻고 대답 기다리기 ?

제일 좋아해서 첫 번째 항목에 추가하겠습니다. 을(를) 2 초 동안 말하기 ▼ 🌀

대답 을(를) 원숭이 간식 ▼ 의 1 번째에 넣기 ?

1 초 기다리기 ∧

리스트 원숭이 간식 ▼ 숨기기 ?

제 간식 리스트의 간식을 맞춰보세요. 을(를) 묻고 대답 기다리기 ?

만일 〈 원숭이 간식 ▼ 에 대답 이 포함되어 있는가? 〉 (이)라면 ∧

정답입니다. 을(를) 2 초 동안 말하기 ▼ 🌀

아니면

틀렸어요. 을(를) 2 초 동안 말하기 ▼ 🌀

리스트 원숭이 간식 ▼ 보이기 ?

※ 리스트 '원숭이 간식'을 만들어 코드를 작성합니다.

•• why

리스트 ('원숭이 간식'의 항목수) 번째 항목을 삭제하라는 것은 마지막 항목을 삭제하라는 의미입니다. 왜냐하면 리스트 항목의 길이가 3이기 때문에 3번째 항목을 삭제하라는 것과 같은 의미가 되기 때문입니다.

출제예상문제 02회 2급

과목 1 알고리즘 설계

문제 01 토끼가 이동하도록 〈조건〉에 맞게 코딩하시오. (10점)

〈조건〉

– 엔트리 프로그램 화면 [블록 꾸러미]에서 필요한 블록을 가져다 사용한다.
– 아래 〈**토끼이동**〉 순서도를 참고하여 블록을 완성한다.

– ▶ 시작하기 버튼을 클릭하면 토끼는 5초마다 자신을 3번 복제한다.
– 복제본이 생성되었을 때 〈**토끼이동**〉을 한다.

〈토끼이동〉

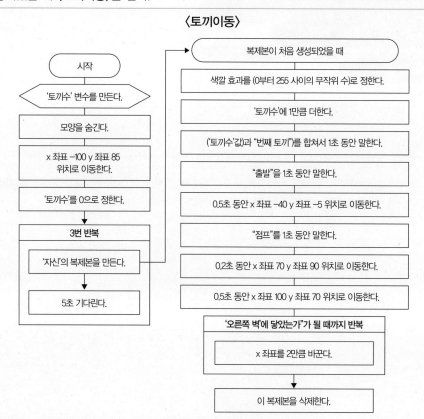

〈조건〉

– 엔트리 프로그램 화면 [블록 꾸러미]에서 필요한 블록을 가져다 사용한다.
– 아래 〈충돌체크 및 이동〉 순서도를 참고하여 블록을 완성한다.
– ▶시작하기 버튼을 클릭하면 "3초후 시작"이라고 안내한 후, '스타트' 신호를 보낸다.
– '스타트' 신호를 받았을 때 쿠키사람은 〈충돌체크 및 이동〉을 한다.

〈충돌체크 및 이동〉

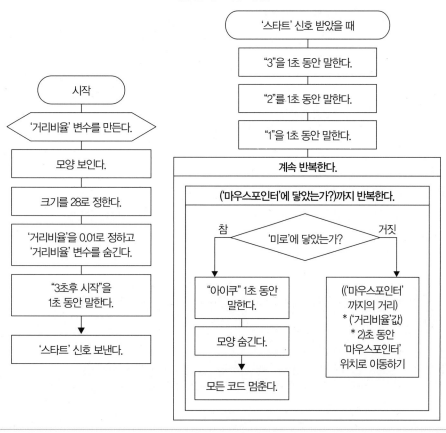

문제 03 별이 복제본으로 별트리를 만들도록 〈조건〉에 맞게 코딩하시오. (10점)

〈조건〉

– 엔트리 프로그램 화면 [블록 조립소]를 올바르게 코딩한다.

– **'별' 오브젝트**의 코드 중 **4곳의 오류**를 찾아 수정한다.

※ 오류 수정은 [블록 꾸러미]에서 필요한 블록을 가져다 사용하거나 기존 블록을 수정하여 완성한다.

– 별이 다음 조건대로 움직이도록 **코드를 수정한다**.

(1) '별_1' 모양으로 바꾸고, 크기는 30으로 정한 후 모양을 숨긴다.

(2) 변수 '행'값을 1로 정한다.

(3) 10번 반복하여 (3–1) ~ (3–3)을 실행한다.

  (3–1) x 좌표 20, y 좌표 110 + ('행'값 * –20) 위치로 이동한다.

  (3–2) 만일 '행'을 2로 나눈 나머지가 0과 같다면 다음을 실행한다.

    • 자신의 복제본 만들고, x 좌표를 40만큼 바꾸기를 '행'값 * 0.5 번 반복한다.

    • x 좌표 – 20 위치로 이동한다.

    • 자신의 복제본 만들고, x 좌표를 –40만큼 바꾸기를 '행'값 * 0.5 번 반복한다.

  (3–3) 변수 '행'값에 1만큼 더한다.

(4) x 좌표 0, y 좌표 110 위치로 이동한 후, '별_3' 모양으로 바꾸고, 크기를 40으로 정한다.

(5) 자신의 복제본을 만든다.

– 복제본이 처음 생성되었을 때 모양이 보이고, 계속 반복하여 0.5초마다 '색깔' 효과를 25만큼 바꾼다.

문제 04 외계인이 빛나는 효과에 닿으면 차원 이동하도록 〈조건〉에 맞게 코딩하시오. (10점)

〈조건〉

– 엔트리 프로그램 화면 [블록 조립소]를 올바르게 코딩한다.
– **'빛나는 효과' 오브젝트**의 코드 중 **1곳의 오류**를 찾아 수정한다.
– **'외계인' 오브젝트**의 코드 중 **3곳의 오류**를 찾아 수정한다.
※ 오류 수정은 [블록 꾸러미]에서 필요한 블록을 가져다 사용하거나 기존 블록을 수정하여 완성한다.

– ▶시작하기 버튼을 클릭하면 빛나는 효과가 '효과 제한' 0부터 80까지 범위를 반복하도록 **코드를 수정한다.**
 (1) 변수 '효과 제한' 값을 0으로 정한다.
 (2) 계속 반복하여 (2-1) ~ (2-5)를 실행한다.
 (2-1) '효과 제한'에 10만큼 더한다.
 (2-2) '효과 제한'이 80보다 크면, '효과 제한'을 0으로 정한다.
 (2-3) 방향을 10도만큼 회전한다.
 (2-4) '투명도' 효과를 '효과 제한' 값으로 정한다.
 (2-5) 0.05초 기다린다.
– 외계인은 '빛나는 효과'에 닿으면 사라지고, 오른쪽 화살표 키를 누르면 오른쪽으로 10만큼, 왼쪽 화살표 키를 누르면 왼쪽으로 −10만큼 이동하도록 **코드를 수정한다.**

문제 05 코 스타일과 입 스타일을 골라 표현하도록 〈조건〉에 맞게 코딩하시오. (10점)

〈조건〉

– 엔트리 프로그램 화면 [블록 꾸러미]에서 필요한 블록을 가져다 사용한다.
– 아래 〈스타일 질문〉, 〈코모양 바꾸기〉, 〈입모양 바꾸기〉 미완성 블록을 완성한다.

– ▶시작하기 버튼을 클릭하면 얼굴 모양은 〈스타일 질문〉을 한다.
 (1) "머리 스타일 입력(1~10)"을 묻고 대답 기다린 후, 변수 '머리'에 '대답'을 저장한다.
 (2) "눈 스타일 입력(1~10)"을 묻고 대답 기다린 후, 변수 '눈'에 '대답'을 저장한다.
 (3) "코 스타일 입력(1~10)"을 묻고 대답 기다린 후, 변수 '코'에 '대답'을 저장한다.
 (4) "입 스타일 입력(1~20)"을 묻고 대답 기다린 후, 변수 '입'에 '대답'을 저장한다.
– ▶시작하기 버튼을 클릭하면 코는 계속 반복하여 '코'값 모양으로 바꾼다.
– ▶시작하기 버튼을 클릭하면 입은 계속 반복하여 '입'값 모양으로 바꾼다.

소년이 질문한 해가 윤년인지 판단해 할아버지가 대답하도록 〈조건〉에 맞게 코딩하시오. (10점)

〈조건〉

− 엔트리 프로그램 화면 [블록 꾸러미]에서 필요한 블록을 가져다 사용한다.
− 아래 〈윤년 질문〉, 〈윤년판정 대답〉 미완성 블록을 완성한다.

− 소년은 무작위 수로 지정된 해를 윤년인지 물어보는 〈윤년 질문〉을 한다.
  (1) 스페이스 키를 눌렀을 때 조건1, 조건2를 모두 거짓으로 정한다.
  (2) 2000부터 2025 사이의 무작위 수를 변수 '연도'에 저장한다.
  (3) "할아버지~"를 2초 동안 말한다.
  (4) "('연도' 값) 년은 윤년인가요?"를 2초 동안 말한다.
  (5) '질문' 신호 보낸다.
− 할아버지는 질문한 연도가 윤년인지 판단해 대답하는 〈윤년판정 대답〉을 한다.
  (1) "어디보자! 계산좀 해볼까!"를 2초 동안 말한다.
  (2) '질문' 신호를 받았을 때 '연도'값이 4의 배수이고 100의 배수가 아니라면, '조건1' 값을 '참'으로 정한다.
  (3) '연도' 값이 400의 배수라면 '조건2'의 값을 참으로 정한다.
  (4) "계산결과 말해줄게!"를 2초 동안 말한다.
  (5) 만일 '조건1'이 참이거나 '조건2'가 참이면, "윤년이야!"라고 4초 동안 말한다.
  (6) 아니면 "4의 배수이면서 10의 배수인 해이거나,"를 2초 동안 말하고, "400의 배수인 해도 아니구나."를 2초 동안 말하고, "윤년이 아니야!"를 4초 동안 말한다.

과자 타일이 배치되도록 〈조건〉에 맞게 코딩하시오. (20점)

〈조건〉

− 엔트리 프로그램 화면 [블록 꾸러미]에서 필요한 블록을 가져다 사용한다.

− ▶시작하기 버튼을 클릭하면 과자 타일은 아래와 같이 반복하며 복제본을 만든다.
  (1) 모양을 숨기고, 크기를 50으로 정한 후, x 좌표 −200 y 좌표 100 위치로 이동한다.
  (2) 다음 (2–1) ~ (2–4)를 5번 반복하여 실행한다.
    (2–1) 자신을 복제하고, x 좌표를 50만큼 바꾸기를 0.1초 간격으로 9번 반복한다.
    (2–2) x 좌표를 −200 위치로 이동한다.
    (2–3) y 좌표를 −50 만큼 바꾼다.
    (2–4) 0.1초 기다린다.
− 과자 타일의 복제본을 클릭하면 쿠키가 깨진 모양이 되도록 한다.
  (1) '과자타일' 모양으로 바꾸고, 모양을 보인다.
  (2) '오브젝트를 클릭했는가?'가 될 때까지 기다린다.
  (3) '깨짐' 모양으로 바꾼다.
  (4) 1초 기다린 후, 이 복제본을 삭제한다.

〈조건〉

– 엔트리 프로그램 화면 [블록 꾸러미]에서 필요한 블록을 가져다 사용한다.

– ▶ 시작하기 버튼을 클릭하면 곰은 '음료수' 리스트에 항목들을 저장하고 1번째와 3번째 위치의 값을 바꾼다고 말한다.

  (1) x 좌표 –180 y 좌표 –20에 위치한다.

  (2) '사이다', '오렌지주스', '우유' 항목을 '음료수' 리스트에 추가한다.

  (3) 변수 '임시 컵'을 만들어 '빈 컵'이라고 입력해 저장한다.

  (4) "컵1과 컵3에 있는 음료를 바꾸어 담아요"를 3초 동안 말한다.

  (5) '음료 바꾸기' 신호를 보낸다.

– '음료 바꾸기' 신호를 받았을 때 리스트 항목들의 값을 교환하는 과정을 진행한다.

  (1) "1단계: 임시 컵에 컵1의 사이다 담기"를 2초 동안 말한다.

  (2) '임시컵' 변수에 '음료수' 리스트의 1번째 항목을 저장하고, '음료수' 1번째 항목을 '빈 컵'으로 바꾼다. 2초 기다린다.

  (3) "2단계: 컵1에 컵3의 우유담기"를 2초 동안 말한다.

  (4) '음료수' 리스트의 1번째 항목을 ('음료수'의 3번째 항목)으로 바꾼다.

  (5) '음료수' 리스트의 3번째 항목을 '빈 컵'으로 바꾼다. 2초 기다린다.

  (6) "3단계: 컵3에 임시 컵에 든 사이다 담기"를 2초 동안 말한다.

  (7) '음료수' 리스트의 3번째 항목을 ('임시 컵' 값)으로 바꾸고, '임시 컵'을 '빈 컵'으로 정한다.

시험 종료 전

• 본인의 수험번호–성명 폴더 내에 작업한 답안 파일이 정상적으로 저장되었는지 확인합니다.
  → 시험 종료 후, 감독관이 답안 파일을 수거합니다.
• 수험번호, 성명을 잘못 기재하였거나, 답안 파일을 잘못 저장하여 발생한 문제나 불이익에 대한 일체의 책임은 수험자에게 있습니다.
• 감독관의 안내에 따라 시험지를 제출하고 퇴실합니다.

문제 01

🐰 토끼 오브젝트 : <토끼 이동>

▶ 시작하기 버튼을 클릭했을 때
　모양 숨기기 🔧
　x: -100 y: 85 위치로 이동하기 🔁
　토끼수▼ 를 0 (으)로 정하기 ❓
　3 번 반복하기 ∧
　　자신▼ 의 복제본 만들기 ∧
　　5 초 기다리기 ∧

👤 복제본이 처음 생성되었을때
　색깔▼ 효과를 0 부터 255 사이의 무작위 수 (으)로 정하기 🔧
　모양 보이기 🔧
　토끼수▼ 에 1 만큼 더하기 ❓
　토끼수▼ 값 과(와) 번째 토끼 를 합치기 을(를) 1 초 동안 말하기▼ 🔧
　출발 을(를) 1 초 동안 말하기▼ 🔧
　0.5 초 동안 x: -40 y: -5 위치로 이동하기 🔁
　점프 을(를) 1 초 동안 말하기▼ 🔧
　0.2 초 동안 x: 70 y: 90 위치로 이동하기 🔁
　0.5 초 동안 x: 100 y: 70 위치로 이동하기 🔁
　오른쪽 벽▼ 에 닿았는가? 이 될 때까지▼ 반복하기 ∧
　　x 좌표를 2 만큼 바꾸기 🔁
　이 복제본 삭제하기 ∧

.... **Tip**

총 3마리의 복제본 토끼가 나타나 이동합니다. 토끼가 5초마다 복제되어 정해진 경로대로 순차적으로 이동하여 목적지에 도착하도록 합니다.

🧍 쿠키사람 오브젝트 : <충돌체크 및 이동>

▶ 시작하기 버튼을 클릭했을 때
모양 보이기 ✿
크기를 28 (으)로 정하기 ✿
x: -50 y: -100 위치로 이동하기 ⇄
거리비율 ▾ 를 0.01 (으)로 정하기 ?
변수 거리비율 ▾ 숨기기 ?
3초후 시작 을(를) 1 초 동안 말하기 ▾ ✿
스타트 ▾ 신호 보내기 🏁

📡 도착 ▾ 신호를 받았을 때
모양 숨기기 ✿
자신의 ▾ 코드 멈추기 ∧

📡 스타트 ▾ 신호를 받았을 때
3 을(를) 1 초 동안 말하기 ▾ ✿
2 을(를) 1 초 동안 말하기 ▾ ✿
1 을(를) 1 초 동안 말하기 ▾ ✿
계속 반복하기 ∧
　마우스포인터 ▾ 에 닿았는가? 이 될 때까지 ▾ 반복하기 ∧
　만일 < 미로 ▾ 에 닿았는가? > (이)라면 ∧
　　아이쿠 을(를) 1 초 동안 말하기 ▾ ✿
　　모양 숨기기 ✿
　　모든 ▾ 코드 멈추기 ∧
　아니면
　　(마우스포인터 ▾ 까지의 거리) x (거리비율 ▾ 값) x 2 초 동안 마우스포인터 ▾ 위치로 이동하기 ⇄

·· why

'쿠키사람'이 미로와 충돌하지 않으면 마우스 포인터 위치로 이동합니다. 이동 속도를 균일하게 하기 위해, 거리에 비례해 이동 시간을 조정합니다. 거리 비율은 화면 크기를 고려해 조정되며, 여기서는 0.01로 설정되었습니다.

⭐ 별 오브젝트 : <4곳의 오류 수정>

▶ 시작하기 버튼을 클릭했을 때
별_1 ▼ 모양으로 바꾸기
크기를 30 (으)로 정하기
모양 숨기기
행 ▼ 를 1 (으)로 정하기
10 번 반복하기
  x: 20 y: 110 + 행 ▼ 값 x -20 위치로 이동하기
  만일 행 ▼ 값 / 2 의 나머지 ▼ = 0 (이)라면
    행 ▼ 값 x 0.5 번 반복하기
      자신 ▼ 의 복제본 만들기
      x 좌표를 40 만큼 바꾸기
    x: -20 위치로 이동하기
    행 ▼ 값 x 0.5 번 반복하기
      자신 ▼ 의 복제본 만들기
      x 좌표를 -40 만큼 바꾸기
  행 ▼ 에 1 만큼 더하기
x: 0 y: 110 위치로 이동하기
별_3 ▼ 모양으로 바꾸기
크기를 40 (으)로 정하기
자신 ▼ 의 복제본 만들기

👤 복제본이 처음 생성되었을때
모양 보이기
계속 반복하기
  색깔 ▼ 효과를 25 만큼 주기
  0.5 초 기다리기

- Tip

별의 오류 수정

• y 좌푯값 설정 및 누락된 변수값 연결
  10번 반복하여 y 좌표를 110 + ('행'값 * -20) 위치로 이동하는 이유는 '행' 변수가 1부터 1씩 증가하는데 그 행의 값의 증가
  배수 만큼 y 좌표를 아래로 내려보내야 하기 때문입니다. 변수 '행'값을 가져와 연결합니다.

• 짝수 판별을 위해 2로 나눈 나머지 구하기
  또한 짝수 행에서만 별을 복제하도록 2로 나눈 나머지가 0인지 판단합니다.
  트리 모양을 나타내도록 오른쪽으로 왼쪽으로 나누어 별을 복제합니다.

• 누락된 블록 연결
  맨 위 꼭대기로 이동해 '별_3' 모양으로 바꾸어 좀 더 큰 사이즈로 복제본을 만듭니다. 트리 모양으로 복제본들이 배치되
  고, 맨 위에 좀 더 큰 별 하나가 배치됩니다.

✳ **빛나는 효과 오브젝트 : <1곳의 오류 수정>**

🐞 **외계인 오브젝트 : <3곳의 오류 수정>**

.... **why**

빛나는 효과의 오류 수정

• 조건부의 비교연산 부호 수정

'효과제한' 값이 80보다 크면 효과제한 값을 0으로 정하도록 수정해야 투명도 효과가 0부터 80까지로 제한되어 나타나게 됩니다.

'효과제한' 값 〈 80 → '효과제한' 값 〉 80

외계인의 오류 수정

• 조건부의 설정 변경

'외계인'에 닿았는가? → '빛나는 효과'에 닿았는가?

• x 좌표의 상대좌표 값 수정

x 좌표를 10만큼 이동하면 오른쪽으로, −10만큼 바꾸면 왼쪽으로 이동합니다.

10 → −10, −10 → 10

얼굴 모양 오브젝트 : <스타일 질문>

코 오브젝트 : <코모양 바꾸기>

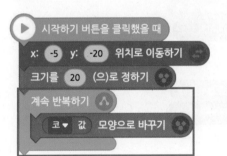

입 오브젝트 : <입모양 바꾸기>

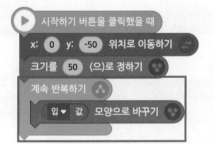

why

<스타일 질문> 완성하기

코 스타일을 묻고 나서, 사용자가 입력한 '대답'을 '코' 변수에 저장한 후, 입 스타일을 물어보고, '대답'을 '입' 변수에 저장합니다.

<코모양 바꾸기> 완성하기

계속 반복하여 '코' 값으로 모양을 바꿉니다.

<입모양 바꾸기> 완성하기

계속 반복하여 '입' 값으로 모양을 바꿉니다.

🧑 소년 오브젝트 : 〈윤년 질문〉

```
▶ 시작하기 버튼을 클릭했을 때
x: -100 y: -50 위치로 이동하기
크기를 100 (으)로 정하기
변수 조건1 ▼ 숨기기
변수 조건2 ▼ 숨기기

⌨ 스페이스 ▼ 키를 눌렀을 때
조건1 ▼ 를 거짓 (으)로 정하기
조건2 ▼ 를 거짓 (으)로 정하기
연도 ▼ 를 ( 2000 부터 2025 사이의 무작위 수 ) (으)로 정하기
할아버지~ 을(를) 2 초 동안 말하기 ▼
( 연도 ▼ 값 ) 과(와) ( 년은 윤년인가요? ) 를 합치기 을(를) 2 초 동안 말하기 ▼
질문 ▼ 신호 보내기
```

〈윤년 질문〉 완성하기
2000 ~ 2025 사이의 무작위 수를 '연도' 값으로 정한 후, "'연도' 년은 윤년인가요?"라고 2초 동안 말한 후 '질문' 신호를 보냅니다.

🧑 할아버지 오브젝트 : 〈윤년판정 대답〉

```
▶ 시작하기 버튼을 클릭했을 때
x: 100 y: -30 위치로 이동하기
크기를 150 (으)로 정하기

📡 질문 ▼ 신호를 받았을 때
어디보자! 계산좀 해볼까! 을(를) 2 초 동안 말하기 ▼
만일 ( ( 연도 ▼ 값 / 4 의 나머지 ▼ ) = 0 ) 그리고 ▼ ( ( 연도 ▼ 값 / 100 의 나머지 ▼ ) != 0 ) (이)라면
    4의 배수이고 100의 배수가 아니네~ 을(를) 4 초 동안 말하기 ▼
    조건1 ▼ 를 참 (으)로 정하기
만일 ( ( 연도 ▼ 값 / 400 의 나머지 ▼ ) = 0 ) (이)라면
    400의 배수인 해구나. 을(를) 4 초 동안 말하기 ▼
    조건2 ▼ 를 참 (으)로 정하기
계산결과 말해줄게! 을(를) 2 초 동안 말하기 ▼
만일 ( ( 조건1 ▼ 값 = 참 ) 또는 ▼ ( 조건2 ▼ 값 = 참 ) ) (이)라면
    윤년이야! 을(를) 4 초 동안 말하기 ▼
아니면
    4의 배수이면서 100의 배수인 해이거나, 을(를) 2 초 동안 말하기 ▼
    400의 배수인 해도 아니구나. 을(를) 2 초 동안 말하기 ▼
    윤년이 아니야! 을(를) 4 초 동안 말하기 ▼
```

〈윤년판정 대답〉 완성하기
'질문' 신호를 받은 할아버지는 윤년인지 판정을 합니다. '조건1' 또는 '조건2'가 참이면 윤년이라고 말해주고 아니면 윤년이 아니라고 말해줍니다.

과자 타일 오브젝트

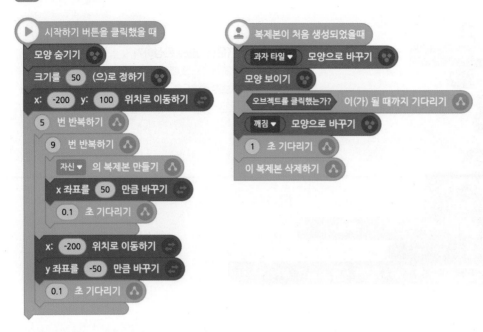

```
시작하기 버튼을 클릭했을 때
  모양 숨기기
  크기를 50 (으)로 정하기
  x: -200 y: 100 위치로 이동하기
  5 번 반복하기
    9 번 반복하기
      자신▼ 의 복제본 만들기
      x 좌표를 50 만큼 바꾸기
      0.1 초 기다리기

    x: -200 위치로 이동하기
    y 좌표를 -50 만큼 바꾸기
    0.1 초 기다리기
```

```
복제본이 처음 생성되었을때
  과자 타일▼ 모양으로 바꾸기
  모양 보이기
  오브젝트를 클릭했는가? 이(가) 될 때까지 기다리기
  깨짐▼ 모양으로 바꾸기
  1 초 기다리기
  이 복제본 삭제하기
```

·· **Tip**

반복문 안에 반복이 들어있는 형태의 코드를 중첩 반복문이라 합니다. 과자 타일을 복제하기 위해 가로로 복제를 한 줄 한 후, x 좌표는 -200 위치로 이동, y 좌표를 -50만큼 바꾸어서 또 가로로 이동하면서 복제를 한 줄 합니다. 이렇게 5줄을 반복해 복제하면 9개 5줄로 과자 타일이 배치됩니다.

곰 오브젝트

> **▶ 시작하기 버튼을 클릭했을 때**
> x: -180 y: -20 위치로 이동하기
> 사이다 항목을 음료수▼ 에 추가하기 ?
> 오렌지주스 항목을 음료수▼ 에 추가하기 ?
> 우유 항목을 음료수▼ 에 추가하기 ?
> 임시 컵▼ 를 빈 컵 (으)로 정하기 ?
> 컵1과 컵3에 있는 음료를 바꾸어 담아요. 을(를) 3 초 동안 말하기▼
> 음료 바꾸기▼ 신호 보내기

> **📡 음료 바꾸기▼ 신호를 받았을 때**
> 1단계: 임시 컵에 컵1의 사이다 담기 을(를) 2 초 동안 말하기▼
> 임시 컵▼ 를 음료수▼ 의 1 번째 항목 (으)로 정하기 ?
> 음료수▼ 1 번째 항목을 빈 컵 (으)로 바꾸기 ?
> 2 초 기다리기 ∧
> 2단계: 컵1에 컵3의 우유 담기 을(를) 2 초 동안 말하기▼
> 음료수▼ 1 번째 항목을 음료수▼ 의 3 번째 항목 (으)로 바꾸기 ?
> 음료수▼ 3 번째 항목을 빈 컵 (으)로 바꾸기 ?
> 2 초 기다리기 ∧
> 3단계: 컵3에 임시 컵에 든 사이다 담기 을(를) 2 초 동안 말하기▼
> 음료수▼ 3 번째 항목을 임시 컵▼ 값 (으)로 바꾸기 ?
> 임시 컵▼ 를 빈 컵 (으)로 정하기 ?

※ 리스트 '음료수', 변수 '임시 컵'을 만들어 코드를 작성합니다.

·· **why**

'음료수' 리스트에 1번부터 3번 항목에 사이다, 오렌지주스, 우유의 각각 다른 음료가 들어있습니다. '음료수' 리스트의 첫 번째 순서인 컵1과 세 번째 순서인 컵3의 항목의 값을 바꾸기 위해 임시로 사용할 변수로 '임시 컵' 변수를 하나 만들어 순서대로 값을 옮겨 담아서 컵1에 우유, 컵3에 사이다가 저장되도록 합니다.

출제예상문제 03회 2급

프로그래밍 작업 가이드

- Part04₩3회
- 수험번호-성명 폴더를 마우스 오른쪽 버튼으로 클릭한 후, [이름 바꾸기]를 클릭
  → 본인의 수험번호-성명으로 수정하시오.
- 본인의 수험번호-성명으로 수정된 폴더 안의 파일을 문항별로 더블클릭하여 프로그램을 실행합니다.
- 문항별 조건에 따라 작업을 완료하였으면, 파일 〉 저장하기 버튼을 클릭하여 저장합니다.

과목 1   알고리즘 설계

문제 01   물뿌리개가 도형을 그릴수 있도록 〈조건〉에 맞게 코딩하시오. (10점)

〈조건〉

– 엔트리 프로그램 화면 [블록 꾸러미]에서 필요한 블록을 가져다 사용한다.
– 아래 **〈도형 정하기〉**와 **〈도형 그리기〉** 순서도를 참고하여 블록을 완성한다.

– 소녀는 몇각형을 그릴지 묻고 대답 기다리기하여 **〈도형 정하기〉**를 한다.
– 물뿌리개는 소녀가 보낸 신호를 받아 **〈도형 그리기〉**를 한다.

〈도형 정하기〉

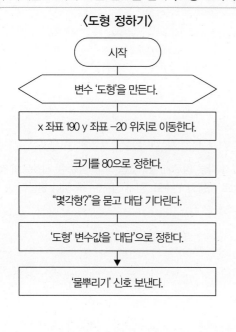

〈도형 그리기〉

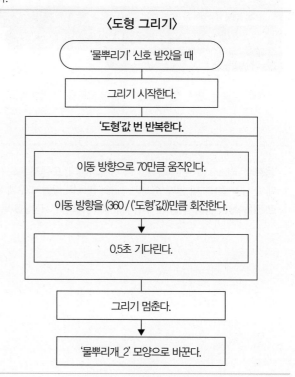

스마트폰이 발신번호를 정해 신호를 보내도록 〈조건〉에 맞게 코딩하시오. (10점)

〈조건〉

– 엔트리 프로그램 화면 [블록 꾸러미]에서 필요한 블록을 가져다 사용한다.
– 아래 〈전화기 발신〉 순서도를 참고하여 블록을 완성한다.

– ▶ 시작하기 버튼을 클릭하면 스마트폰은 〈전화기 발신〉을 한다.

〈전화기 발신〉

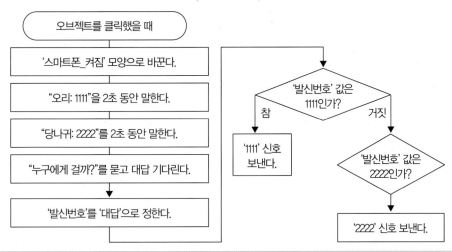

과목 2 프로그래밍 설계

문제 03 상자가 '준비된 값'과 비교해 적절한 신호를 보내도록 〈조건〉에 맞게 코딩하시오. (10점)

〈조건〉

– 엔트리 프로그램 화면 [블록 조립소]를 올바르게 코딩한다.
– '상자' 오브젝트의 코드 중 4곳의 오류를 찾아 수정한다.
※ 오류 수정은 [블록 꾸러미]에서 필요한 블록을 가져다 사용하거나 기존 블록을 수정하여 완성한다.

– ▶ 시작하기 버튼을 클릭하면 상자가 다음 조건대로 실행하도록 코드를 수정한다.
  (1) '선물상자_1'로 모양을 바꾸고 x 좌표 0 y 좌표 0에 위치한다.
  (2) '준비된 값'을 1부터 10 사이의 무작위 수로 정한다.
  (3) "기회는 5번!"이라고 2초 동안 말한다.
  (4) 다음 (4–1) ~ (4–4)를 5번 반복하여 실행한다.
    (4–1) "수를 맞춰봐(1~10 사이의 수)"를 묻고 대답을 기다린다.
    (4–2) '대답'을 '입력값' 변수에 저장한다.
    (4–3) 만일 '준비된 값'과 '입력값'이 같다면 "정답"을 4초 동안 말하고 모든 코드를 멈춘다.
    (4–4) 아니면 '준비된 값'이 '입력값'보다 크면 '더 큰수' 신호를 보내고 아니면 '더 작은수' 신호를 보낸다.
  (5) "5번 기회를 다 사용함"을 4초 동안 말하고 모든 코드를 멈춘다.

불을 발사하여 운석을 맞추도록 〈조건〉에 맞게 코딩하시오. (10점)

〈조건〉

– 엔트리 프로그램 화면 [블록 조립소]를 올바르게 코딩한다.
– **'불' 오브젝트**의 코드 중 **2곳의 오류**를 찾아 수정한다.
– **'운석' 오브젝트**의 코드 중 **2곳의 오류**를 찾아 수정한다.
※ 오류 수정은 [블록 꾸러미]에서 필요한 블록을 가져다 사용하거나 기존 블록을 수정하여 완성한다.

– 불이 화살표에서 발사되어 날아가도록 **코드를 수정한다.**
  (1) '스페이스' 키를 눌렀을 때 자신의 복제본을 만든다.
  (2) 복제본이 처음 생성되었을 때 (2–1) ~ (2–3)을 실행한다.
    (2–1) '화살표' 위치로 이동한다. 모양이 보인다.
    (2–2) '벽'에 닿았는가?가 될 때까지 반복해서 이동 방향으로 3만큼 움직인다.
    (2–3) 이 복제본을 삭제한다.
  (3) '명중' 신호를 받았을 때 모양을 숨긴다.
– 운석은 불에 닿으면 모양을 숨기도록 **코드를 수정한다.**
  (1) ▶시작하기 버튼을 클릭하면 모양이 보이고 계속 반복하여 0.5초 동안 y 좌표를 −100에서 100 사이의 무작위 수 위치로 이동한다.
  (2) ▶시작하기 버튼을 클릭하면 '불'에 닿았는가까지 기다린다.
  (3) '명중' 신호를 보낸 후 모양을 숨기고 모든 코드를 멈춘다.

장애물은 계속 다가오고, 고추잠자리는 장애물을 피하도록 〈조건〉에 맞게 코딩하시오. (10점)

〈조건〉

– 엔트리 프로그램 화면 [블록 꾸러미]에서 필요한 블록을 가져다 사용한다.
– 아래 〈**장애물 복제본이동**〉, 〈**충돌후 생명력 관리**〉 미완성 블록을 완성한다.

– 장애물 복제본이 이동하도록 〈**장애물 복제본이동**〉을 한다.
  (1) 장애물은 복제본이 처음 생성되었을 때 모양이 보인다.
  (2) ('장애물'의 'x 좌푯값')이 −250보다 작을 때까지 반복하여 x 좌표를 −1만큼 바꾼다.
  (3) 이 복제본을 삭제한다.
– 고추잠자리가 '충돌' 신호를 받았을 때 생명력에 따라 다르게 실행하도록 다음과 같이 〈**충돌후 생명력 관리**〉를 한다.
  (1) '생명력'을 −1만큼 바꾼다.
  (2) 만일 '생명력' 값이 0이면 1초 기다린 후 '게임오버' 신호를 보내고, 모양 보이기를 하며 '고추잠자리_2'로 모양을 바꾼 후 '모든' 코드를 멈춘다.
  (3) 아니면 2초 기다린 뒤 모양을 보인다.

문제 06 해적이 방어막을 개시하도록 〈조건〉에 맞게 코딩하시오. (10점)

〈조건〉

– 엔트리 프로그램 화면 [블록 꾸러미]에서 필요한 블록을 가져다 사용한다.
– 아래 〈**해적위치 컨트롤**〉, 〈**방어기능 개시와 해제**〉 미완성 블록을 완성한다.

– 해적의 이동을 제어할 수 있도록 〈**해적위치 컨트롤**〉을 한다.
  (1) ▶시작하기 버튼을 클릭하면 계속 반복하여 다음을 실행한다.
    (1–1) 마우스 클릭하면 1초 동안 마우스포인터 위치로 이동한다.
– 방어막은 스페이스 키를 눌렀을 때 〈**방어막 개시와 해제**〉를 한다.
  (1) 만일 '방어기능' 값은 '거짓'이라면 다음 (1–1) ~ (1–6)을 실행한다.
    (1–1) '방어기능'을 '참'으로 정한다.
    (1–2) 모양을 보이고, 투명도를 50으로 정한다.
    (1–3) '방어막 생성' 신호를 보내고 기다린다.
    (1–4) '방어기능'을 '거짓'으로 정한다.
    (1–5) '방어막 해제' 신호를 보낸다.
    (1–6) 모양을 숨긴다.

문제 07 속도가 증가하여 비행기가 이륙하도록 〈조건〉에 맞게 코딩하시오. (20점)

〈조건〉

– 엔트리 프로그램 화면 [블록 꾸러미]에서 필요한 블록을 가져다 사용한다.

– 사람은 비행기가 출발하고 이륙하는 과정을 말한다.
  (1) ▶시작하기 버튼을 클릭하면 '만세하는 사람(1)_1' 모양으로 바꾼다.
– 사람은 '이륙결정속도 도달' 신호를 받았을 때 '만세하는 사람(1)_2' 모양으로 바꾸고, "우아! 이륙한다!"를 2초 동안 말한다.
– 사람은 '출발' 신호를 받았을 때 "출발"을 2초 동안 말한다.
– 비행기는 출발하면 앞으로 나아가다 이륙한다.
  (1) ▶시작하기 버튼을 클릭하면 모양이 보이고, '이륙결정속도'를 260으로 정한다.
  (2) '속도' 값을 0으로 정하고, 방향을 0도로 정한후, '출발' 신호를 보낸다.
– 비행기는 '출발' 신호를 받았을 때 앞으로 나아간다.
  (1) '속도' 값이 '이륙결정속도' 값보다 크게 될 때까지 반복하여 다음 (1–1) ~ (1–2)를 실행한다.
    (1–1) '속도' 값에 (1부터 2 사이의 무작위 수) 만큼 더한다.
    (1–2) x 좌표를 ('속도'값 * 0.01) 만큼 바꾼다.
  (2) '이륙결정속도 도달' 신호를 보낸다.
– 비행기는 '이륙결정속도 도달' 신호를 받았을 때 날아오른다.
  (1) 방향을 345도로 정한다.
  (2) 0.5초 동안 x 좌표 240 y 좌표 30 위치로 이동한다.
  (3) 모양을 숨긴다.

〈조건〉

– 엔트리 프로그램 화면 [블록 꾸러미]에서 필요한 블록을 가져다 사용한다.

– 캔은 무작위 수만큼 자신을 복제한다.
  (1) ▶ 시작하기 버튼을 클릭하면 크기를 30으로 정한다.
  (2) 자신의 복제본을 만들기를 (5부터 15 사이의 무작위 수)번 반복한다.
  (3) 모양을 숨긴다.

– 캔의 복제본이 처음 생성되었을 때 무작위 위치에 배치된다.
  (1) 모양을 보인다.
  (2) x 좌표 (–100부터 100 사이의 무작위 수), y 좌표 (–100부터 0 사이의 무작위 수) 위치로 이동한다.

– 캔 오브젝트를 클릭했을 때 다음을 실행한다.
  (1) '캔수거함'에 닿았는가?까지 반복하여 '마우스포인터' 위치로 이동한다.
  (2) '캔수거함' 위치로 이동한다.
  (3) '캔' 항목을 '캔' 리스트에 추가한다.
  (4) 만일 ('캔' 항목 수)가 5라면 다음을 실행한다.
     (4–1) 5번 반복하여 1번째 항목을 '캔' 리스트에서 삭제한다.
     (4–2) "5개 한묶음" 항목을 '묶음' 리스트에 추가한다.
  (5) 이 복제본을 삭제한다.

– 캔 수거함을 클릭했을 때 캔을 몇 개 모았는지 말한다.
  (1) 캔 수거함 오브젝트를 클릭했을 때 (('묶음' 항목 수) * 5)와 "개 캔을 모았어요."를 합치기 하여 4초 동안 말한다.

시험 종료 전

- 본인의 수험번호–성명 폴더 내에 작업한 답안 파일이 정상적으로 저장되었는지 확인합니다.
  → 시험 종료 후, 감독관이 답안 파일을 수거합니다.
- 수험번호, 성명을 잘못 기재하였거나, 답안 파일을 잘못 저장하여 발생한 문제나 불이익에 대한 일체의 책임은 수험자에게 있습니다.
- 감독관의 안내에 따라 시험지를 제출하고 퇴실합니다.

문제 01

👧 소녀 오브젝트 : <도형 정하기>

```
▶ 시작하기 버튼을 클릭했을 때
   x: 190  y: -20  위치로 이동하기 ⇄
   크기를 80 (으)로 정하기 ⬡
   몇각형? 을(를) 묻고 대답 기다리기 ?
   도형 ▼ 를 대답 (으)로 정하기 ?
   물뿌리기 ▼ 신호 보내기 🏳
```

🐛 물뿌리개 오브젝트 : <도형 그리기>

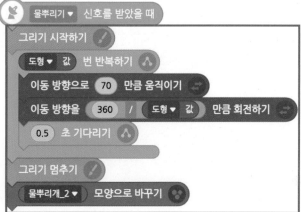

```
▶ 시작하기 버튼을 클릭했을 때
   x: -100  y: 80  위치로 이동하기 ⇄
   크기를 60 (으)로 정하기 ⬡
   물뿌리개_2 ▼ 모양으로 바꾸기 ⬡
   물뿌리개_1 ▼ 모양으로 바꾸기 ⬡
   그리기 색을 ☐ (으)로 정하기 🖊
   그리기 굵기를 12 (으)로 정하기 🖊
```

```
📡 물뿌리기 ▼ 신호를 받았을 때
   그리기 시작하기 🖊
   도형 ▼ 값 번 반복하기 ⟳
      이동 방향으로 70 만큼 움직이기 ⇄
      이동 방향을 360 / 도형 ▼ 값 만큼 회전하기 ⇄
      0.5 초 기다리기 ⟳
   그리기 멈추기 🖊
   물뿌리개_2 ▼ 모양으로 바꾸기 ⬡
```

Tip

"몇각형"인지 입력한 '대답'을 '도형' 변수에 저장합니다. 물뿌리개가 '물뿌리기신호'를 받았을 때 '도형'에 저장된 숫자에 맞춰 도형을 그립니다. 만약 3각형을 그린다면 선분을 그리며 정다각형의 한 외각의 크기인 360/3인 120도만큼 회전하기를 3번 반복하게 됩니다.

 스마트폰 오브젝트 : <전화기 발신>

·· **Tip**

- 스마트폰은 신호를 보내고, 동물들은 신호를 받습니다.
- 스마트폰에서 입력된 '대답'값을 '발신번호' 변수에 저장하여 그 변수의 값을 판단하여 각각의 신호를 보냅니다.

🎁 상자 오브젝트 : <4곳의 오류 수정>

```
▶ 시작하기 버튼을 클릭했을 때
   선물상자_1 ▼ 모양으로 바꾸기
   x: 0  y: 0  위치로 이동하기
   변수 준비된 값 ▼ 숨기기
   준비된 값 ▼ 를 1 부터 10 사이의 무작위 수 (으)로 정하기
   기회는 5번! 을(를) 2 초 동안 말하기 ▼
   5 번 반복하기
      수를 맞춰봐(1~10 사이의 수) 을(를) 묻고 대답 기다리기
      입력값 ▼ 를 대답 (으)로 정하기
      만일  준비된 값 ▼ 값  =  입력값 ▼ 값  (이)라면
         정답 을(를) 4 초 동안 말하기 ▼
         모든 ▼ 코드 멈추기
      아니면
         만일  준비된 값 ▼ 값  >  입력값 ▼ 값  (이)라면
            더 큰수 ▼ 신호 보내기
         아니면
            더 작은수 ▼ 신호 보내기
   5번 기회 다 사용함 을(를) 4 초 동안 말하기 ▼
   모든 ▼ 코드 멈추기
```

·· **Tip**

상자의 오류 수정

• 누락된 무작위 수 블록 넣기
  준비된 값을 1부터 10 사이의 무작위 수로 정합니다.

• '대답'을 변수에 저장하기
  "수를 맞춰봐(1~10사이의 수)"에 대한 질문에 대한 '대답'을 '입력값' 변수에 저장합니다.

• 조건판단의 실행결과 오류 수정
  '준비된 값'이 '입력된 값'보다 크면 '더 큰 수' 신호를 보내고, 아니면 '더 작은 수' 신호를 보냅니다.

불 오브젝트 : <2곳의 오류 수정>

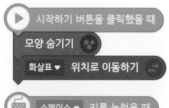
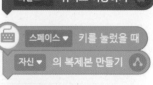

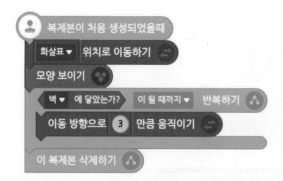

·· why

불의 오류 수정

• 오브젝트 대상에 대한 설정을 수정
  복제본이 처음 생성되었을 때 불이 나타나는 위치르 '화살표' 위치로 정해야 합니다.
  '운석' 위치로 이동하기 → '화살표' 위치로 이동하기

• 값 입력 수정
  좌푯값 이동에서 오른쪽으로 이동하는 것은 양의 수를 입력합니다.
  –3 → 3

운석 오브젝트 : <2곳의 오류 수정>

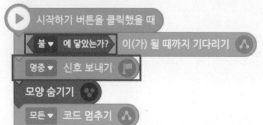

·· why

운석의 오류 수정

• 오브젝트 대상에 대한 설정을 수정
  '운석'에 닿았는가? → '불'에 닿았는가?

• 누락된 블록 새로 가져와 연결
  '명중' 신호보내기를 가져와 연결합니다.

1 장애물 오브젝트 : 〈장애물 복제본이동〉

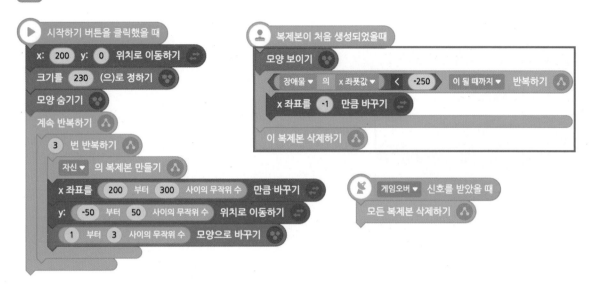

🥄 고추잠자리 오브젝트 : 〈충돌후 생명력 관리〉

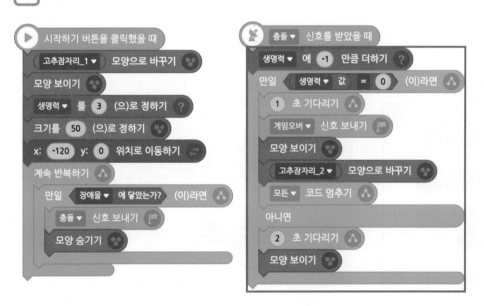

.... why

〈장애물 복제본이동〉 완성하기

복제본이 처음 생성되었을 때 모양을 보이며, 장애물의 x 좌푯값이 −250보다 작아질 때까지 반복해서 x 좌표를 −1만큼 바꾸기를 계속합니다. 즉 왼쪽으로 계속 이동하다가 −250이 되면 이 복제본을 삭제합니다.

〈충돌후 생명력 관리〉 완성하기

'충돌' 신호를 받았을 때, 생명력을 −1만큼 바꿉니다. 또한 '생명력'이 0인지 아닌지에 따라서 '게임오버' 신호를 보낼지 아니면 2초 있다가 다시 고추잠자리가 나타나게 할지 다르게 실행합니다.

🏴 해적 오브젝트 : <해적위치 컨트롤>

- 방어막 해제 ▼ 신호를 받았을 때
  - 방어벽 해제 을(를) 1 초 동안 말하기 ▼

- ▶ 시작하기 버튼을 클릭했을 때
  - 계속 반복하기
    - 만일 마우스를 클릭했는가? (이)라면
      - 1 초 동안 마우스포인터 ▼ 위치로 이동하기

⬤ 방어막 오브젝트 : <방어기능 개시와 해제>

- ▶ 시작하기 버튼을 클릭했을 때
  - 방어가능 ▼ 를 거짓 (으)로 정하기 ?
  - 모양 숨기기
  - 계속 반복하기
    - 해적 ▼ 위치로 이동하기

- 스페이스 ▼ 키를 눌렀을 때
  - 만일 방어가능 ▼ 값 = 거짓 (이)라면
    - 방어가능 ▼ 를 참 (으)로 정하기 ?
    - 모양 보이기
    - 투명도 ▼ 효과를 50 (으)로 정하기
    - 방어막 생성 ▼ 신호 보내고 기다리기
    - 방어가능 ▼ 를 거짓 (으)로 정하기 ?
    - 방어막 해제 ▼ 신호 보내기
    - 모양 숨기기

- 방어막 생성 ▼ 신호를 받았을 때
  - 3 번 반복하기
    - 5 번 반복하기
      - 크기를 5 만큼 바꾸기
      - 0.1 초 기다리기
    - 5 번 반복하기
      - 크기를 -5 만큼 바꾸기
      - 0.1 초 기다리기

··· why

<해적위치 컨트롤> 완성하기
해적은 마우스를 클릭하면 1초 동안 마우스 포인터 위치로 이동합니다. 한 번만 하는 것이 아니라 계속 반복하여 실행하므로 계속 반복하기 블록 안에 넣어 완성합니다.

<방어기능 개시와 해제> 완성하기
'스페이스' 키를 눌렀을 때 방어기능이 가능해집니다. '방어기능' 변수의 값이 '거짓'이라면 '방어기능'을 '참'으로 하고, 방어막이 반투명하게 보입니다. '방어막 생성' 신호를 보내고 기다립니다. [~신호를 보내고 기다리기] 블록을 사용하여 신호를 받아서 실행할 명령을 다 할 때까지 기다렸다가, [~신호를 보내고 기다리기] 블록의 아래에 연결된 다음 블록을 실행합니다. 즉, 여기에서는 방어막이 3초간 실행된 후, '방어기능'이 '거짓'으로 정해지고, '방어막 해제'신호를 보냅니다.

👤 사람 오브젝트

▶ 시작하기 버튼을 클릭했을 때
> 만세하는 사람(1)_1 ▼ 모양으로 바꾸기

📡 이륙결정속도 도달 ▼ 신호를 받았을 때
> 만세하는 사람(1)_2 ▼ 모양으로 바꾸기
> 우아! 이륙한다! 을(를) 2 초 동안 말하기 ▼

📡 출발 ▼ 신호를 받았을 때
> 출발 을(를) 2 초 동안 말하기 ▼

✈ 비행기 오브젝트

▶ 시작하기 버튼을 클릭했을 때
> 모양 보이기
> 이륙결정속도 ▼ 를 260 (으)로 정하기
> 속도 ▼ 를 0 (으)로 정하기
> 방향을 0° (으)로 정하기
> 출발 ▼ 신호 보내기

📡 이륙결정속도 도달 ▼ 신호를 받았을 때
> 방향을 345° (으)로 정하기
> 0.5 초 동안 x: 240 y: 30 위치로 이동하기
> 모양 숨기기

📡 출발 ▼ 신호를 받았을 때
> (속도 ▼ 값 > 이륙결정속도 ▼ 값) 이 될 때까지 ▼ 반복하기
>> 속도 ▼ 에 1 부터 2 사이의 무작위 수 만큼 더하기
>> x 좌표를 (속도 ▼ 값 x 0.01) 만큼 바꾸기
> 이륙결정속도 도달 ▼ 신호 보내기

∙∙ **Tip**

'속도' 값을 증가시키다 '이륙결정속도' 값보다 커지면 '이륙결정속도 도달' 신호를 보내고 이륙하도록 코드를 완성합니다.

※ 이륙결정속도란?
비행기가 속력을 내어 활주로를 달리기 시작하면 이륙결정속도인 시속 260~300km에 다다르게 됩니다. 이륙전환속도에 다다르면 조종간을 당겨 기수를 들어올려 활주를 시작하다가 이륙합니다.

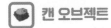

캔 오브젝트

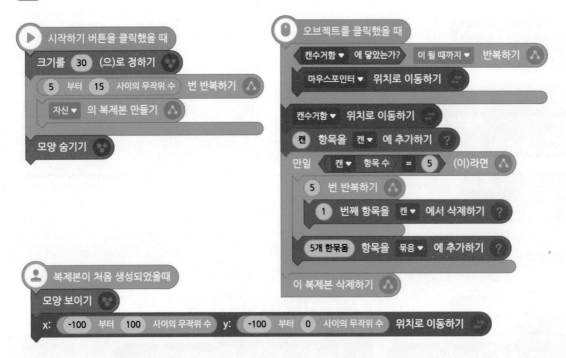

캔 수거함 오브젝트

※ 리스트 '캔', '묶음'을 만들어 코드를 작성합니다.

.... why

'캔' 리스트의 항목수가 5개가 되면 한묶음으로 만들어 '묶음' 리스트의 항목으로 추가합니다. 즉, '캔' 리스트에 5개씩 모아 '묶음' 리스트의 항목 하나로 추가합니다. 이렇게 되면 캔수거함을 클릭했을 때 '묶음' 리스트의 항목수만 알아도 (5개씩 한묶음이므로 '묶음'값 * 5로 계산하여) 수거한 캔의 개수를 알 수 있습니다.

- Part04₩4회
- 수험번호-성명 폴더를 마우스 오른쪽 버튼으로 클릭한 후, [이름 바꾸기]를 클릭
  → 본인의 수험번호-성명으로 수정하시오.
- 본인의 수험번호-성명으로 수정된 폴더 안의 파일을 문항별로 더블클릭하여 프로그램을 실행합니다.
- 문항별 조건에 따라 작업을 완료하였으면, 파일 > 저장하기 버튼을 클릭하여 저장합니다.

과목 1 | **알고리즘 설계**

문제 01 | 소녀가 알맞은 옷을 입도록 〈조건〉에 맞게 코딩하시오. (10점)

〈조건〉

- 엔트리 프로그램 화면 [블록 꾸러미]에서 필요한 블록을 가져다 사용한다.
- 아래 **〈마법사에게 말하기〉**와 **〈변신하기〉** 순서도를 참고하여 블록을 완성한다.
- ▶ 시작하기 버튼을 클릭하면 소녀는 **〈마법사에게 말하기〉**를 한다.
- 드레스와 모자는 마법사의 '변신하기' 신호를 받았을 때 **〈변신하기〉**를 한다.

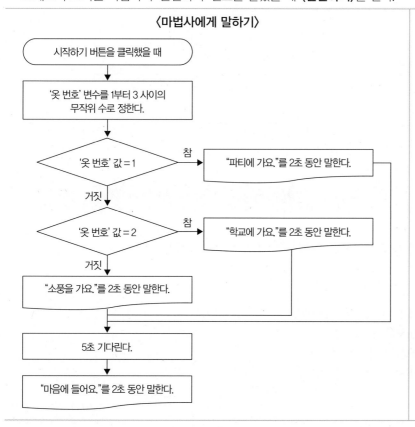

〈마법사에게 말하기〉

- 시작하기 버튼을 클릭했을 때
- '옷 번호' 변수를 1부터 3 사이의 무작위 수로 정한다.
- '옷 번호' 값 = 1 → 참 → "파티에 가요."를 2초 동안 말한다.
- 거짓
- '옷 번호' 값 = 2 → 참 → "학교에 가요."를 2초 동안 말한다.
- 거짓
- "소풍을 가요."를 2초 동안 말한다.
- 5초 기다린다.
- "마음에 들어요."를 2초 동안 말한다.

〈변신하기〉

- '변신하기' 신호를 받았을 때
- '옷 번호' 값 모양으로 바꾼다.
- 모양이 보인다.

문제 02   별이 행운의 별자리를 그리도록 〈조건〉에 맞게 코딩하시오. (10점)

〈조건〉

– 엔트리 프로그램 화면 [블록 꾸러미]에서 필요한 블록을 가져다 사용한다.

– 아래 **〈행운의 별자리 그리기〉** 순서도를 참고하여 블록을 완성한다.

– ▶ 시작하기   버튼을 클릭하면 별은 **〈행운의 별자리 그리기〉**를 한다.

〈행운의 별자리 그리기〉

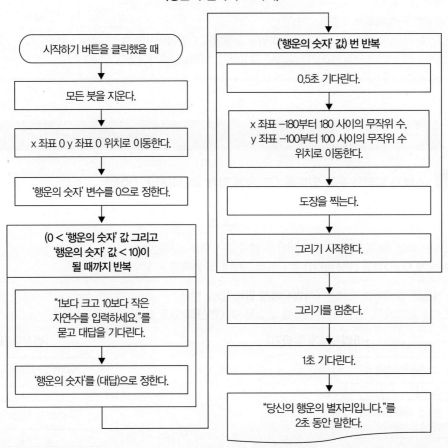

과목 2   **프로그래밍 설계**

문제 03   사자와 호랑이가 점프볼을 성공할 수 있도록 〈조건〉에 맞게 코딩하시오. (10점)

〈조건〉

– 엔트리 프로그램 화면 [블록 조립소]를 올바르게 코딩한다.

– **'농구공' 오브젝트**의 코드 중 **2곳의 오류**를 찾아 수정한다.

– **'사자' 오브젝트**의 코드 중 **2곳의 오류**를 찾아 수정한다.

– **'호랑이' 오브젝트**의 코드 중 **2곳의 오류**를 찾아 수정한다.

※ 오류 수정은 [블록 꾸러미]에서 필요한 블록을 가져다 사용하거나 기존 블록을 수정하여 완성한다.

– 농구공이 스페이스 키를 눌렀을 때 다음 조건대로 움직이도록 **코드를 수정한다.**

(1) (사자에 닿았는가? 또는 호랑이에 닿았는가?)가 될 때까지 기다린다.

(2) 만일 호랑이에 닿았는가?라면 "호랑이팀 공격!"을 1초 동안 말한다.

– 사자는 '점프' 신호를 받았을 때 다음 조건대로 움직이도록 **코드를 수정한다.**

(1) '사자속도' 변수를 3부터 10 사이의 무작위 수로 정한다.

(2) ('사자속도' 값) 초 동안 x 좌표 3 y 좌표 107 위치로 이동한다.

– 호랑이는 '점프' 신호를 받았을 때 다음 조건대로 움직이도록 **코드를 수정한다.**

(1) '호랑이속도' 변수를 3부터 10 사이의 무작위 수로 정한다.

(2) ('호랑이속도' 값) 초 동안 x 좌표 3 y 좌표 107 위치로 이동한다.

문제 04 엔트리봇이 나타나는 사과를 먹을 수 있도록 〈조건〉에 맞게 코딩하시오. (10점)

〈조건〉

– 엔트리 프로그램 화면 [블록 조립소]를 올바르게 코딩한다.

– **'사과' 오브젝트**의 코드 중 **3곳의 오류**를 찾아 수정한다.

– **'엔트리봇' 오브젝트**의 코드 중 **2곳의 오류**를 찾아 수정한다.

※ 오류 수정은 [블록 꾸러미]에서 필요한 블록을 가져다 사용하거나 기존 블록을 수정하여 완성한다.

– 사과가 다음 조건대로 움직이도록 **코드를 수정한다.**

(1) '과일갯수' 변수를 3부터 10 사이의 무작위 수로 정한다.

(2) 0.5초 기다리고, 자신의 복제본을 만든다.

(3) 복제본이 처음 생성되었을 때, 만일 엔트리봇에 닿았는가?라면 이 복제본을 삭제한다.

– 엔트리봇이 다음 조건대로 움직이도록 **코드를 수정한다.**

(1) 0.5초 동안 x 좌표 −150부터 150 사이의 무작위 수 y 좌표 −10부터 100 사이의 무작위 수 위치로 이동한다.

(2) "사과 '먹은과일갯수'개 먹었어"를 4초 동안 말한다.

문제 05 사막의 친구들이 도장을 찍어 사막을 꾸밀 수 있도록 〈조건〉에 맞게 코딩하시오. (10점)

〈조건〉

– 엔트리 프로그램 화면 [블록 꾸러미]에서 필요한 블록을 가져다 사용한다.

– 아래 **〈위치 선택〉, 〈친구 선택〉, 〈그리기〉, 〈크기 늘리기〉, 〈크기 줄이기〉** 미완성 블록을 완성한다.

– ▶시작하기 버튼을 클릭하면 바위는 말을 한 후 **〈위치 선택〉**을 한다.

(1) 계속 반복하여 마우스포인터 위치로 이동한다.

– 바위는 a 키를 눌렀을 때 **〈친구 선택〉**을 한다.

(1) 다음 모양으로 바꾼다.

– 바위는 스페이스 키를 눌렀을 때 **〈그리기〉**를 한다.

(1) 도장을 찍는다.

– 바위는 위쪽 화살표 키를 눌렀을 때 **〈크기 늘리기〉**를 한다.

(1) 크기를 10만큼 바꾼다.

– 바위는 아래쪽 화살표 키를 눌렀을 때 **〈크기 줄이기〉**를 한다.

(1) 크기를 −10만큼 바꾼다.

다이버가 쓰레기를 클릭하여 바닷속 청소를 할 수 있도록 〈조건〉에 맞게 코딩하시오. (10점)

〈조건〉

– 엔트리 프로그램 화면 [블록 꾸러미]에서 필요한 블록을 가져다 사용한다.
– 아래 〈쓰레기 청소〉, 〈잡았다〉 미완성 블록을 완성한다.

– ▶시작하기 버튼을 클릭하면 다이버는 계속 반복하여 〈쓰레기 청소〉를 한다.
  (1) 마우스 포인터 위치로 이동한다.
  (2) 쓰레기 쪽을 바라본다.
  (3) 만일 마우스를 클릭했는가?라면 (3-1) ~ (3-2)를 한다.
    (3-1) '잡았다' 신호를 보낸다.
    (3-2) 0.1초 기다린다.
– 쓰레기는 '잡았다' 신호를 받았을 때 〈잡았다〉를 한다.
  (1) 만일 다이버에 닿았는가?라면 (1-1) ~ (1-2)를 한다.
    (1-1) '생명' 변수에 –1만큼 더하고, 0.1초를 기다린다.
    (1-2) 모양 숨긴다.
  (2) 만일 ('생명' 값 〈 1)라면 (2-1) ~ (2-2)를 한다.
    (2-1) '끝' 신호를 보낸다.
    (2-2) 자신의 다른 코드를 멈춘다.

문제 07 구구단 게임을 할 수 있도록 〈조건〉에 맞게 코딩하시오. (20점)

〈조건〉

– 엔트리 프로그램 화면 [블록 꾸러미]에서 필요한 블록을 가져다 사용한다.

– ▶시작하기 버튼을 클릭하면 엔트리봇은 구구단 질문을 한다.
  (1) '점수' 변수를 0으로 정한다.
  (2) "구구단 게임을 시작합니다. 5문제입니다."를 2초 동안 말한다.
  (3) 5번 반복하여 (3-1) ~ (3-6)을 한다.
    (3-1) '첫번째숫자' 변수를 1부터 9 사이의 무작위 수로 정한다.
    (3-2) '두번째숫자' 변수를 1부터 9 사이의 무작위 수로 정한다.
    (3-3) '문제출제' 신호를 보낸다.
    (3-4) "정답은?"을 묻고, 대답을 기다린다.
    (3-5) 만일 ((대답) = '첫번째숫자'값*'두번째숫자'값)이면 '점수'를 1만큼 더하고 "딩동댕~"을 2초 동안 말한다.
    (3-6) 아니면 "땡!"을 2초 동안 말한다.
  (4) "점수는 "과 '점수'값을 합치기 하여 말한다.
– 숫자1은 '문제제출' 신호를 받았을 때 모양을 '첫번째숫자'값 모양으로 바꾼다.
– 숫자2는 '문제제출' 신호를 받았을 때 모양을 '두번째숫자'값 모양으로 바꾼다.

소년이 쇼핑목록 관리할 수 있도록 〈조건〉에 맞게 코딩하시오. (20점)

〈조건〉

– 엔트리 프로그램 화면 [블록 꾸러미]에서 필요한 블록을 가져다 사용한다.

– ▶시작하기 버튼을 클릭하면 소년은 '쇼핑목록' 리스트를 숨긴다.

　(1) 3번 반복하여 (1–1) ～ (1–2)를 한다.

　　(1–1) "구매할 물품을 입력해 주세요."를 묻고 대답을 기다린다.

　　(1–2) (대답) 항목을 '쇼핑목록'에 추가한다.

　(2) "마지막 충동구매 물품은 삭제하겠습니다."를 2초 동안 말하고 '쇼핑목록' 항목수 번째 항목을 '쇼핑목록'에서 삭제한다.

　(3) "쇼핑목록을 확인해 볼까요?"를 2초 동안 말한다.

　(4) '쇼핑목록'을 보인다.

　(5) 2초 기다린다.

　(6) '쇼핑목록'을 숨긴다.

　(7) "물품 이름을 입력하세요."를 묻고 대답을 기다린다.

　(8) 만일 '쇼핑목록'에 (대답)이 포함되어 있는가?라면 "쇼핑목록에 있습니다."를 2초 동안 말한다.

　(9) 아니면 (9–1) ～ (9–2)를 한다.

　　(9–1) "쇼핑목록에 없어서 추가할게요."를 2초 동안 말한다.

　　(9–2) (대답) 항목을 '쇼핑목록'에 추가한다.

　(10) '쇼핑목록'을 보인다.

시험 종료 전

• 본인의 수험번호–성명 폴더 내에 작업한 답안 파일이 정상적으로 저장되었는지 확인합니다.

　→ 시험 종료 후, 감독관이 답안 파일을 수거합니다.

• 수험번호, 성명을 잘못 기재하였거나, 답안 파일을 잘못 저장하여 발생한 문제나 불이익에 대한 일체의 책임은 수험자에게 있습니다.

• 감독관의 안내에 따라 시험지를 제출하고 퇴실합니다.

문제 01

🧍 소녀 오브젝트 : <마법사에게 말하기>

시작하기 버튼을 클릭했을 때
옷 번호▼ 를 1 부터 3 사이의 무작위 수 (으)로 정하기 ?
만일 옷 번호▼ 값 = 1 (이)라면
　파티에 가요. 을(를) 2 초 동안 말하기▼
아니면
만일 옷 번호▼ 값 = 2 (이)라면
　학교에 가요. 을(를) 2 초 동안 말하기▼
아니면
　소풍을 가요. 을(를) 2 초 동안 말하기▼
5 초 기다리기
마음에 들어요. 을(를) 2 초 동안 말하기▼

👕 드레스 오브젝트 : <변신하기>

🎩 모자 오브젝트 : <변신하기>

Tip

'소녀'가 5초 기다리는 동안 '마법사'가 '변신하기' 신호를 보냅니다. 그 신호를 받아 드레스와 모자가 모양을 바꾸고, 소녀가 "마음에 들어요"를 말합니다.
※ '마법사' 코드는 완성된 상태로 주어져서, 정답에 해당 코드의 캡처 이미지는 없습니다.

⭐ 별 오브젝트 : <행운의 별자리 그리기>

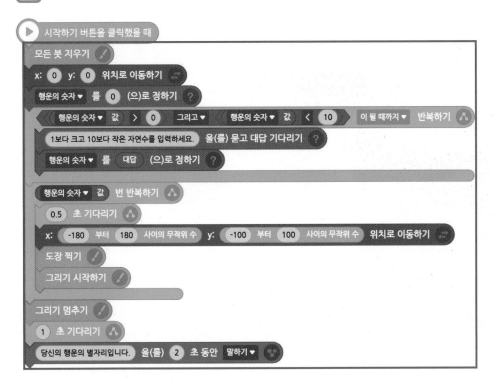

.... why

입력값 확인

변수 '행운의 숫자'는 초기값이 0입니다. 사용자가 입력한 값이 1보다 크고 10보다 작은 자연수가 될 때까지 반복적으로 입력을 요청합니다. 범위를 벗어난 값(예 20, 30)을 입력하면 계속해서 "1보다 크고 10보다 작은 자연수를 입력하세요."라고 묻습니다. 유효한 값을 입력하면 그 값을 '행운의 숫자'로 저장하고 다음 단계로 진행합니다.

별 도장 찍기와 선 그리기

'행운의 숫자' 값만큼 반복하여 작업을 수행합니다. 반복 단계마다 별 도장을 찍고 선을 그립니다. 반복할 때마다 무작위로 이동한 위치에서 작업을 수행하므로 별 도장과 선은 다른 위치에 나타납니다.

문제 03 ···

● 농구공 오브젝트 : <2곳의 오류 수정>

시작하기 버튼을 클릭했을 때
x: 3 y: -100 위치로 이동하기
스페이스를 눌러서 점프볼을 시작해 을(를) 1 초 동안 말하기▼

스페이스▼ 키를 눌렀을 때
점프▼ 신호 보내기
2 초 동안 x: 3 y: 100 위치로 이동하기
사자▼ 에 닿았는가? 또는▼ 호랑이▼ 에 닿았는가? 이(가) 될 때까지 기다리기
만일 사자▼ 에 닿았는가? (이)라면
사자팀 공격! 을(를) 1 초 동안 말하기▼
아니면
만일 호랑이▼ 에 닿았는가? (이)라면
호랑이팀 공격! 을(를) 1 초 동안 말하기▼

● 사자 오브젝트 : <2곳의 오류 수정>

시작하기 버튼을 클릭했을 때
x: -160 y: -65 위치로 이동하기

점프▼ 신호를 받았을 때
사자속도▼ 를 3 부터 10 사이의 무작위 수 (으)로 정하기
사자속도▼ 값 초 동안 x: 3 y: 107 위치로 이동하기

● 호랑이 오브젝트 : <2곳의 오류 수정>

시작하기 버튼을 클릭했을 때
x: 150 y: -65 위치로 이동하기

점프▼ 신호를 받았을 때
호랑이속도▼ 를 3 부터 10 사이의 무작위 수 (으)로 정하기
호랑이속도▼ 값 초 동안 x: 3 y: 107 위치로 이동하기

농구공의 오류 수정

- 논리연산 조건 수정

(사자에 닿았는가? 또는 호랑이에 닿았는가?)라는 조건에 맞추기 위해 수정합니다.

<u>'그리고' → '또는'</u>

- 출력문의 조건 수정

"호랑이 공격" 메시지가 출력되는 조건이 잘못 설정되어 있습니다.

<u>'사자'에 닿았는가 → '호랑이'에 닿았는가</u>

사자의 및 호랑이 오류 수정

- 속도 설정

속도를 1부터 10 사이의 무작위 값으로 설정해야 합니다.

<u>10으로 고정 → 무작위 수 블록 연결</u>

- 이동에 걸리는 시간에 대한 변수 사용

사자 : 변수 미사용 → '사자속도' 변수 블록 연결

호랑이 : 변수 미사용 → '호랑이속도' 변수 블록 연결

문제 04 ....

엔트리봇 오브젝트 : <2곳의 오류 수정>

🍎 사과 오브젝트 : <3곳의 오류 수정>

▶ 시작하기 버튼을 클릭했을 때
- 모양 숨기기 ⊗
- 2 초 기다리기 ⏳
- 모양 보이기 ⊗
- 과일갯수 ▼ 를 3 부터 10 사이의 무작위 수 (으)로 정하기 ?
- 먹은과일갯수 ▼ 를 0 (으)로 정하기 ?
- 과일갯수 ▼ 값 번 반복하기 ⟳
  - 0.5 초 기다리기 ⏳
  - 자신 ▼ 의 복제본 만들기 ⟳
- 모양 숨기기 ⊗

👤 복제본이 처음 생성되었을때
- x: -150 부터 150 사이의 무작위 수 y: -100 부터 100 사이의 무작위 수 위치로 이동하기 ⟳
- 계속 반복하기 ⟳
  - 만일 엔트리봇 ▼ 에 닿았는가? (이)라면 ⟳
    - 과일갯수 ▼ 에 -1 만큼 더하기 ?
    - 먹은과일갯수 ▼ 에 1 만큼 더하기 ?
    - 이 복제본 삭제하기 ⟳

·· Tip

엔트리봇의 오류 수정

• x 좌표의 무작위 수 값 설정
  x 좌표를 10이 아니라, 1부터 10 사이의 무작위 값으로 설정해야 합니다.
  <u>10으로 고정 → 난수 블록 연결</u>

• 문자열 합치기 값의 누락
  "사과 3개 먹었어"처럼 출력되어야 하는데, 누락된 블록이 있어서 제대로 출력되지 않습니다. "사과"와 '먹은과일갯수' 변수를 합친 블록이 누락된 것을 합치기 블록 안에 연결해야 합니다.

사과의 오류 수정

• '과일갯수' 변수의 무작위 수 값 설정
  10이 아니라, 3부터 10 사이의 무작위 값으로 설정해야 합니다.
  <u>10으로 고정 → 3부터 10 사이의 무작위 수 블록 연결</u>

• 복제본 대상 설정
  사과를 복제하려면 엔트리봇을 복제하는 게 아니라, 자신의 복제본을 만들어야 합니다.

• 누락된 블록 새로 가져와 연결
  엔트리봇에 닿으면 -1만큼 바꾸고 복제본 삭제해야 합니다. [이 복제본 삭제하기]를 새로 가져와 연결합니다.

바위 오브젝트

〈위치 선택〉

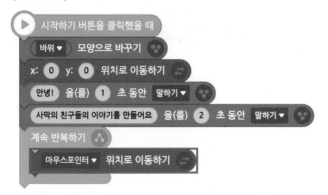

〈친구 선택〉

〈그리기〉

〈크기 늘리기〉

〈크기 줄이기〉

.... why

각 키보드 키를 눌렀을 때 해당 명령을 처리할 수 있도록 조건에 맞게 완성합니다.

문제 06 ....

다이버 오브젝트 : 〈쓰레기 청소〉

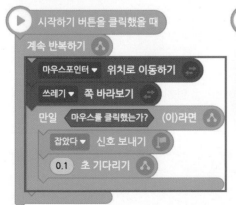

🗑 쓰레기 오브젝트 : <잡았다>

▶ 시작하기 버튼을 클릭했을 때
생명 ▼ 를 3 (으)로 정하기 ❓
계속 반복하기 ⟳
　x: -200 부터 200 사이의 무작위 수 y: -150 부터 150 사이의 무작위 수 위치로 이동하기 ⟲
　색깔 ▼ 효과를 10 부터 30 사이의 무작위 수 만큼 주기 ✷
　크기를 40 부터 80 사이의 무작위 수 (으)로 정하기 ✷
　모양 보이기 ✷
　　0.2 부터 1 사이의 무작위 수 초 기다리기 ⟳
　모양 숨기기 ✷
　　0.2 부터 1 사이의 무작위 수 초 기다리기 ⟳

📡 잡았다 ▼ 신호를 받았을 때
만일 다이버 ▼ 에 닿았는가? (이)라면 ⟳
　생명 ▼ 에 -1 만큼 더하기 ❓
　0.1 초 기다리기 ⟳
　모양 숨기기 ✷
만일 생명 ▼ 값 < 1 (이)라면 ⟳
　끝 ▼ 신호 보내기 🏳
　자신의 다른 ▼ 코드 멈추기 ⟳

··· why

<쓰레기 청소> 완성하기
다이버가 마우스 포인터를 따라 이동하다가 마우스 클릭 시 '잡았다' 신호를 보냅니다. 단, 쓰레기가 다이버에 닿으면 '생명'이 −1되므로, 마우스 클릭만으로는 '생명'이 변하지 않습니다.

<잡았다> 완성하기
• '쓰레기'는 '잡았다' 신호를 받았을 때 두 가지 조건을 다 확인합니다. 그러므로 [만약~ 아니면~] 블록이 아닌, [만일 ~라면] 블록을 두 번 사용하여 조건을 두 번 확인합니다.
• ['자신의 다른' 코드 멈추기]는 쓰레기 오브젝트에 있는 다른 코드들이 실행하는 것을 멈춥니다.

🧑 엔트리봇 오브젝트

▶ 시작하기 버튼을 클릭했을 때
- 점수▼ 를 0 (으)로 정하기 ?
- 구구단 게임을 시작합니다. 5문제입니다. 을(를) 2 초 동안 말하기▼ 😊
- 5 번 반복하기 🔼
  - 첫번째숫자▼ 를 1 부터 9 사이의 무작위 수 (으)로 정하기 ?
  - 두번째숫자▼ 를 1 부터 9 사이의 무작위 수 (으)로 정하기 ?
  - 문제제출▼ 신호 보내기 🚩
  - 정답은? 을(를) 묻고 대답 기다리기 ?
  - 만일 대답 = 첫번째숫자▼ 값 x 두번째숫자▼ 값 (이)라면 🔼
    - 점수▼ 에 1 만큼 더하기 ?
    - 딩동댕~ 을(를) 2 초 동안 말하기▼ 😊
  - 아니면
    - 땡! 을(를) 2 초 동안 말하기▼ 😊
- 점수는 과(와) 점수▼ 값 를 합치기 을(를) 2 초 동안 말하기▼ 😊

1️⃣ 숫자1 오브젝트

📡 문제제출▼ 신호를 받았을 때
- 첫번째숫자▼ 값 모양으로 바꾸기 😊

1️⃣ 숫자2 오브젝트

📡 문제제출▼ 신호를 받았을 때
- 두번째숫자▼ 값 모양으로 바꾸기 😊

※ 변수 '점수', '첫번째숫자', '두번째숫자'를 만들어 코드를 작성합니다.

·· **Tip**

무작위로 정해진 '첫번째숫자'와 '두번째숫자'를 곱한 값에 대해 사용자가 대답을 입력해 정답을 맞춥니다. 5번 반복한 후, 몇 개 맞췄는지 점수를 출력합니다. '대답'이 맞았는지 판단할 때 '첫번째숫자' x '두번째숫자' 수 연산을 하여 같은지 판단하는 조건을 완성할 수 있도록 합니다.
또한 '문제제출' 신호를 받아서 '숫자1', '숫자2' 오브젝트가 해당 모양으로 바꿀 수 있도록 하기 위해 '첫번째숫자'와 '두번째숫자' 변수를 사용합니다.

🚶 소년 오브젝트

> 시작하기 버튼을 클릭했을 때
리스트 쇼핑목록 ▼ 숨기기 ?
3 번 반복하기 ⌄
구매할 물품을 입력해 주세요. 을(를) 묻고 대답 기다리기 ?
대답 항목을 쇼핑목록 ▼ 에 추가하기 ?
마지막 총동 구매 물품은 삭제하겠습니다. 을(를) 2 초 동안 말하기 ▼ ✖
쇼핑목록 ▼ 항목 수 번째 항목을 쇼핑목록 ▼ 에서 삭제하기 ?
쇼핑목록을 확인해 볼까요? 을(를) 2 초 동안 말하기 ▼ ✖
리스트 쇼핑목록 ▼ 보이기 ?
2 초 기다리기 ⌄
리스트 쇼핑목록 ▼ 숨기기 ?
물품 이름을 입력하세요. 을(를) 묻고 대답 기다리기 ?
만일 쇼핑목록 ▼ 에 대답 이 포함되어 있는가? (이)라면 ⌄
쇼핑목록에 있습니다. 을(를) 2 초 동안 말하기 ▼ ✖
아니면
쇼핑목록에 없어서 추가할게요. 을(를) 2 초 동안 말하기 ▼ ✖
대답 항목을 쇼핑목록 ▼ 에 추가하기 ?
리스트 쇼핑목록 ▼ 보이기 ?

※ 리스트 '쇼핑목록'을 만들어 코드를 작성합니다.

•• **Tip**

마지막 목록을 삭제하는 방법으로 ('쇼핑목록' 항목수)를 사용하는 것을 익혀둡니다. 리스트의 맨 마지막 순서는 리스트 항목의 수와 일치합니다.

출제예상문제 05회 2급

- Part04₩5회
- 수험번호–성명 폴더를 마우스 오른쪽 버튼으로 클릭한 후, [이름 바꾸기]를 클릭
  → 본인의 수험번호–성명으로 수정하시오.
- 본인의 수험번호–성명으로 수정된 폴더 안의 파일을 문항별로 더블클릭하여 프로그램을 실행합니다.
- 문항별 조건에 따라 작업을 완료하였으면, 파일 〉 저장하기 버튼을 클릭하여 저장합니다.

과목 1 알고리즘 설계

문제 01 로봇이 홀수, 짝수를 구별하여 말하도록 〈조건〉에 맞게 코딩하시오. (10점)

〈조건〉

– 엔트리 프로그램 화면 [블록 꾸러미]에서 필요한 블록을 가져다 사용한다.
– 아래 〈수 구별하기〉 순서도를 참고하여 블록을 완성한다.
– ▶ 시작하기 버튼을 클릭하면 로봇은 수를 입력받아 그 수가 홀수인지 짝수인지를 말하는 〈수 구별하기〉를 한다.

〈수 구별하기〉

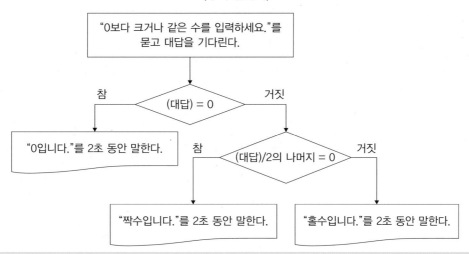

〈조건〉

– 엔트리 프로그램 화면 [블록 꾸러미]에서 필요한 블록을 가져다 사용한다.
– 아래 〈**팔 벌려 뛰기**〉 순서도를 참고하여 블록을 완성한다.

– ▶시작하기 버튼을 클릭하면 학생은 팔 벌려 뛰기 시작을 말하고 정한 횟수만큼 반복하여 〈**팔 벌려 뛰기**〉를 한다.

〈**팔 벌려 뛰기**〉

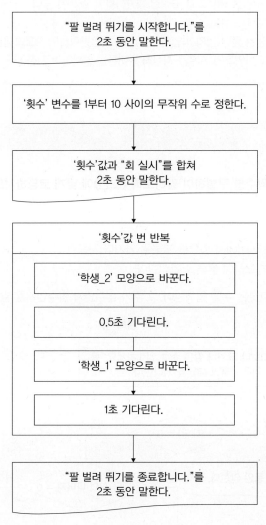

문제 03 승부차기가 진행되도록 〈조건〉에 맞게 코딩하시오. (10점)

〈조건〉

– 엔트리 프로그램 화면 [블록 조립소]를 올바르게 코딩한다.

– **'골키퍼' 오브젝트**의 코드 중 **2곳**, **'축구공' 오브젝트**의 코드 중 **3곳의 오류**를 찾아 수정한다.

※ 오류 수정은 [블록 꾸러미]에서 필요한 블록을 가져다 사용하거나 기존 블록을 수정하여 완성한다.

– 골키퍼가 다음 조건대로 움직이도록 **코드를 수정한다.**

  (1) 왼쪽 화살표 키를 누르면 왼쪽으로 5만큼 이동한다.

  (2) 오른쪽 화살표 키를 누르면 오른쪽으로 5만큼 이동한다.

– 축구공은 계속 반복하여 정해진 이동 방향으로 움직이고 골인 여부를 말한 후 멈추도록 **코드를 수정한다.**

  (1) 이동 방향으로 3만큼 움직인다.

  (2) 만일 골키퍼에 닿았는가?라면 "노골~"을 1초 동안 말하고, 모두 멈춘다.

  (3) 만일 골대에 닿았는가?라면 "골인~"을 1초 동안 말하고, 모두 멈춘다.

문제 04 거실의 파리를 잡도록 〈조건〉에 맞게 코딩하시오. (10점)

〈조건〉

– 엔트리 프로그램 화면 [블록 조립소]를 올바르게 코딩한다.

– **'앤디' 오브젝트**의 코드 중 **2곳**, **'파리' 오브젝트**의 코드 중 **3곳의 오류**를 찾아 수정한다.

※ 오류 수정은 [블록 꾸러미]에서 필요한 블록을 가져다 사용하거나 기존 블록을 수정하여 완성한다.

– 앤디는 상황에 따라 표정이 변하도록 **코드를 수정한다.**

  (1) ▶시작하기 버튼을 클릭하면 앤디는 파리를 보고 무서운 표정으로 바뀐다.

  (2) 파리가 모두 제거된 후 '제거 완료' 신호를 받았을 때 앤디는 웃는 표정으로 바뀐다.

– ▶시작하기 버튼을 클릭하면 파리는 5번 반복하여 0.1부터 0.5 사이의 무작위 수 초 간격으로 자신의 복제본을 만들도록 **코드를 수정한다.**

– 파리는 복제본이 처음 생성되었을 때 다음과 같이 동작하도록 **코드를 수정한다.**

  (1) x 좌표 −200부터 200 사이의 무작위 수, y 좌표는 −20부터 20 사이의 무작위 수 위치로 이동하고, 모양이 보인다.

  (2) 만일 마우스를 클릭했을 때 마우스 포인터에 닿았다면 '제거'값이 1만큼 증가한다.

문제 05 개구리가 길을 따라가다 구멍에 빠지도록 〈조건〉에 맞게 코딩하시오. (10점)

〈조건〉

− 엔트리 프로그램 화면 [블록 꾸러미]에서 필요한 블록을 가져다 사용한다.
− 아래 **〈이동하기〉** 미완성 블록을 완성한다.

− 오른쪽으로 한 칸 이동한 개구리는 위로 두 칸 이동하고 오른쪽으로 두 칸 이동 후 구멍에 빠지는 **〈이동하기〉**를 한다.
  (1) 2번 반복하여 (1–1) ∼ (1–2)를 한다.
    (1–1) y 좌표를 90만큼 바꾼다.
    (1–2) '개구리_2' 모양으로 바꾸고 0.2초 기다리고, '개구리_1' 모양으로 바꾸고, 0.2초 기다린다.
  (2) 2번 반복하여 (2–1) ∼ (2–2)를 한다.
    (2–1) x 좌표를 120만큼 바꾼다.
    (2–2) '개구리_2' 모양으로 바꾸고 0.2초 기다리고, '개구리_1' 모양으로 바꾸고, 0.2초 기다린다.
  (3) "앗!"을 1초 동안 말하고, 모양을 숨긴다.

문제 06 캐릭터의 이름과 나이를 설정하도록 〈조건〉에 맞게 코딩하시오. (10점)

〈조건〉

− 엔트리 프로그램 화면 [블록 꾸러미]에서 필요한 블록을 가져다 사용한다.
− 아래 **〈정보 입력받기〉**, **〈캐릭터 설정하기〉** 미완성 블록을 완성한다.

− ▶시작하기 버튼을 클릭하면 원숭이는 "만나서 반가워요."를 2초 동안 말하고, 캐릭터 설정을 위한 이름과 나이를 입력받기 위해 **〈정보 입력받기〉**를 한다.
  (1) "제 이름을 정해주세요."를 묻고 대답을 기다리고, '이름' 변수를 (대답)으로 정한다.
  (2) "제 나이를 정해주세요."를 묻고 대답을 기다리고, '나이' 변수를 (대답)으로 정한다.
  (3) '캐릭터 설정' 신호를 보낸다.
− 원숭이는 '캐릭터 설정' 신호를 받았을 때 입력받은 정보에 따라 **〈캐릭터 설정하기〉**를 한다.
  (1) "제 이름은 "과 '이름'값을 합친 것과 "이고,"를 합쳐 2초 동안 말한다.
  (2) "나이는 "과 '나이'값을 합친 것과 "살이군요."를 합쳐 2초 동안 말한다.
  (3) 1초 기다리고, 크기를 ('나이'값×2)만큼 바꾼다.

문제 07 떨어진 야구공을 정리하도록 〈조건〉에 맞게 코딩하시오. (20점)

〈조건〉

– 엔트리 프로그램 화면 [블록 꾸러미]에서 필요한 블록을 가져다 사용한다.

– ▶시작하기 버튼을 클릭하면 바구니는 '공 개수' 변수를 0으로 정한다.
– ▶시작하기 버튼을 클릭하면 야구공은 (1) ~ (2)를 한다.

(1) x 좌표 −20 y 좌표 −90 위치로 이동하고, 모양을 숨긴다.

(2) 3번 반복하여 0.1초 기다리고, 자신의 복제본을 만들고, x 좌표를 100만큼 바꾼다.

– 야구공은 복제본이 처음 생성되었을 때 모양이 보이고, 계속 반복하여 (1)을 한다.

(1) 만일 (마우스를 클릭했는가? 그리고 마우스 포인터에 닿았는가?)라면 1초 동안 바구니 위치로 이동하고, 모양을 숨기고, '정리' 신호를 보낸다.

– 바구니는 '정리' 신호를 받았을 때 (1) ~ (2)를 한다.

(1) '공 개수'에 1만큼 더한다.

(2) 만일 ('공 개수'값=3)라면 "공 정리 완료!"를 2초 동안 말한다.

문제 08 기억력 테스트가 진행되도록 〈조건〉에 맞게 코딩하시오. (20점)

〈조건〉

– 엔트리 프로그램 화면 [블록 꾸러미]에서 필요한 블록을 가져다 사용한다.

– ▶시작하기 버튼을 클릭하면 로봇은 기억력 테스트를 진행한다.

(1) 3번 반복하여 1부터 20 사이의 무작위 수 항목을 '수 목록' 리스트에 추가한다.

(2) 리스트 '수 목록'을 숨긴다.

(3) "기억력 테스트입니다."를 2초 동안 말하고, "수 목록 리스트가 보이면 리스트에 저장된 수를 기억하여 입력해 주세요."를 4초 동안 말한다.

(4) 리스트 '수 목록'이 보이고, 3초 기다리고, 리스트 '수 목록'을 숨긴다.

(5) "수 목록 리스트에 저장된 수 중 하나를 입력해 주세요."를 묻고 대답을 기다린다.

(6) 만일 '수 목록'에 (대답)이 포함되어 있는가?라면 "맞췄습니다. 기억력이 좋으시군요."를 2초 동안 말하고, 아니면 "틀렸습니다. 기억력이 나쁘시군요."를 2초 동안 말한다.

시험 종료 전

• 본인의 수험번호–성명 폴더 내에 작업한 답안 파일이 정상적으로 저장되었는지 확인합니다.
  → 시험 종료 후, 감독관이 답안 파일을 수거합니다.
• 수험번호, 성명을 잘못 기재하였거나, 답안 파일을 잘못 저장하여 발생한 문제나 불이익에 대한 일체의 책임은 수험자에게 있습니다.
• 감독관의 안내에 따라 시험지를 제출하고 퇴실합니다.

문제 01

로봇 오브젝트 : <수 구별하기>

```
▶ 시작하기 버튼을 클릭했을 때
  입력한 수의 홀수, 짝수 여부를 알려줍니다. 을(를) 2 초 동안 말하기▼
  0보다 크거나 같은 수를 입력하세요. 을(를) 묻고 대답 기다리기 ?
  만일  대답 = 0  (이)라면 ∧
    0입니다. 을(를) 2 초 동안 말하기▼
  아니면
    만일  대답 / 2 의 나머지▼ = 0  (이)라면 ∧
      짝수입니다. 을(를) 2 초 동안 말하기▼
    아니면
      홀수입니다. 을(를) 2 초 동안 말하기▼
```

.... why

"0보다 크거나 같은 수를 입력하세요."라는 '로봇'의 질문에 대하여 화면 하단에 나타난 입력창에 수를 입력해 넣고 키보드의 엔터키나 입력창 옆에 있는 ☑를 누르는 순간 그 입력한 값이 (대답)에 저장됩니다. 수를 2로 나누었을 때 나머지는 0이거나 1입니다. (대답)에 저장된 값이 짝수인지 홀수인지 판단하여 출력하기 위해, 2로 나눈 나머지가 0이면 "짝수입니다."를 출력하고, 나머지가 0 아니면 1밖에 없으므로 '아니면~'에 해당하는 상황은 나머지가 1인 경우이므로 "홀수입니다."라고 출력합니다.

👤 학생 오브젝트 : <팔 벌려 뛰기>

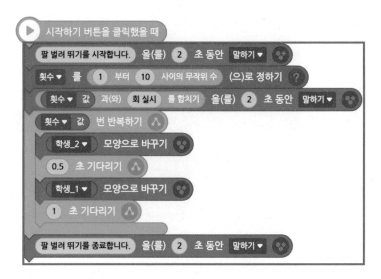

※ 변수 '횟수'를 만들어 코드를 작성합니다.

··· why

변수 '횟수'를 1부터 10 사이의 무작위 수로 정합니다. '횟수'의 값이 7로 정해졌다면 "7회 실시"라고 2초 동안 말한 후, 7회 반복해서 모양을 바꿉니다. [시작하기] 버튼을 눌러 실행시킬 때마다 '횟수'의 값이 무작위로 정해지므로 '학생'이 **<팔 벌려 뛰기>**를 하는 횟수도 달라집니다.

골키퍼 오브젝트 : <2곳의 오류 수정>

```
시작하기 버튼을 클릭했을 때
계속 반복하기
    만일  왼쪽 화살표 ▼  키가 눌려져 있는가?  (이)라면
        x 좌표를  -5  만큼 바꾸기
    만일  오른쪽 화살표 ▼  키가 눌려져 있는가?  (이)라면
        x 좌표를  5  만큼 바꾸기
    만일  위쪽 화살표 ▼  키가 눌려져 있는가?  (이)라면
        y 좌표를  5  만큼 바꾸기
    만일  아래쪽 화살표 ▼  키가 눌려져 있는가?  (이)라면
        y 좌표를  -5  만큼 바꾸기
```

축구공 오브젝트 : <3곳의 오류 수정>

```
시작하기 버튼을 클릭했을 때
x:  0   y:  -100   위치로 이동하기
숏 준비~  을(를)  1  초 동안  말하기 ▼
숏~  을(를)  1  초 동안  말하기 ▼
이동 방향을  -50  부터  50  사이의 무작위 수  (으)로 정하기
계속 반복하기
    이동 방향으로  3  만큼 움직이기
    만일  골키퍼 ▼  에 닿았는가?  (이)라면
        노골~  을(를)  1  초 동안  말하기 ▼
        모든 ▼  코드 멈추기
    만일  골대 ▼  에 닿았는가?  (이)라면
        골인~  을(를)  1  초 동안  말하기 ▼
        모든 ▼  코드 멈추기
```

.... Tip

골키퍼의 오류 수정

• x 좌표를 음의 수만큼 바꿔야 왼쪽으로 이동하고, x 좌표를 양의 수만큼 바꿔야 오른쪽으로 이동합니다.

축구공의 오류 수정

• 이동 방향으로 10만큼 움직이기로 된 것을 3만큼 움직이기로 수정합니다.
• ['골대'에 닿았는가?] 블록의 설정을 ['골키퍼'에 닿았는가?]로 변경합니다.
• ['골키퍼'에 닿았는가?] 블록의 설정을 ['골대'에 닿았는가?]로 변경합니다.

문제 04 ·· 출제예상문제 05회 ·····

🐞 앤디 오브젝트 : <2곳의 오류 수정>

```
시작하기 버튼을 클릭했을 때
  1  초 기다리기
  무서운 표정 ▼  모양으로 바꾸기
  으악!! 파리다~~  을(를)  1  초 동안  말하기 ▼

제거 완료 ▼  신호를 받았을 때
  1  초 기다리기
  웃는 표정 ▼  모양으로 바꾸기
  파리가 한 마리도 없네~~  을(를)  1  초 동안  말하기 ▼
```

🕷 파리 오브젝트 : <3곳의 오류 수정>

```
시작하기 버튼을 클릭했을 때
  제거 ▼  를  0  (으)로 정하기
  모양 숨기기
  5  번 반복하기
    0.1  부터  0.5  사이의 무작위 수  초 기다리기
    자신 ▼  의 복제본 만들기
```

```
복제본이 처음 생성되었을때
  x:  -200  부터  200  사이의 무작위 수  y:  -20  부터  120  사이의 무작위 수  위치로 이동하기
  모양 보이기
  계속 반복하기
    만일  < 마우스를 클릭했는가?  그리고 ▼  마우스포인터 ▼  에 닿았는가? >  (이)라면
      제거 ▼  에  1  만큼 더하기
      만일  < 제거 ▼  값  =  5 >  (이)라면
        제거 완료 ▼  신호 보내기
    이 복제본 삭제하기
```

·· **Tip**

앤디의 오류 수정

- 시작했을 때는 무서운 표정
  '웃는 표정' 모양으로 바꾸기 → '무서운 표정' 모양으로 바꾸기

- 제거 완료 신호를 받았을 때는 웃는 표정
  '무서운 표정' 모양으로 바꾸기 → '웃는 표정' 모양으로 바꾸기

파리의 오류 수정

- '자신'의 복제본 만들기 간격을 무작위 수로 설정
  0.1이 아니라, 무작위 수로 설정해야 합니다.
  0.1초 기다리기 → 0.1부터 0.5 사이의 무작위 수 초 기다리기

- 복제본 모양 보이기
  복제본의 모양을 보이도록 명령해야 화면에 파리가 나타납니다(누락된 블록 새로 가져와 연결).

- 논리연산 설정
  논리연산 중 '또는'은 양쪽의 값이 하나라도 '참'이면 참이고, '그리고'는 양쪽 값이 모두 '참'이면 '참'이 됩니다. 여기서 마우스로 파리를 클릭했을 때라는 조건이 만족하려면, [마우스를 클릭했는가?]와 [마우스 포인터에 닿았는가?] 양쪽 두 조건이 모두 '참'인 경우에 실행되어야 하므로 '그리고' 연산을 사용해야 합니다.
  ~ 또는 ~ → ~ 그리고 ~

개구리 오브젝트 : <이동하기>

```
시작하기 버튼을 클릭했을 때
x: -165  y: -75  위치로 이동하기
개구리_1 ▼  모양으로 바꾸기
모양 보이기
출발 을(를) 1 초 동안 말하기 ▼
x 좌표를 120 만큼 바꾸기
개구리_2 ▼  모양으로 바꾸기
0.2 초 기다리기
개구리_1 ▼  모양으로 바꾸기
0.2 초 기다리기
2 번 반복하기
    y 좌표를 90 만큼 바꾸기
    개구리_2 ▼  모양으로 바꾸기
    0.2 초 기다리기
    개구리_1 ▼  모양으로 바꾸기
    0.2 초 기다리기
2 번 반복하기
    x 좌표를 120 만큼 바꾸기
    개구리_2 ▼  모양으로 바꾸기
    0.2 초 기다리기
    개구리_1 ▼  모양으로 바꾸기
    0.2 초 기다리기
앗! 을(를) 1 초 동안 말하기 ▼
모양 숨기기
```

∙∙ why

y 좌표 바꾸기와 x 좌표 바꾸기 블록을 가져와 이동하도록 완성합니다.
좌표를 바꿀 때마다 개구리가 점프하는 모습을 보이도록 '개구리_2' 모양과 '개구리_1' 모양을 번갈아 보여줍니다.

원숭이 오브젝트 : 〈정보 입력받기〉, 〈캐릭터 설정하기〉

```
▶ 시작하기 버튼을 클릭했을 때
  크기를 100 (으)로 정하기
  만나서 반가워요. 을(를) 2 초 동안 말하기 ▾
  제 이름을 정해주세요. 을(를) 묻고 대답 기다리기 ?
  이름 ▾ 를 대답 (으)로 정하기 ?
  제 나이를 정해주세요. 을(를) 묻고 대답 기다리기 ?
  나이 ▾ 를 대답 (으)로 정하기 ?
  캐릭터 설정 ▾ 신호 보내기
```

```
📡 캐릭터 설정 ▾ 신호를 받았을 때
  제 이름은 과(와) 이름 ▾ 값 를 합치기 과(와) 이고, 를 합치기 을(를) 2 초 동안 말하기 ▾
  나이는 과(와) 나이 ▾ 값 를 합치기 과(와) 살이군요. 를 합치기 을(를) 2 초 동안 말하기 ▾
  1 초 기다리기
  크기를 나이 ▾ 값 x 2 만큼 바꾸기
```

※ 변수 '이름', 나이'를 만들어 코드를 작성합니다.

.... **Tip**

〈정보 입력받기〉 완성하기
- "제 이름을 정해주세요."를 묻고 대답을 기다린 후, (대답)의 값을 변수 '이름'에 저장합니다.
- "제 나이를 정해주세요."를 묻고 대답을 기다린 후, (대답)의 값을 변수 '나이'에 저장합니다.

〈캐릭터 설정하기〉 완성하기
- 합치기 블록 두 개를 가져와 값을 넣을 수 있는 칸을 세 개로 만듭니다. "제 이름은 "이라고 입력하고, 변수 '이름'값 블록을 가져와 연결합니다. 그리고 "이고,"라고 입력하고, 2초로 수정합니다.
- 합치기 블록 두 개를 가져와 값을 넣을 수 있는 칸을 세 개로 만듭니다. "나이는 "이라고 입력하고, 변수 '나이'값 블록을 가져와 연결합니다. 그리고 "살이군요."라고 입력하고, 2초로 수정합니다.
- 1초 기다린 후, [계산] 카테고리에서 곱하기 블록을 가져와 '나이' 값의 2배만큼 크기를 바꿉니다. 즉, '나이'값이 클수록 원숭이 오브젝트의 크기도 커집니다.

야구공 오브젝트

```
시작하기 버튼을 클릭했을 때
x: -20 y: -90 위치로 이동하기
모양 숨기기
3 번 반복하기
    0.1 초 기다리기
    자신 ▼ 의 복제본 만들기
    x 좌표를 100 만큼 바꾸기
```

```
복제본이 처음 생성되었을때
모양 보이기
계속 반복하기
    만일 마우스를 클릭했는가? 그리고 ▼ 마우스포인터 ▼ 에 닿았는가? (이)라면
        1 초 동안 바구니 ▼ 위치로 이동하기
        모양 숨기기
        정리 ▼ 신호 보내기
```

바구니 오브젝트

```
시작하기 버튼을 클릭했을 때
공 개수 ▼ 를 0 (으)로 정하기
```

```
정리 ▼ 신호를 받았을 때
공 개수 ▼ 에 1 만큼 더하기
만일 공 개수 ▼ 값 = 3 (이)라면
    공 정리 완료! 을(를) 2 초 동안 말하기 ▼
```

※ 변수 '공 개수', 신호 '정리'를 만들어 코드를 작성합니다.

·· **Tip**

복제된 '야구공'을 마우스로 클릭하면 '바구니' 위치로 이동한 후 모양을 숨기고 '정리' 신호를 보냅니다. 바구니는 '정리' 신호를 받았을 때마다 변수 '공 개수'를 1만큼 증가시킵니다. '공 개수' 값이 3이 되면 "공 정리 완료!"라고 2초 동안 말합니다.

🤖 로봇 오브젝트

```
▶ 시작하기 버튼을 클릭했을 때
    3 번 반복하기 ∧
        1 부터 20 사이의 무작위 수 항목을 수 목록▼ 에 추가하기 ?
    리스트 수 목록▼ 숨기기 ?
    기억력 테스트입니다. 을(를) 2 초 동안 말하기▼ ✦
    수 목록 리스트가 보이면 리스트에 저장된 수를 기억하여 입력해 주세요. 을(를) 4 초 동안 말하기▼ ✦
    리스트 수 목록▼ 보이기 ?
    3 초 기다리기 ∧
    리스트 수 목록▼ 숨기기 ?
    수 목록 리스트에 저장된 수 중 하나를 입력해 주세요. 을(를) 묻고 대답 기다리기 ?
    만일 < 수 목록▼ 에 대답 이 포함되어 있는가? > (이)라면 ∧
        맞췄습니다. 기억력이 좋으시군요. 을(를) 2 초 동안 말하기▼ ✦
    아니면
        틀렸습니다. 기억력이 나쁘시군요. 을(를) 2 초 동안 말하기▼ ✦
```

※ 리스트 '수 목록'을 만들어 코드를 작성합니다.

·· Tip

리스트 '수 목록'에 1부터 20 사이의 무작위 수를 항목으로 추가하기를 3번 반복합니다. 추가된 항목들을 3초 동안 보인 후 숨기고, 기억해 둔 '수 목록' 리스트 항목 중 하나를 입력하라고 합니다. 입력창에 입력하여 (대답)에 저장된 값을 가지고 판단합니다. 만약 (대답)의 값이 '수 목록' 항목 중 있으면 "맞췄습니다. 기억력이 좋으시군요."라고 2초 동안 말하고, 아니면 "틀렸습니다. 기억력이 나쁘시군요."라고 2초 동안 말합니다.

리스트의 보이기, 숨기기 블록 및 항목 추가하기, 리스트에 ~값이 포함되어 있는지 확인하는 명령 블록들을 사용할 수 있도록 익혀두도록 합니다.

PART 05

출제예상문제(3급) 풀어보기

출제예상문제 01회 3급

과목 1 알고리즘 설계

문제 01 무당벌레가 원을 그리며 돌도록 〈조건〉에 맞게 코딩하시오. (10점)

〈조건〉

– 엔트리 프로그램 화면 [블록 꾸러미]에서 필요한 블록을 가져다 사용한다.

– 아래 〈원 그리기〉 순서도를 참고하여 블록을 완성한다.

– ▶시작하기 버튼을 클릭하면 무당벌레는 돌면서 〈원 그리기〉를 한다.

〈원 그리기〉

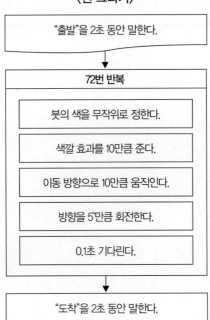

"출발"을 2초 동안 말한다.

72번 반복
  붓의 색을 무작위로 정한다.
  색깔 효과를 10만큼 준다.
  이동 방향으로 10만큼 움직인다.
  방향을 5°만큼 회전한다.
  0.1초 기다린다.

"도착"을 2초 동안 말한다.

보물상자에 암호를 입력하여 보물 획득 여부를 확인하도록 〈조건〉에 맞게 코딩하시오. (10점)

〈조건〉

– 엔트리 프로그램 화면 [블록 꾸러미]에서 필요한 블록을 가져다 사용한다.
– 아래 **〈보물상자 열기〉** 순서도를 참고하여 블록을 완성한다.

– ▶시작하기 버튼을 클릭하면 보물상자는 닫혀있고, 보물상자를 클릭했을 때 **〈보물상자 열기〉** 를 하여 보물 획득 여부를 확인한다.

〈보물상자 열기〉

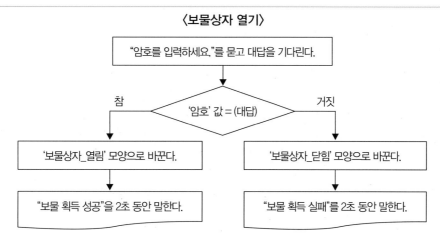

과목 2 프로그래밍 설계

문제 03   마법사가 사라지는 마술을 하도록 〈조건〉에 맞게 코딩하시오. (10점)

〈조건〉

– 엔트리 프로그램 화면 [블록 조립소]에 주어진 명령어 블록만을 모두 사용한다.

– ▶시작하기 버튼을 클릭하면 마법사는 "사라지는 마술을 시작합니다."를 2초 동안 말하고 마술을 진행한다.
   (1) "모자야 와라~"를 2초 동안 말하고, '와라' 신호를 보내고 기다린다.
   (2) 모양을 숨기고, 2초 기다리고 '가라' 신호를 보내고 기다린다.
   (3) 모양을 보이고, "다시 나타납니다."를 2초 동안 말한다.
– 모자는 '와라' 신호를 받았을 때 2초 동안 마법사 위치로 이동한다.
– 모자는 '가라' 신호를 받았을 때 2초 동안 x 좌표 140 y 좌표 −70 위치로 이동한다.

눈 내리는 풍경을 만들도록 〈조건〉에 맞게 코딩하시오. (10점)

〈조건〉

– 엔트리 프로그램 화면 [블록 조립소]에 주어진 명령어 블록만을 모두 사용한다.

– ▶시작하기 버튼을 클릭하면 눈사람은 '눈의 양' 변수를 0으로 정하고 계속 반복하여 (1)을 한다.
  (1) 만일 ('눈의 양' 값 = 10)이라면 "눈이 많이 온다～"를 2초 동안 말한다.
– ▶시작하기 버튼을 클릭하면 눈송이는 모든 붓을 지우고, 계속 반복하여 마우스 포인터 위치로 이동한다.
– 눈송이를 클릭했을 때 도장 찍기를 하고, '눈의 양'에 1만큼 더한다.

문제 O5 열기구를 움직이도록 〈조건〉에 맞게 코딩하시오. (10점)

〈조건〉

– 엔트리 프로그램 화면 [블록 조립소]에 주어진 명령어 블록만을 모두 사용한다.

– ▶시작하기 버튼을 클릭하면 열기구는 x 좌표 0 y 좌표 −50 위치로 이동한다.
– 열기구는 왼쪽 화살표 키를 눌렀을 때 x 좌표를 −10만큼 바꾼다.
– 열기구는 오른쪽 화살표 키를 눌렀을 때 x 좌표를 10만큼 바꾼다.
– 열기구는 아래쪽 화살표 키를 눌렀을 때 y 좌표를 −10만큼 바꾼다.
– 열기구는 위쪽 화살표 키를 눌렀을 때 y 좌표를 10만큼 바꾸고, 만일 벽에 닿았는가?라면 (1)을 한다.
  (1) y 좌표를 −10만큼 바꾸고, "더 올라가면 위험해요."를 2초 동안 말한다.

문제 O6 로봇이 홀수 또는 짝수를 판별하여 말하도록 〈조건〉에 맞게 코딩하시오. (10점)

〈조건〉

– 엔트리 프로그램 화면 [블록 꾸러미]에서 필요한 블록을 가져다 사용한다.
– 아래 〈수 판별하기〉 미완성 블록을 완성한다.

– 로봇은 "수를 입력하세요."를 묻고 대답 기다리고, 입력받은 수에 대해 홀수 또는 짝수를 판별하여 말하도록
  〈수 판별하기〉를 한다.
  (1) 만일 ((대답)/2의 나머지 = 1)이라면 (대답)과 "는(은) 홀수입니다."를 합쳐 2초 동안 말한다.
  (2) 아니면 (대답)과 "는(은) 짝수입니다."를 합쳐 2초 동안 말한다.

곰이 마늘을 먹고 사람으로 변하도록 〈조건〉에 맞게 코딩하시오. (20점)

〈조건〉

– 엔트리 프로그램 화면 [블록 꾸러미]에서 필요한 블록을 가져다 사용한다.

– ▶ 시작하기 버튼을 클릭하면 곰은 '생명' 변수를 0으로 정하고 곰 모양으로 바꾼다.
– 마늘을 클릭했을 때 자신의 복제본을 만든다.
– 마늘은 복제본이 처음 생성되었을 때 계속 반복하여 (1) ~ (2)를 한다.
  (1) 마우스 포인터 위치로 이동한다.
  (2) 만일 곰에 닿았는가?라면 '먹기' 신호를 보내고 기다리고 모양을 숨긴다.
– 곰은 '먹기' 신호를 받았을 때 (1) ~ (2)를 한다.
  (1) '생명'에 1만큼 더한다.
  (2) 만일 ('생명' 값 〉 4)라면 1초 기다리고 사람 모양으로 바꾼다.

떨어지는 별을 잡을 수 있도록 〈조건〉에 맞게 코딩하시오. (20점)

〈조건〉

– 엔트리 프로그램 화면 [블록 꾸러미]에서 필요한 블록을 가져다 사용한다.

– ▶ 시작하기 버튼을 클릭하면 별은 '개수' 변수를 0으로 정하고, 모양을 숨기고, 계속 반복하여 (1)을 한다.
  (1) 0.5초 기다리고, 자신의 복제본을 만든다.
– 별은 복제본이 처음 생성되었을 때 랜덤 위치에서 나타나 아래로 떨어진다.
  (1) x 좌표 –220부터 220 사이의 무작위 수, y 좌표 100 위치로 이동하고, 모양을 보인다.
  (2) 벽에 닿았는가?가 될 때까지 반복하여 y 좌표를 –3만큼 바꾸기를 한다.
  (3) 이 복제본을 삭제한다.
– 별은 복제본이 처음 생성되었을 때 계속 반복하여 (1) ~ (2)를 한다.
  (1) 만일 마우스를 클릭했는가? 그리고 마우스 포인터에 닿았는가?라면 '개수'에 1만큼 더하고 이 복제본을 삭제한다.
  (2) 만일 ('개수' 값 = 10)이라면 "별 따기 성공!"을 1초 동안 말하고 모든 코드를 멈춘다.

시험 종료 전

• 본인의 수험번호–성명 폴더 내에 작업한 답안 파일이 정상적으로 저장되었는지 확인합니다.
  → 시험 종료 후, 감독관이 답안 파일을 수거합니다.
• 수험번호, 성명을 잘못 기재하였거나, 답안 파일을 잘못 저장하여 발생한 문제나 불이익에 대한 일체의 책임은 수험자에게 있습니다.
• 감독관의 안내에 따라 시험지를 제출하고 퇴실합니다.

문제 01

🐞 **무당벌레 오브젝트 : <원 그리기>**

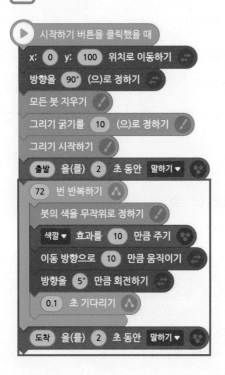

시작하기 버튼을 클릭했을 때
x: 0 y: 100 위치로 이동하기
방향을 90° (으)로 정하기
모든 붓 지우기
그리기 굵기를 10 (으)로 정하기
그리기 시작하기
출발 을(를) 2 초 동안 말하기▼
72 번 반복하기
　붓의 색을 무작위로 정하기
　색깔▼ 효과를 10 만큼 주기
　이동 방향으로 10 만큼 움직이기
　방향을 5° 만큼 회전하기
　0.1 초 기다리기
도착 을(를) 2 초 동안 말하기▼

Tip

<원 그리기>
무당벌레는 붓 기능을 이용하여 **<원 그리기>**를 합니다. 이때 방향을 5°만큼 회전하기를 72번 반복하면 360°를 회전하게 되어 원을 완성할 수 있습니다.

🗄 보물상자 오브젝트 : 〈보물상자 열기〉

시작하기 버튼을 클릭했을 때
- 보물상자_닫힘 ▼ 모양으로 바꾸기
- 암호 ▼ 를 1234 (으)로 정하기 ❓
- 변수 암호 ▼ 숨기기 ❓

오브젝트를 클릭했을 때
- 암호를 입력하세요. 을(를) 묻고 대답 기다리기 ❓
- 만일 〈 암호 ▼ 값 = 대답 〉 (이)라면 ⋀
  - 보물 획득 성공 을(를) 2 초 동안 말하기 ▼ 💬
  - 보물상자_열림 ▼ 모양으로 바꾸기 💬
- 아니면
  - 보물 획득 실패 을(를) 2 초 동안 말하기 ▼ 💬
  - 보물상자_닫힘 ▼ 모양으로 바꾸기 💬

·· **Tip**

〈보물상자 열기〉
보물상자는 묻고 대답 기다리기 기능을 이용하여 **〈보물상자 열기〉**를 합니다. 암호를 입력받은 내용은 '대답'에 저장되므로,
변수 '암호' 값과 '대답'의 내용을 비교하여 참인 경우 보물 획득에 성공합니다.

문제 03 ···

🎩 모자 오브젝트

와라 ▼ 신호를 받았을 때
- 2 초 동안 마법사 ▼ 위치로 이동하기 ↔

가라 ▼ 신호를 받았을 때
- 2 초 동안 x: 140 y: -70 위치로 이동하기 ↔

🧙 마법사 오브젝트

시작하기 버튼을 클릭했을 때
- 사라지는 마술을 시작합니다. 을(를) 2 초 동안 말하기 ▼ 💬
- 모자야 와라~ 을(를) 2 초 동안 말하기 ▼ 💬
- 와라 ▼ 신호 보내고 기다리기 🚩
- 모양 숨기기 💬
- 2 초 기다리기 ⋀
- 가라 ▼ 신호 보내고 기다리기 🚩
- 모양 보이기 💬
- 다시 나타납니다. 을(를) 2 초 동안 말하기 ▼ 💬

눈사람 오브젝트

시작하기 버튼을 클릭했을 때
눈의 양▼ 를 0 (으)로 정하기 ?
계속 반복하기 ∧
만일 〈 눈의 양▼ 값 = 10 〉 (이)라면 ∧
눈이 많이 온다~ 을(를) 2 초 동안 말하기▼ 🗨

눈송이 오브젝트

시작하기 버튼을 클릭했을 때
모든 붓 지우기 🖊
계속 반복하기 ∧
마우스포인터▼ 위치로 이동하기 ⇄

오브젝트를 클릭했을 때
도장 찍기 🖊
눈의 양▼ 에 1 만큼 더하기 ?

문제 05 ······

열기구 오브젝트

시작하기 버튼을 클릭했을 때
x: 0 y: -50 위치로 이동하기 ⇄

왼쪽 화살표▼ 키를 눌렀을 때
x 좌표를 -10 만큼 바꾸기 ⇄

오른쪽 화살표▼ 키를 눌렀을 때
x 좌표를 10 만큼 바꾸기 ⇄

아래쪽 화살표▼ 키를 눌렀을 때
y 좌표를 -10 만큼 바꾸기 ⇄

위쪽 화살표▼ 키를 눌렀을 때
y 좌표를 10 만큼 바꾸기 ⇄
만일 〈 벽▼ 에 닿았는가? 〉 (이)라면 ∧
y 좌표를 -10 만큼 바꾸기 ⇄
더 올라가면 위험해요. 을(를) 2 초 동안 말하기▼ 🗨

🤖 로봇 오브젝트 : 〈수 판별하기〉

```
▶ 시작하기 버튼을 클릭했을 때
  숫자를 입력하면 홀수 짝수를 판별해 줍니다. 을(를) 2 초 동안 말하기▼
  수를 입력하세요. 을(를) 묻고 대답 기다리기 ?
  만일 〈 대답 / 2 의 나머지▼ = 1 〉 (이)라면 ∧
    대답 과(와) 는(은) 홀수입니다. 를 합치기 을(를) 2 초 동안 말하기▼
  아니면
    대답 과(와) 는(은) 짝수입니다. 를 합치기 을(를) 2 초 동안 말하기▼
```

.... **Tip**

〈수 판별하기〉

로봇은 입력된 숫자가 홀수인지 짝수인지 판단하도록 **〈수 판별하기〉**를 합니다. 입력된 수인 ('대답'을 2로 나눈 나머지)가 1인 경우에는 홀수를, 0이 나온 경우에는 짝수입니다.

🧄 마늘 오브젝트

```
● 오브젝트를 클릭했을 때
  자신▼ 의 복제본 만들기 ∧

👤 복제본이 처음 생성되었을때
  계속 반복하기 ∧
    마우스포인터▼ 위치로 이동하기
    만일 〈 곰▼ 에 닿았는가? 〉 (이)라면 ∧
      먹기▼ 신호 보내고 기다리기 🏁
      모양 숨기기
```

🐻 곰 오브젝트

```
▶ 시작하기 버튼을 클릭했을 때
  생명▼ 를 0 (으)로 정하기 ?
  곰▼ 모양으로 바꾸기

🎯 먹기▼ 신호를 받았을 때
  생명▼ 에 1 만큼 더하기 ?
  만일 〈 생명▼ 값 > 4 〉 (이)라면 ∧
    1 초 기다리기 ∧
    사람▼ 모양으로 바꾸기
```

★ 별 오브젝트

▶ 시작하기 버튼을 클릭했을 때
개수 ▼ 를 0 (으)로 정하기 ?
모양 숨기기 ✕
계속 반복하기 ∧
 0.5 초 기다리기 ∧
 자신 ▼ 의 복제본 만들기 ∧

👤 복제본이 처음 생성되었을때
x: -220 부터 220 사이의 무작위 수 y: 100 위치로 이동하기 ⟲
모양 보이기 ✕
벽 ▼ 에 닿았는가? 이 될 때까지 ▼ 반복하기 ∧
y 좌표를 -3 만큼 바꾸기 ⟲

이 복제본 삭제하기 ∧

👤 복제본이 처음 생성되었을때
계속 반복하기 ∧
 만일 마우스를 클릭했는가? 그리고 ▼ 마우스포인터 ▼ 에 닿았는가? (이)라면 ∧
  개수 ▼ 에 1 만큼 더하기 ?
  이 복제본 삭제하기 ∧

 만일 개수 ▼ 값 = 10 (이)라면 ∧
  별 따기 성공! 을(를) 1 초 동안 말하기 ▼ ✕
  모든 ▼ 코드 멈추기 ∧

출제예상문제 02회 3급

과목 1 알고리즘 설계

문제 01 버스 교통 요금을 안내하도록 〈조건〉에 맞게 코딩하시오. (10점)

〈조건〉

– 엔트리 프로그램 화면 [블록 꾸러미]에서 필요한 블록을 가져다 사용한다.
– 아래 **〈교통 요금 내기〉** 순서도를 참고하여 블록을 완성한다.
– ▶ 시작하기 버튼을 클릭하면 파란버스는 버스정류장에 닿을 때까지 이동하고 **〈교통 요금 내기〉**를 한다.

〈교통 요금 내기〉

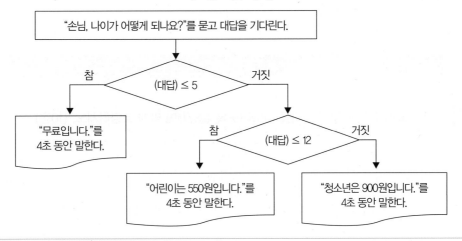

암탉이 부르면 병아리가 가도록 〈조건〉에 맞게 코딩하시오. (10점)

〈조건〉

– 엔트리 프로그램 화면 [블록 꾸러미]에서 필요한 블록을 가져다 사용한다.
– 아래 〈**병아리 부르기**〉와 〈**병아리 움직이기**〉 순서도를 참고하여 블록을 완성한다.

– ▶ 시작하기 버튼을 클릭하면 암탉은 〈**병아리 부르기**〉를 한다.
– 병아리는 '모여라' 신호를 받았을 때 〈**병아리 움직이기**〉를 한다.

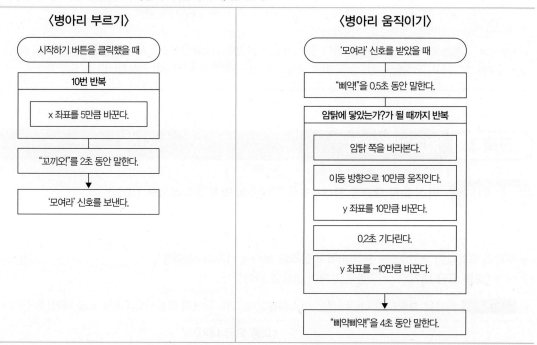

과목 2   프로그래밍 설계

문제 03   학급 회장 선거의 투표 결과를 나타내도록 〈조건〉에 맞게 코딩하시오. (10점)

〈조건〉

– 엔트리 프로그램 화면 [블록 조립소]에 주어진 명령어 블록만을 모두 사용한다.

– ▶ 시작하기 버튼을 클릭하면 엔트리봇은 "학급 회장 선거 개표를 시작하겠습니다."를 4초 동안 말한다.
– 투표함은 오브젝트를 클릭했을 때 (1) ~ (3)을 한다.
  (1) '이서율득표수' 변수와 '이승재득표수' 변수를 보이도록 한다.
  (2) '이서율득표수'를 0부터 30 사이의 무작위 수로 정하고 '이승재득표수'를 0부터 30 사이의 무작위 수로 정한다.
  (3) '학급회장선거결과' 신호를 보낸다.
– 엔트리봇은 '학급회장선거결과' 신호를 받았을 때 2초 기다리고, 계속 반복하여 (1) ~ (2)를 한다.
  (1) 만일 ('이서율득표수' 값 > '이승재득표수' 값)이라면 "이서율 학생이 학급 회장이 되었습니다."를 4초 동안 말한다.
  (2) 아니면 (2–1) ~ (2–2)를 한다.
    (2–1) 만일 ('이서율득표수' 값 < 이승재득표수' 값)이라면 "이승재 학생이 학급 회장이 되었습니다."를 4초 동안 말한다.
    (2–2) 아니면 "동점이므로 다시 투표 하겠습니다."를 4초 동안 말한다.

문제 04　아이가 횡단보도를 건너고 신호가 바뀌면 택시가 움직이도록 〈조건〉에 맞게 코딩하시오. (10점)

〈조건〉

– 엔트리 프로그램 화면 [블록 조립소]에 주어진 명령어 블록만을 모두 사용한다.

– **▶ 시작하기** 버튼을 클릭하면 아이는 "길을 건너자."를 1초 동안 말한다.
– 아이는 80번 반복하며 y 좌표를 −1만큼 바꾼다.
– **▶ 시작하기** 버튼을 클릭하면 택시는 (1) ∼ (3)을 한다.
　(1) x 좌표 −190 y 좌표 −45 위치로 이동한다.
　(2) (차량신호등까지의 거리 〈 80)이 될 때까지 (2-1)을 반복한다.
　　　(2-1) x 좌표를 2만큼 바꾼다.
　(3) 2초 기다리고, '출발' 신호를 보낸다.
– 택시는 '출발' 신호를 받았을 때 (1)을 계속 반복한다.
　(1) x 좌표를 2만큼 바꾼다.
– **▶ 시작하기** 버튼을 클릭하면 차량신호등은 '빨강신호등' 모양으로 바꾼다.
– 차량신호등은 '출발' 신호를 받았을 때 '초록신호등' 모양으로 바꾼다.

문제 05　떨어지는 사과를 아이가 받도록 〈조건〉에 맞게 코딩하시오. (10점)

〈조건〉

– 엔트리 프로그램 화면 [블록 조립소]에 주어진 명령어 블록만을 모두 사용한다.

– **▶ 시작하기** 버튼을 클릭하면 아이는 계속 반복하여 (1) ∼ (2)를 한다.
　(1) 오른쪽 화살표 키가 눌러져 있는가?라면 x 좌표를 2만큼 바꾼다.
　(2) 왼쪽 화살표 키가 눌러져 있는가?라면 x 좌표를 −2만큼 바꾼다.
– **▶ 시작하기** 버튼을 클릭하면 바구니는 계속 반복하여 (1)을 한다.
　(1) 아이 위치로 이동한다.
– **▶ 시작하기** 버튼을 클릭하면 사과는 (1) ∼ (3)을 한다.
　(1) x 좌표 −100부터 100 사이의 무작위 수, y 좌표 100 위치로 이동한다.
　(2) '사과개수' 변수를 0으로 정한다.
　(3) ('사과개수' 값 = 10)이 될 때까지 반복하여 (3-1) ∼ (3-3)을 한다.
　　　(3-1) y 좌표를 −3만큼 바꾼다.
　　　(3-2) 만일 바구니에 닿았는가?라면 '사과개수'에 1만큼 더한다.
　　　(3-3) 만일 (바구니에 닿았는가? 또는 벽에 닿았는가?)라면 x 좌표 −100부터 100 사이의 무작위 수, y 좌표 −100 위치로 이동한다.
– **▶ 시작하기** 버튼을 클릭하면 아이는 (1) ∼ (2)를 한다.
　(1) ('사과개수' 값 = 10)이 될 때까지 기다린다.
　(2) "'내가 딴 사과의 개수는'과 ('사과개수' 값)을 합치기"를 4초 동안 말한다.

문제 06 말이 깃발로 달려가도록 〈조건〉에 맞게 코딩하시오. (10점)

〈조건〉

— 엔트리 프로그램 화면 [블록 꾸러미]에서 필요한 블록을 가져다 사용한다.
— 아래 **〈말 달리기〉**, **〈깃발로 달려가기〉** 미완성 블록을 완성한다.

— ▶시작하기 버튼을 클릭하면 **〈말 달리기〉**를 한다.
  (1) 말은 크기를 100으로 정하고 계속 반복하여 (1-1) ～ (1-2)를 한다.
    (1-1) 말1 모양으로 바꾸고 0.2초를 기다린다.
    (1-2) 말2 모양으로 바꾸고 0.2초를 기다린다.
— 말은 스페이스 키를 눌렀을 때 **〈깃발로 달려가기〉**를 한다.
  (1) 깃발 쪽을 바라본다.
  (2) 깃발에 닿았는가?가 될 때까지 (2-1)를 반복한다.
    (2-1) 이동 방향으로 2만큼 움직이고 크기를 -0.3만큼 바꾼다.
  (3) "도착!"을 말하고, 자신의 다른 코드를 멈춘다.

문제 07 밤하늘에 큰별이 나타나고 별똥별이 떨어지도록 〈조건〉에 맞게 코딩하시오. (20점)

〈조건〉

— 엔트리 프로그램 화면 [블록 꾸러미]에서 필요한 블록을 가져다 사용한다.

— ▶시작하기 버튼을 클릭하면 큰별은 (1) ～ (3)를 한다.
  (1) 모양을 숨기고, 7번 반복하여 (1-1)을 한다.
    (1-1) 자신의 복제본을 만들고, 1초 기다린다.
  (2) '별똥별' 신호를 보낸다.
  (3) 1초 기다리고, 모든 복제본을 삭제한다.
— 큰별은 복제본이 처음 생성되었을 때 (1) ～ (2)를 한다.
  (1) x 좌표 -200부터 200 사이의 무작위 수, y 좌표 -120부터 120 사이의 무작위 수 위치로 이동한다.
  (2) 모양을 보이고, 색깔 효과를 1부터 50 사이의 무작위 수만큼 준다.
— ▶시작하기 버튼을 클릭하면 별똥별은 모양을 숨긴다.
— 별똥별은 '별똥별' 신호를 받았을 때 (1) ～ (3)을 한다.
  (1) 모양을 보인다.
  (2) 아래쪽 벽에 닿을 때까지 (2-1)을 반복한다.
    (2-1) 이동 방향으로 10만큼 움직인다.
  (3) 모양을 숨긴다.

소년이 고양이와 놀도록 〈조건〉에 맞게 코딩하시오. (20점)

〈조건〉

− 엔트리 프로그램 화면 [블록 꾸러미]에서 필요한 블록을 가져다 사용한다.

− ▶시작하기 버튼을 클릭하면 소년은 (1) ～ (3)를 한다.

  (1) "털이 하얀 크리미와 밤색인 브라운! 어느 고양이랑 놀까? (크리미 또는 브라운)"을 묻고 대답 기다린다.

  (2) 만일 ('대답' = 크리미)라면 (2–1) ～ (2–2)를 한다.

    (2–1) 2초 동안 x 좌표 (크리미의 x 좌푯값), y 좌표 (크리미의 y 좌푯값) 위치로 이동한다.

    (2–2) '크리미랑' 신호를 보내고, "크리미야 놀자!"를 4초 동안 말한다.

  (3) 만일 ('대답' = 브라운)이라면 (3–1) ～ (3–2)를 한다.

    (3–1) 2초 동안 x 좌표 (브라운의 x 좌푯값), y 좌표 (브라운의 y 좌푯값) 위치로 이동한다.

    (3–2) '브라운이랑' 신호를 보내고, "브라운아 놀자!"를 4초 동안 말한다.

− ▶시작하기 버튼을 클릭하면 크리미는 x 좌표 −160 y 좌표 −90 위치로 이동한다.

− 크리미는 '크리미랑' 신호를 받았을 때 2번 반복하여 (1) ～ (2)를 한다.

  (1) 15번 반복하여 y 좌표를 3만큼 바꾼다.

  (2) 15번 반복하여 y 좌표를 −3만큼 바꾼다.

− ▶시작하기 버튼을 클릭하면 브라운은 x 좌표 160 y 좌표 −90 위치로 이동한다.

− 브라운은 '브라운이랑' 신호를 받았을 때 3번 반복하여 (1) ～ (2)를 한다.

  (1) 15번 반복하여 x 좌표를 −2만큼 바꾼다.

  (2) 15번 반복하여 x 좌표를 2만큼 바꾼다.

시험 종료 전

- 본인의 수험번호–성명 폴더 내에 작업한 답안 파일이 정상적으로 저장되었는지 확인합니다.
  → 시험 종료 후, 감독관이 답안 파일을 수거합니다.
- 수험번호, 성명을 잘못 기재하였거나, 답안 파일을 잘못 저장하여 발생한 문제나 불이익에 대한 일체의 책임은 수험자에게 있습니다.
- 감독관의 안내에 따라 시험지를 제출하고 퇴실합니다.

문제 01

🚌 파란버스 오브젝트 : <교통 요금 내기>

```
▶ 시작하기 버튼을 클릭했을 때
    버스정류장 ▼ 에 닿았는가? 이 될 때까지 ▼ 반복하기 ⟳
        x 좌표를 -3 만큼 바꾸기 ⇄

    손님, 나이가 어떻게 되나요? 을(를) 묻고 대답 기다리기 ?
    만일 대답 ≤ 5 (이)라면 ⋀
        무료입니다. 을(를) 4 초 동안 말하기 ▼ ☺
    아니면
        만일 대답 ≤ 12 (이)라면 ⋀
            어린이는 550원입니다. 을(를) 4 초 동안 말하기 ▼ ☺
        아니면
            청소년은 900원입니다. 을(를) 4 초 동안 말하기 ▼ ☺
```

.... **Tip**

<교통 요금 내기>
파란버스가 버스정류장에 닿을 때까지 이동하고, **<교통 요금 내기>**에서 입력한 손님의 나이에 맞게 교통 요금을 말합니다.
이때 묻고 대답 기다리기 블록의 대답 블록과 나이를 비교하여 무료, 어린이, 청소년 교통 요금을 안내해줍니다.

암탉 오브젝트 : ⟨병아리 부르기⟩

 병아리 오브젝트 : ⟨병아리 움직이기⟩

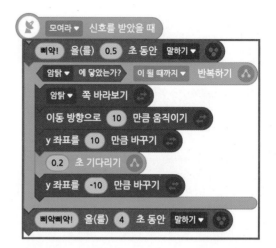

Tip

⟨병아리 부르기⟩

암탉이 ⟨**병아리 부르기**⟩에서 오른쪽으로 움직여서 "꼬끼오!"를 말하고 '모여라' 신호를 보냅니다.

⟨병아리 움직이기⟩

암탉의 '모여라' 신호를 받은 병아리는 "삐약!"이라고 응답하고, 암탉이 있는 곳으로 폴짝폴짝 뛰며 이동합니다.

🤖 엔트리봇 오브젝트

▶ 시작하기 버튼을 클릭했을 때
학급 회장 선거 개표를 시작하겠습니다. 을(를) 4 초 동안 말하기 ▼ 😊

📡 학급회장선거결과 ▼ 신호를 받았을 때
2 초 기다리기
계속 반복하기
　만일 〈 이서율득표수 ▼ 값 〉 이승재득표수 ▼ 값 〉 (이)라면
　　이서율 학생이 학급 회장이 되었습니다. 을(를) 4 초 동안 말하기 ▼
　아니면
　　만일 〈 이서율득표수 ▼ 값 〈 이승재득표수 ▼ 값 〉 (이)라면
　　　이승재 학생이 학급 회장이 되었습니다. 을(를) 4 초 동안 말하기 ▼
　　아니면
　　　동점이므로 다시 투표 하겠습니다. 을(를) 4 초 동안 말하기 ▼

📦 투표함 오브젝트

🔘 오브젝트를 클릭했을 때
변수 이서율득표수 ▼ 보이기 ❓
변수 이승재득표수 ▼ 보이기 ❓
이서율득표수 ▼ 를 0 부터 30 사이의 무작위 수 (으)로 정하기 ❓
이승재득표수 ▼ 를 0 부터 30 사이의 무작위 수 (으)로 정하기 ❓
학급회장선거결과 ▼ 신호 보내기 🚩

문제 04

🧒 아이 오브젝트

- 시작하기 버튼을 클릭했을 때
  - 길을 건너자. 을(를) 1 초 동안 말하기 ▼
  - 80 번 반복하기
    - y 좌표를 -1 만큼 바꾸기

🚕 택시 오브젝트

- 시작하기 버튼을 클릭했을 때
  - x: -190 y: -45 위치로 이동하기
  - 차량신호등 ▼ 까지의 거리 < 80 이 될 때까지 ▼ 반복하기
    - x 좌표를 2 만큼 바꾸기
  - 2 초 기다리기
  - 출발 ▼ 신호 보내기

- 출발 ▼ 신호를 받았을 때
  - 계속 반복하기
    - x 좌표를 2 만큼 바꾸기

🚦 차량신호등 오브젝트

- 시작하기 버튼을 클릭했을 때
  - 빨강신호등 ▼ 모양으로 바꾸기

- 출발 ▼ 신호를 받았을 때
  - 초록신호등 ▼ 모양으로 바꾸기

👧 아이 오브젝트

```
시작하기 버튼을 클릭했을 때
계속 반복하기
    만일  오른쪽 화살표 ▾ 키가 눌러져 있는가?  (이)라면
        x 좌표를  2  만큼 바꾸기
    만일  왼쪽 화살표 ▾ 키가 눌러져 있는가?  (이)라면
        x 좌표를  -2  만큼 바꾸기
```

```
시작하기 버튼을 클릭했을 때
사과개수 ▾ 값  =  10  이(가) 될 때까지 기다리기
내가 딴 사과의 갯수는  과(와)  사과개수 ▾ 값  를 합치기  을(를)  4  초 동안  말하기 ▾
```

⬛ 바구니 오브젝트

```
시작하기 버튼을 클릭했을 때
계속 반복하기
    아이 ▾ 위치로 이동하기
```

🍎 사과 오브젝트

```
시작하기 버튼을 클릭했을 때
x:  -100  부터  100  사이의 무작위 수  y:  100  위치로 이동하기
사과개수 ▾ 를  0  (으)로 정하기
사과개수 ▾ 값  =  10  이 될 때까지 ▾ 반복하기
    y 좌표를  -3  만큼 바꾸기
    만일  바구니 ▾ 에 닿았는가?  (이)라면
        사과개수 ▾ 에  1  만큼 더하기
    만일  바구니 ▾ 에 닿았는가?  또는 ▾  벽 ▾ 에 닿았는가?  (이)라면
        x:  -100  부터  100  사이의 무작위 수  y:  100  위치로 이동하기
```

말 오브젝트

〈말 달리기〉

〈깃발로 달려가기〉

> ▶ 시작하기 버튼을 클릭했을 때
> 크기를 (100) (으)로 정하기
> 계속 반복하기
>> 말1 ▼ 모양으로 바꾸기
>> 0.2 초 기다리기
>> 말2 ▼ 모양으로 바꾸기
>> 0.2 초 기다리기

> ⌨ 스페이스 ▼ 키를 눌렀을 때
> 깃발 ▼ 쪽 바라보기
> 깃발 ▼ 에 닿았는가? 이 될 때까지 ▼ 반복하기
>> 이동 방향으로 2 만큼 움직이기
>> 크기를 -0.3 만큼 바꾸기
> 도착! 을(를) 말하기 ▼
> 자신의 다른 ▼ 코드 멈추기

깃발 오브젝트

> ▶ 시작하기 버튼을 클릭했을 때
> 깃발_노란 ▼ 모양으로 바꾸기
> 계속 반복하기
>> 만일 말 ▼ 에 닿았는가? (이)라면
>>> 깃발_빨간 ▼ 모양으로 바꾸기

·· **Tip**

〈**말 달리기**〉
말이 〈**말 달리기**〉에서 달리는 모양을 나타내도록, 크기를 100으로 정한 후 0.2초마다 말의 모양을 바꾸기를 반복합니다.

〈**깃발로 달려가기**〉
말이 스페이스 키를 누르면 〈**깃발로 달려가기**〉를 합니다. 이때 깃발 쪽을 바라보고 깃발에 닿을 때까지 말의 크기를 줄이며 달려가고, 깃발에 닿으면 "도착!"을 말한 후 말 달리는 모양을 반복하는 코드 블록이 멈추도록 자신의 다른 코드를 멈춥니다.

문제 07

⭐ 큰별 오브젝트

```
▶ 시작하기 버튼을 클릭했을 때
  모양 숨기기
  7 번 반복하기
    자신 ▼ 의 복제본 만들기
    1 초 기다리기

  별똥별 ▼ 신호 보내기
  1 초 기다리기
  모든 복제본 삭제하기
```

```
👤 복제본이 처음 생성되었을때
  x: -200 부터 200 사이의 무작위 수  y: -120 부터 120 사이의 무작위 수  위치로 이동하기
  모양 보이기
  색깔 ▼ 효과를 1 부터 50 사이의 무작위 수 만큼 주기
```

✏️ 별똥별 오브젝트

```
▶ 시작하기 버튼을 클릭했을 때
  모양 숨기기
```

```
🏆 별똥별 ▼ 신호를 받았을 때
  모양 보이기
  아래쪽 벽 ▼ 에 닿았는가? 이 될 때까지 ▼ 반복하기
    이동 방향으로 10 만큼 움직이기
  모양 숨기기
```

소년 오브젝트

- 시작하기 버튼을 클릭했을 때
- 털이 하얀 크리미와 밤색인 브라운! 어느 고양이랑 놀까? (크리미 또는 브라운) 을(를) 묻고 대답 기다리기 ?
- 만일 〈 대답 = 크리미 〉 (이)라면
  - 2 초 동안 x: (크리미 ▼ 의 x 좌푯값 ▼) y: (크리미 ▼ 의 y 좌푯값 ▼) 위치로 이동하기
  - 크리미랑 ▼ 신호 보내기
  - 크리미야 놀자! 을(를) 4 초 동안 말하기 ▼
- 만일 〈 대답 = 브라운 〉 (이)라면
  - 2 초 동안 x: (브라운 ▼ 의 x 좌푯값 ▼) y: (브라운 ▼ 의 y 좌푯값 ▼) 위치로 이동하기
  - 브라운이랑 ▼ 신호 보내기
  - 브라운아 놀자! 을(를) 4 초 동안 말하기 ▼

크리미 오브젝트

- 시작하기 버튼을 클릭했을 때
- x: -160 y: -90 위치로 이동하기

- 크리미랑 ▼ 신호를 받았을 때
- 2 번 반복하기
  - 15 번 반복하기
    - y 좌표를 3 만큼 바꾸기
  - 15 번 반복하기
    - y 좌표를 -3 만큼 바꾸기

브라운 오브젝트

- 시작하기 버튼을 클릭했을 때
- x: 160 y: -90 위치로 이동하기

- 브라운이랑 ▼ 신호를 받았을 때
- 3 번 반복하기
  - 15 번 반복하기
    - x 좌표를 -2 만큼 바꾸기
  - 15 번 반복하기
    - x 좌표를 2 만큼 바꾸기

출제예상문제 03회 3급

프로그래밍 작업 가이드

- Part05₩3회
- 수험번호–성명 폴더를 마우스 오른쪽 버튼으로 클릭한 후, [이름 바꾸기]를 클릭
  → 본인의 수험번호–성명으로 수정하시오.
- 본인의 수험번호–성명으로 수정된 폴더 안의 파일을 문항별로 더블클릭하여 프로그램을 실행합니다.
- 문항별 조건에 따라 작업을 완료하였으면, 파일 〉 저장하기 버튼을 클릭하여 저장합니다.

과목 1 · 알고리즘 설계

문제 01 · 로켓이 화성에 도착하면 우주인이 내리도록 〈조건〉에 맞게 코딩하시오. (10점)

〈조건〉

- 엔트리 프로그램 화면 [블록 꾸러미]에서 필요한 블록을 가져다 사용한다.
- 아래 〈화성으로 날아가기〉, 〈화성 탐사하기〉 순서도를 참고하여 블록을 완성한다.
- 로켓은 스페이스 키를 누르면 〈화성으로 날아가기〉 한다.
- 우주인은 '우주인내리기' 신호를 받았을 때 〈화성 탐사하기〉 한다.

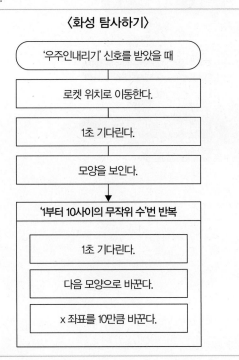

〈화성으로 날아가기〉	〈화성 탐사하기〉
스페이스 키를 눌렀을 때	'우주인내리기' 신호를 받았을 때
태양계–화성 쪽을 바라본다.	로켓 위치로 이동한다.
태양계–화성에 닿았는가?가 될 때까지 반복	1초 기다린다.
이동 방향으로 5만큼 움직인다.	모양을 보인다.
'우주인내리기' 신호를 보낸다.	'1부터 10사이의 무작위 수'번 반복
	1초 기다린다.
	다음 모양으로 바꾼다.
	x 좌표를 10만큼 바꾼다.

소년이 스케이트보드를 타도록 〈조건〉에 맞게 코딩하시오. (10점)

〈조건〉

– 엔트리 프로그램 화면 [블록 꾸러미]에서 필요한 블록을 가져다 사용한다.
– 아래 **〈달려가기〉**와 **〈스케이트보드 타기〉** 순서도를 참고하여 블록을 완성한다.

– 소년은 '달려' 신호를 받았을 때 스케이트보드를 타기 위해 **〈달려가기〉** 한다.
– 스케이트보드는 '달려' 신호를 받았을 때 **〈스케이트보드 타기〉**를 한다.

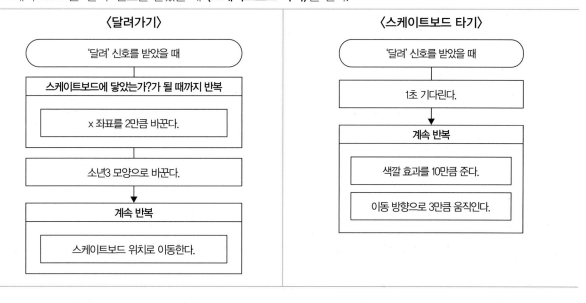

과목 2 프로그래밍 설계

문제 03 소녀가 Up & Down 숫자 퀴즈를 맞추도록 〈조건〉에 맞게 코딩하시오. (10점)

〈조건〉

– 엔트리 프로그램 화면 [블록 조립소]에 주어진 명령어 블록만을 모두 사용한다.

– ▶시작하기 버튼을 클릭하면 소년은 '정답숫자' 변수를 1부터 30 사이의 무작위 수로 정하고, '정답숫자'를 숨기고, '기회' 변수를 5로 정한다.
– 소녀는 "Up & Down, 숫자를 맞춰보세요. 기회는 5번!!!"을 4초 동안 말하고, (1) ~ (3)를 ('기회' 값)번 반복하며, '기회' 값이 0이 되면 "도전 실패!"를 4초 동안 말한다.
  (1) "생각한 숫자를 입력하세요. (1~30)"을 묻고 대답 기다린다.
  (2) 만일 ('정답숫자' 값 〉 '대답')이라면 "Up!"을 4초 동안 말하고 '기회'에 –1만큼 더한다.
  (3) 아니면 (3–1) ~ (3–2)를 한다.
    (3–1) 만일 ('정답숫자' 값 〈 '대답')이라면 "Down!"을 4초 동안 말하고 '기회'에 –1만큼 더한다.
    (3–2) 아니면 만일 ('정답숫자' 값 = '대답')이라면 "정답입니다."를 4초 동안 말하고, 모든 코드를 멈춘다.

동생이 화분에 물을 주도록 〈조건〉에 맞게 코딩하시오. (10점)

〈조건〉

– 엔트리 프로그램 화면 [블록 조립소]에 주어진 명령어 블록만을 모두 사용한다.

– ▶시작하기 버튼을 클릭하면 동생은 (1) ~ (2)를 계속 반복한다.
 (1) 만일 오른쪽 화살표 키가 눌러져있는가?라면 x 좌표를 2만큼 바꾼다.
 (2) 만일 왼쪽 화살표 키가 눌러져 있는가?라면 x 좌표를 –2만큼 바꾼다.
– ▶시작하기 버튼을 클릭하면 물조리개는 '물주기' 변수를 0으로 정하고, 물조리개2 모양으로 바꾸고, (1)을 계속 반복한다.
 (1) 동생 위치로 이동한다.
– 물조리개는 오브젝트를 클릭했을 때 '물주기'에 1만큼 더하고, 물조리개1 모양으로 바꾸고 1초 후 물조리개2 모양으로 바꾼다.
– ▶시작하기 버튼을 클릭하면 화분은 화분1 모양으로 바꾸고, ('물주기' 값 = 3)이 될 때까지 기다리고 화분2 모양으로 바꾼 후 '꽃활짝' 신호를 보낸다.
– 오빠는 '꽃활짝' 신호를 받았을 때 "저기 봐봐~ 꽃이 활짝 피었어!"를 4초 동안 말한다.

문제 05 엔트리봇이 스케이트를 타도록 〈조건〉에 맞게 코딩하시오. (10점)

〈조건〉

– 엔트리 프로그램 화면 [블록 조립소]에 주어진 명령어 블록만을 모두 사용한다.

– ▶시작하기 버튼을 클릭하면 엔트리봇은 엔트리봇_1 모양으로 바꾸고, (1)을 계속 반복한다.
 (1) 이동 방향으로 2만큼 움직이고, 화면 끝에 닿으면 튕긴다.
– ▶시작하기 버튼을 클릭하면 엔트리봇은 (1) ~ (5)를 한다.
 (1) 초시계를 시작하고, (초시계 값 〉 5)이 될 때까지 기다린다.
 (2) 자신의 다른 코드를 멈추고, 엔트리봇_2 모양으로 바꾼다.
 (3) x 좌표를 –2만큼 바꾸기를 100번 반복한다.
 (4) x 좌표를 2만큼 바꾸기를 100번 반복한다.
 (5) 처음부터 다시 실행한다.

문제 06 컵케이크를 상자에 포장하도록 〈조건〉에 맞게 코딩하시오. (10점)

〈조건〉

– 엔트리 프로그램 화면 [블록 꾸러미]에서 필요한 블록을 가져다 사용한다.
– 아래 〈**포장개수 정하기**〉, 〈**상자에 포장하기**〉 미완성 블록을 완성한다.

– ▶시작하기 버튼을 클릭하면 컵케이크는 모양을 숨기고, '컵케이크수' 변수를 0으로 정하고, 〈**포장개수 정하기**〉를 한다.
　(1) "컵케이크 몇 개를 포장하시겠습니까? (5개 이하)"를 묻고 대답 기다린다.
　(2) (2–1) ~ (2–2)를 (대답)번 반복한다.
　　(2–1) 자신의 복제본을 만든다.
　　(2–2) 0.5초 기다리고 x 좌표를 30만큼 바꾼다.
– 컵케이크는 복제본이 처음 생성되었을 때 모양을 보이고 〈**상자에 포장하기**〉를 한다.
　(1) (대답 = '컵케이크수' 값)이 될 때까지 (1–1)를 반복한다.
　　(1–1) 만일 오브젝트를 클릭했는가?라면 '컵케이크수'에 1을 더하고, 1초 동안 상자 위치로 이동한다.
　(2) 2초 기다리고, "컵케이크 포장이 완료되었습니다."를 4초 동안 말하고, 이 복제본을 삭제한다.

문제 07 강아지가 점프하여 도넛을 먹도록 〈조건〉에 맞게 코딩하시오. (20점)

〈조건〉

– 엔트리 프로그램 화면 [블록 꾸러미]에서 필요한 블록을 가져다 사용한다.

– ▶시작하기 버튼을 클릭하면 도넛은 '먹은도넛수' 변수를 0으로 정하고 (1)을 계속 반복한다.
　(1) 끈 위치로 이동한다.
– ▶시작하기 버튼을 클릭하면 끈은 (1) ~ (2)를 계속 반복한다.
　(1) 이동 방향으로 2만큼 움직인다.
　(2) 만일 오른쪽 벽에 닿았는가?라면 x 좌표 –240 위치로 이동한다.
– ▶시작하기 버튼을 클릭하면 강아지는 (1) ~ (2)를 한다.
　(1) ('먹은도넛수' 값 = 3)이 될 때까지 (1–1)을 반복한다.
　　(1–1) 만일 도넛에 닿았는가?라면 '꿀꺽도넛' 신호를 보내고, "냠냠"을 0.5초 동안 말한다.
　(2) "배부르다!"를 1초 동안 말하고, 모든 코드를 멈춘다.
– 강아지는 스페이스 키를 눌렀을 때 다음 모양으로 바꾸고, 0.5초 동안 x 좌표 0, y 좌표 80만큼 움직이고, 0.5초 동안 x 좌표 0, y 좌표 –80만큼 움직인다.
– 도넛은 '꿀꺽도넛' 신호를 받았을 때 '먹은도넛수'에 1을 더하고, 모양을 숨기고, 1초 기다리고, 모양을 보인다.

캥거루가 지나가면 풍선이 날아가도록 〈조건〉에 맞게 코딩하시오. (20점)

〈조건〉

– 엔트리 프로그램 화면 [블록 꾸러미]에서 필요한 블록을 가져다 사용한다.

– ▶시작하기 버튼을 클릭하면 캥거루는 x 좌표 −190 y 좌표 −70 위치로 이동하고, "풍선이다!"를 4초 동안 말하고, (1)을 120번 반복한다.

   (1) x 좌표를 3만큼 바꾼다.

– ▶시작하기 버튼을 클릭하면 풍선은 x 좌표 −70 y 좌표 −80 위치로 이동하고, (1)를 3번 반복한다.

   (1) 자신의 복제본을 만들고, x 좌표를 120만큼 바꾼다.

– 풍선은 복제본이 처음 생성되었을 때 (1) ~ (3)을 한다.

   (1) 캥거루에 닿았는가?가 될 때까지 기다린다.

   (2) 위쪽 벽에 닿았는가?가 될 때까지 (2-1)를 반복한다.

      (2-1) y 좌표를 2만큼 바꾸고, 크기를 −0.3만큼 바꾼다.

   (3) 모양을 숨기고, 이 복제본을 삭제한다.

시험 종료 전

• 본인의 수험번호–성명 폴더 내에 작업한 답안 파일이 정상적으로 저장되었는지 확인합니다.
  → 시험 종료 후, 감독관이 답안 파일을 수거합니다.
• 수험번호, 성명을 잘못 기재하였거나, 답안 파일을 잘못 저장하여 발생한 문제나 불이익에 대한 일체의 책임은 수험자에게 있습니다.
• 감독관의 안내에 따라 시험지를 제출하고 퇴실합니다.

문제 01

🛩 **로켓 오브젝트 : 〈화성으로 날아가기〉**　　　　🧑‍🚀 **우주인 오브젝트 : 〈화성 탐사하기〉**

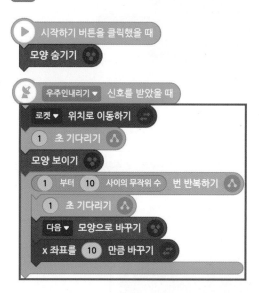

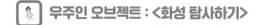
⋯⋯ **Tip**

〈화성으로 날아가기〉
로켓은 스페이스 키를 눌렀을 때 **〈화성으로 날아가기〉** 합니다. 로켓은 화성 쪽을 보며 화성에 닿을 때까지 날아가고, 화성에 도착하면 '우주인내리기' 신호를 보냅니다.

〈화성 탐사하기〉
우주인은 '우주인내리기' 신호를 받았을 때 **〈화성 탐사하기〉** 합니다. 우주인은 로켓 위치로 이동하여 1초 후 화면에 보이도록 한 후, 1초마다 모양 바꾸며 움직이기를 무작위 수만큼 반복합니다.

소년 오브젝트 : 〈달려가기〉

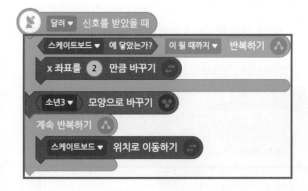

스케이트보드 오브젝트 : 〈스케이트보드 타기〉

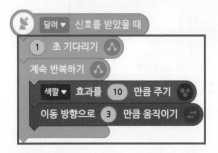

Tip

〈달려가기〉
소년은 '달려' 신호를 받았을 때 〈**달려가기**〉 합니다. 소년이 스케이트보드에 닿을 때까지 움직이고 자세를 잡고 스케이트보드에 탑니다.

〈스케이트보드 타기〉
스케이트보드는 '달려' 신호를 받았을 때 〈**스케이트보드 타기**〉 합니다. '달려' 신호를 통해 소년이 스케이트보드를 타고 1초 후 이동하게 합니다.

🧑 소녀 오브젝트

```
▶ 시작하기 버튼을 클릭했을 때
    정답숫자 ▼ 를 ( 1 ) 부터 ( 30 ) 사이의 무작위 수 (으)로 정하기 ?
    변수 정답숫자 ▼ 숨기기 ?
    기회 ▼ 를 ( 5 ) (으)로 정하기 ?
    Up & Down, 숫자를 맞춰보세요. 기회는 5번!!! 을(를) ( 4 ) 초 동안 말하기 ▼ 💬
    기회 ▼ 값 번 반복하기 ∧
        생각한 숫자를 입력하세요. (1~30) 을(를) 묻고 대답 기다리기 ?
        만일 < 정답숫자 ▼ 값 > 대답 > (이)라면 ∧
            Up! 을(를) ( 4 ) 초 동안 말하기 ▼ 💬
            기회 ▼ 에 ( -1 ) 만큼 더하기 ?
        아니면
            만일 < 정답숫자 ▼ 값 < 대답 > (이)라면 ∧
                Down! 을(를) ( 4 ) 초 동안 말하기 ▼ 💬
                기회 ▼ 에 ( -1 ) 만큼 더하기 ?
            아니면
                만일 < 정답숫자 ▼ 값 = 대답 > (이)라면 ∧
                    정답입니다. 을(를) ( 4 ) 초 동안 말하기 ▼ 💬
                    모든 ▼ 코드 멈추기 ∧
    도전 실패! 을(를) ( 4 ) 초 동안 말하기 ▼ 💬
```

👧 동생 오브젝트

```
▶ 시작하기 버튼을 클릭했을 때
계속 반복하기
    만일  오른쪽 화살표 ▼  키가 눌러져 있는가?  (이)라면
        x 좌표를  2  만큼 바꾸기
    만일  왼쪽 화살표 ▼  키가 눌러져 있는가?  (이)라면
        x 좌표를  -2  만큼 바꾸기
```

👥 화분 오브젝트

```
▶ 시작하기 버튼을 클릭했을 때
    화분1 ▼  모양으로 바꾸기
    물주기 ▼  값  =  3  이(가) 될 때까지 기다리기
    화분2 ▼  모양으로 바꾸기
    꽃활짝 ▼  신호 보내기
```

🌱 물조리개 오브젝트

```
▶ 시작하기 버튼을 클릭했을 때
    물주기 ▼  를  0  (으)로 정하기
    물조리개2 ▼  모양으로 바꾸기
계속 반복하기
    동생 ▼  위치로 이동하기
```

```
🖱 오브젝트를 클릭했을 때
    물주기 ▼  에  1  만큼 더하기
    물조리개1 ▼  모양으로 바꾸기
    1  초 기다리기
    물조리개2 ▼  모양으로 바꾸기
```

👨 오빠 오브젝트

```
📡 꽃활짝 ▼  신호를 받았을 때
    저기 봐봐~ 꽃이 활짝 피었어!  을(를)  4  초 동안  말하기 ▼
```

🎮 엔트리봇 오브젝트

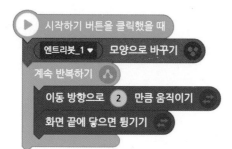

🧁 컵케이크 오브젝트

〈포장개수 정하기〉

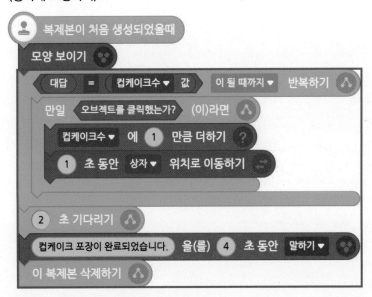

▶ 시작하기 버튼을 클릭했을 때

모양 숨기기

컵케이크수▼ 를 0 (으)로 정하기 ?

컵케이크 몇 개를 포장하시겠습니까? (5개 이하) 을(를) 묻고 대답 기다리기 ?

대답 번 반복하기 ⋀

  자신▼ 의 복제본 만들기 ⋀

  0.5 초 기다리기 ⋀

  x 좌표를 30 만큼 바꾸기 ⇄

〈상자에 포장하기〉

👤 복제본이 처음 생성되었을때

모양 보이기 ◉

대답 = 컵케이크수▼ 값 이 될 때까지▼ 반복하기 ⋀

  만일 오브젝트를 클릭했는가? (이)라면 ⋀

    컵케이크수▼ 에 1 만큼 더하기 ?

    1 초 동안 상자▼ 위치로 이동하기 ⇄

2 초 기다리기 ⋀

컵케이크 포장이 완료되었습니다. 을(를) 4 초 동안 말하기▼ ◉

이 복제본 삭제하기 ⋀

··· Tip

〈포장개수 정하기〉
컵케이크는 〈**포장개수 정하기**〉 합니다. 컵케이크 몇 개를 포장할지를 입력하고, 입력한 개수만큼 복제본을 만듭니다.

〈상자에 포장하기〉
입력한 개수만큼 컵케이크를 〈**상자에 포장하기**〉 합니다. 컵케이크를 클릭하면 컵케이크 수를 세면서 상자 위치로 이동하여 포장을 완료합니다.

◎ 도넛 오브젝트

```
시작하기 버튼을 클릭했을 때
먹은도넛수 ▼ 를 0 (으)로 정하기 ?
계속 반복하기
    끈 ▼ 위치로 이동하기
```

```
꿀꺽도넛 ▼ 신호를 받았을 때
먹은도넛수 ▼ 에 1 만큼 더하기 ?
모양 숨기기
1 초 기다리기
모양 보이기
```

│ 끈 오브젝트

```
시작하기 버튼을 클릭했을 때
계속 반복하기
    이동 방향으로 2 만큼 움직이기
    만일 오른쪽 벽 ▼ 에 닿았는가? (이)라면
        x: -240 위치로 이동하기
```

🐶 강아지 오브젝트

```
시작하기 버튼을 클릭했을 때
먹은도넛수 ▼ 값 = 3 이 될 때까지 ▼ 반복하기
    만일 도넛 ▼ 에 닿았는가? (이)라면
        꿀꺽도넛 ▼ 신호 보내기
        냠냠 을(를) 0.5 초 동안 말하기 ▼

배부르다! 을(를) 1 초 동안 말하기 ▼
모든 ▼ 코드 멈추기
```

```
스페이스 ▼ 키를 눌렀을 때
다음 ▼ 모양으로 바꾸기
0.5 초 동안 x: 0 y: 80 만큼 움직이기
0.5 초 동안 x: 0 y: -80 만큼 움직이기
```

캥거루 오브젝트

시작하기 버튼을 클릭했을 때
x: -190 y: -70 위치로 이동하기
풍선이다~ 을(를) 4 초 동안 말하기 ▼
120 번 반복하기
  x 좌표를 3 만큼 바꾸기

풍선 오브젝트

시작하기 버튼을 클릭했을 때
x: -70 y: -80 위치로 이동하기
3 번 반복하기
  자신 ▼ 의 복제본 만들기
  x 좌표를 120 만큼 바꾸기

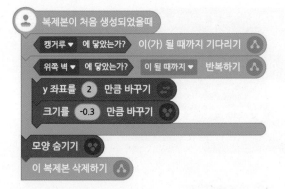

복제본이 처음 생성되었을때
캥거루 ▼ 에 닿았는가? 이(가) 될 때까지 기다리기
위쪽 벽 ▼ 에 닿았는가? 이 될 때까지 ▼ 반복하기
  y 좌표를 2 만큼 바꾸기
  크기를 -0.3 만큼 바꾸기
모양 숨기기
이 복제본 삭제하기

출제예상문제 04회 3급

과목 1 · 알고리즘 설계

문제 01 마법 양탄자에서 점프하면 프랑켄슈타인은 우주로 이동할 수 있도록 〈조건〉에 맞게 코딩하시오. (10점)

〈조건〉

– 엔트리 프로그램 화면 [블록 꾸러미]에서 필요한 블록을 가져다 사용한다.
– 아래 〈**점프하여 우주로 이동하기**〉 순서도를 참고하여 블록을 완성한다.
– ▶시작하기 버튼을 클릭하면 프랑켄슈타인은 〈**점프하여 우주로 이동하기**〉를 한다.

〈점프하여 우주로 이동하기〉

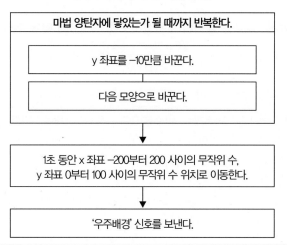

도깨비방망이가 그릇에 닿으면 볶음밥이 나타나도록 〈조건〉에 맞게 코딩하시오. (10점)

〈조건〉

– 엔트리 프로그램 화면 [블록 꾸러미]에서 필요한 블록을 가져다 사용한다.
– 아래 〈**그릇 사라지기**〉와 〈**볶음밥 나타나기**〉 순서도를 참고하여 블록을 완성한다.

– ▶ 시작하기 버튼을 클릭하면 그릇은 〈**그릇 사라지기**〉를 한다.
– 볶음밥은 '나타나라' 신호를 받았을 때 〈**볶음밥 나타나기**〉를 한다.

〈그릇 사라지기〉	〈볶음밥 나타나기〉
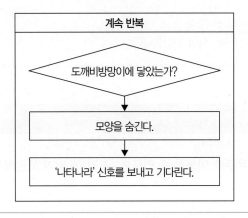	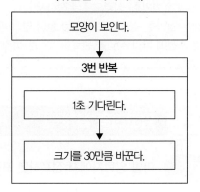

과목 2 프로그래밍 설계

문제 03 요리사가 말하는 재료를 클릭하여 완성하도록 〈조건〉에 맞게 코딩하시오. (10점)

〈조건〉

– 엔트리 프로그램 화면 [블록 조립소]에 주어진 명령어 블록만을 모두 사용한다.

– ▶ 시작하기 버튼을 클릭하면 요리사는 '재료개수' 변수를 0으로 정하고, 재료준비를 한다.
  (1) "디저트를 만들겠습니다."를 2초 동안 말한다.
  (2) "우유, 빵, 딸기를 클릭하세요!"를 2초 동안 말한다.
– 요리사는 계속 반복하여 (1)을 한다.
  (1) 만일 ('재료개수'값=3)이라면 "성공!"을 2초 동안 말하고, 모든 코드를 멈춘다.
– ▶ 시작하기 버튼을 클릭하면 우유는 모양이 보인다.
  (1) 우유는 우유를 클릭했을 때 '재료개수'에 1만큼 더하고 모양을 숨긴다.
– ▶ 시작하기 버튼을 클릭하면 빵은 모양이 보인다.
  (1) 빵은 빵을 클릭했을 때 '재료개수'에 1만큼 더하고 모양을 숨긴다.
– ▶ 시작하기 버튼을 클릭하면 딸기는 모양이 보인다.
  (1) 딸기는 딸기를 클릭했을 때 '재료개수'에 1만큼 더하고 모양을 숨긴다.

풍선이 위로 올라가다가 사라지도록 〈조건〉에 맞게 코딩하시오. (10점)

〈조건〉

– 엔트리 프로그램 화면 [블록 조립소]에 주어진 명령어 블록만을 모두 사용한다.

– ▶시작하기 버튼을 클릭하면 엔트리봇은 "풍선이 나타납니다."라고 2초 동안 말한다.
– 엔트리봇은 계속 반복하여 (1) ~ (2)를 한다.
  (1) '풍선보이기' 신호를 보내고 기다린다.
  (2) 1초 기다린다.
– ▶시작하기 버튼을 클릭하면 풍선은 모양을 숨긴다.
– 풍선은 '풍선보이기' 신호를 받았을 때 풍선이 보이도록 한다.
  (1) x 좌표 −120부터 200 사이의 무작위 수 y 좌표 − 180 위치로 이동한다.
  (2) 1부터 3 사이의 무작위 수 모양으로 바꾸고, 모양이 보인다.
  (3) (자신의 y좌푯값 〉 180)이 될 때까지 반복하여 y 좌표를 3만큼 바꾼다.
  (4) 모양을 숨긴다.

문제 05 별을 마우스로 클릭하여 도장을 찍을 수 있도록 〈조건〉에 맞게 코딩하시오. (10점)

〈조건〉

– 엔트리 프로그램 화면 [블록 조립소]에 주어진 명령어 블록만을 모두 사용한다.

– ▶시작하기 버튼을 클릭하면 별은 크기를 50으로 정하고, 계속 반복하여 마우스포인터 위치로 이동한다.
– ▶시작하기 버튼을 클릭하면 별은 모든 붓 지우기를 하고, 계속 반복하여 (1)을 한다.
  (1) 만일 마우스를 클릭했는가?라면 도장을 찍는다.
– 별은 오른쪽 화살표 키를 눌렀을 때 다음 모양으로 바꾼다.

암탉이 도망가는 귀뚜라미를 잡을 수 있도록 〈조건〉에 맞게 코딩하시오. (10점)

〈조건〉

– 엔트리 프로그램 화면 [블록 꾸러미]에서 필요한 블록을 가져다 사용한다.
– 아래 **〈도망가기〉** 미완성 블록을 완성한다.

– ▶ 시작하기 버튼을 클릭하면 귀뚜라미는 암탉에게 잡힐 때까지 **〈도망가기〉**를 한다.
  (1) 귀뚜라미는 암탉에 닿았는가?가 될 때까지 (1–1) ~ (1–3)을 한다.
    (1–1) "도망가자...."를 말한다.
    (1–2) 이동 방향으로 10만큼 움직인다.
    (1–3) 0.2초 기다린다.
  (2) 모양을 숨긴다.

개구리가 파리를 잡아 먹을 수 있도록 〈조건〉에 맞게 코딩하시오. (20점)

〈조건〉

– 엔트리 프로그램 화면 [블록 꾸러미]에서 필요한 블록을 가져다 사용한다.

– ▶ 시작하기 버튼을 클릭하면 개구리 혀는 모양을 숨기고, x 좌표 −87, y 좌표 −60 위치로 이동한다.
– 개구리 혀는 계속 반복하여 (1)을 한다.
  (1) 만약 스페이스키가 눌러져 있는가?라면 (1–1) ~ (1–2)를 한다.
    (1–1) 모양을 보이고, 0.1초 기다린다.
    (1–2) 모양을 숨기고, 0.1초 기다린다.
– ▶ 시작하기 버튼을 클릭하면 파리는 모양을 숨기고 '잡은파리수' 변수를 0으로 정한다.
– 파리는 10번 반복하여 (1) ~ (2)를 한다.
  (1) 자신의 복제본을 만든다.
  (2) 1부터 3 사이의 무작위 수 초 기다린다.
– 파리는 복제본이 처음 생성되었을 때 모양을 보이고 x 좌표 −40, y 좌표 120 위치로 이동한다.
  (1) (자신의 y 좌푯값 〈 −160)이 될 때까지 반복하여 (1–1) ~ (1–3)을 한다.
    (1–1) x 좌표를 −5부터 5 사이의 무작위 수만큼 바꾼다.
    (1–2) y 좌표를 −5만큼 바꾼다.
    (1–3) 만일 개구리 혀에 닿았는가?라면 '잡은파리수'에 1만큼 더하고 이 복제본을 삭제한다.
  (2) 이 복제본을 삭제한다.

거미가 거미줄을 그릴 수 있도록 〈조건〉에 맞게 코딩하시오. (20점)

〈조건〉

– 엔트리 프로그램 화면 [블록 꾸러미]에서 필요한 블록을 가져다 사용한다.

– **▶시작하기** 클릭하면 거미는 무지개 거미줄을 그린다.

(1) 모든 붓을 지우고, x 좌표 0 y 좌표 0 위치로 이동한다.

(2) 방향을 90°로 정한다.

(3) 그리기 시작하고, 그리기의 굵기를 3으로 정한다.

(4) '길이' 변수를 0으로 정한다.

(5) 40번 반복하여 (5-1) ~ (5-4)를 한다.

　(5-1) 이동 방향으로 '길이'값만큼 움직인다.

　(5-2) 방향을 60°만큼 회전한다.

　(5-3) '길이'에 3만큼 더한다.

　(5-4) 붓의 색을 무작위로 정한다.

(6) 그리기를 멈춘다.

시험 종료 전

• 본인의 수험번호–성명 폴더 내에 작업한 답안 파일이 정상적으로 저장되었는지 확인합니다.
　→ 시험 종료 후, 감독관이 답안 파일을 수거합니다.

• 수험번호, 성명을 잘못 기재하였거나, 답안 파일을 잘못 저장하여 발생한 문제나 불이익에 대한 일체의 책임은 수험자에게 있습니다.

• 감독관의 안내에 따라 시험지를 제출하고 퇴실합니다.

문제 01

🧍 프랑켄슈타인 오브젝트 : <점프하여 우주로 이동하기>

```
▶ 시작하기 버튼을 클릭했을 때
  크기를 50 (으)로 정하기
  x: 0 y: 0 위치로 이동하기
  마법 양탄자 ▼ 에 닿았는가?  이 될 때까지 ▼ 반복하기
    y 좌표를 -10 만큼 바꾸기
    다음 ▼ 모양으로 바꾸기
  1 초 동안 x: -200 부터 200 사이의 무작위 수 y: 0 부터 100 사이의 무작위 수 위치로 이동하기
  우주배경 ▼ 신호 보내기
```

```
📡 우주배경 ▼ 신호를 받았을 때
  크기를 100 (으)로 정하기
```

Tip

〈점프하여 우주로 이동하기〉
프랑켄슈타인이 마법양탄자로 **〈점프하여 우주로 이동하기〉** 합니다. 점프하여 1초 동안 무작위 위치로 이동한 후 우주 배경을 나타내고 프랑켄 슈타인은 크기를 100으로 정하고, 마법양탄자는 모양을 숨겨 화면에 보이지 않도록 합니다.

문제 02

🖌 도깨비방망이 오브젝트

```
▶ 시작하기 버튼을 클릭했을 때
  계속 반복하기
    마우스포인터 ▼ 위치로 이동하기
```

🍽 그릇 오브젝트 : ⟨그릇 사라지기⟩

- ▶ 시작하기 버튼을 클릭했을 때
- 모양 보이기 ◉
- 계속 반복하기 ⟳
  - 만일 〈 도깨비방망이 ▾ 에 닿았는가? 〉 (이)라면 ⟳
    - 모양 숨기기 ◉
    - 나타나라 ▾ 신호 보내고 기다리기 🏳

🍳 볶음밥 오브젝트 : ⟨볶음밥 나타나기⟩

- ▶ 시작하기 버튼을 클릭했을 때
- 모양 숨기기 ◉

- 📡 나타나라 ▾ 신호를 받았을 때
- 모양 보이기 ◉
- 3 번 반복하기 ⟳
  - 1 초 기다리기 ⟳
  - 크기를 30 만큼 바꾸기 ◉

.... **Tip**

⟨그릇 사라지기⟩
그릇이 도깨비방망이에 닿으면 **⟨그릇 사라지기⟩** 합니다. 이때 그릇이 화면에 보이지 않도록 모양 숨기기를 하고, '나타나라' 신호를 보내고 기다립니다.

⟨볶음밥 나타나기⟩
볶음밥은 '나타나라' 신호를 받으면 **⟨볶음밥 나타나기⟩** 합니다. 볶음밥이 화면에 보이게 하고, 1초마다 크기를 크게 바꾸기를 3번 반복합니다.

문제 03 ....

🧑‍🍳 요리사 오브젝트

- ▶ 시작하기 버튼을 클릭했을 때
- 재료개수 ▾ 를 0 (으)로 정하기 ❓
- 디저트를 만들겠습니다. 을(를) 2 초 동안 말하기 ▾ ◉
- 우유, 빵, 딸기를 클릭하세요! 을(를) 2 초 동안 말하기 ▾ ◉
- 계속 반복하기 ⟳
  - 만일 〈 재료개수 ▾ 값 = 3 〉 (이)라면 ⟳
    - 성공! 을(를) 2 초 동안 말하기 ▾ ◉
    - 모든 ▾ 코드 멈추기 ⟳

🍞 빵 오브젝트

- ▶ 시작하기 버튼을 클릭했을 때
- 모양 보이기 ◉

- 🖱 오브젝트를 클릭했을 때
- 재료개수 ▾ 에 1 만큼 더하기 ❓
- 모양 숨기기 ◉

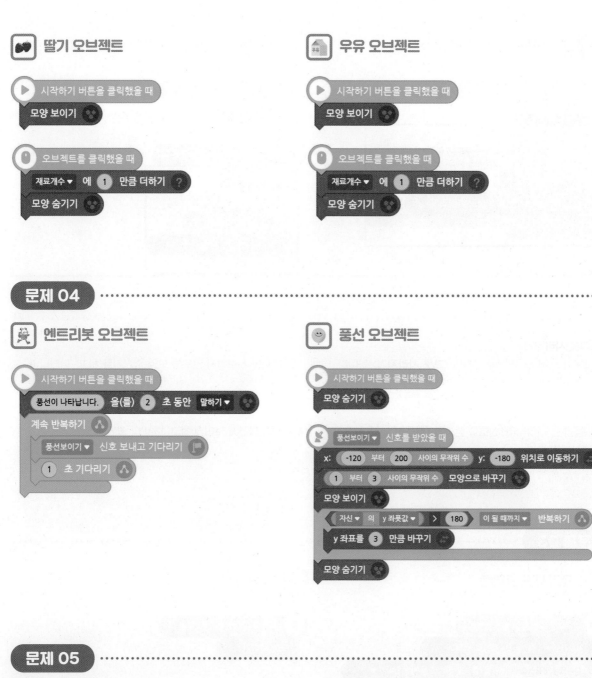

딸기 오브젝트

시작하기 버튼을 클릭했을 때
모양 보이기

오브젝트를 클릭했을 때
재료개수 ▼ 에 1 만큼 더하기
모양 숨기기

우유 오브젝트

시작하기 버튼을 클릭했을 때
모양 보이기

오브젝트를 클릭했을 때
재료개수 ▼ 에 1 만큼 더하기
모양 숨기기

문제 04

엔트리봇 오브젝트

시작하기 버튼을 클릭했을 때
풍선이 나타납니다. 을(를) 2 초 동안 말하기 ▼
계속 반복하기
　풍선보이기 ▼ 신호 보내고 기다리기
　1 초 기다리기

풍선 오브젝트

시작하기 버튼을 클릭했을 때
모양 숨기기

풍선보이기 ▼ 신호를 받았을 때
x: -120 부터 200 사이의 무작위 수 y: -180 위치로 이동하기
1 부터 3 사이의 무작위 수 모양으로 바꾸기
모양 보이기
자신 ▼ 의 y 좌푯값 ▼ > 180 이 될 때까지 ▼ 반복하기
　y 좌표를 3 만큼 바꾸기
모양 숨기기

문제 05

별 오브젝트

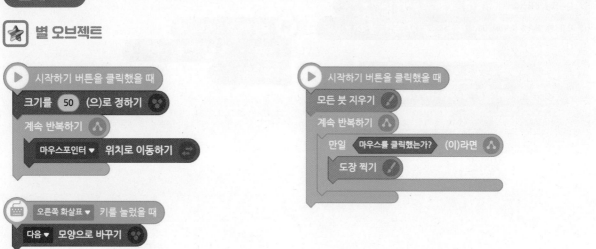

시작하기 버튼을 클릭했을 때
크기를 50 (으)로 정하기
계속 반복하기
　마우스포인터 ▼ 위치로 이동하기

오른쪽 화살표 ▼ 키를 눌렀을 때
다음 ▼ 모양으로 바꾸기

시작하기 버튼을 클릭했을 때
모든 붓 지우기
계속 반복하기
　만일 마우스를 클릭했는가? (이)라면
　　도장 찍기

문제 06 ···

🐔 **암탉 오브젝트**

▶ 시작하기 버튼을 클릭했을 때

이동 방향을 300° (으)로 정하기

5 번 반복하기

　방향을 330° 만큼 회전하기

　이동 방향으로 5 만큼 움직이기

　0.3 초 기다리기

　방향을 30° 만큼 회전하기

귀뚜라미 발견! 을(를) 0.5 초 동안 말하기▼

귀뚜라미▼ 쪽 바라보기

1 초 동안 귀뚜라미▼ 위치로 이동하기

방향을 30° 만큼 회전하기

야호! 을(를) 1 초 동안 말하기▼

🦗 **귀뚜라미 오브젝트 : ⟨도망가기⟩**

▶ 시작하기 버튼을 클릭했을 때

크기를 30 (으)로 정하기

이동 방향을 270° (으)로 정하기

암탉▼ 에 닿았는가? 이 될 때까지▼ 반복하기

　도망가자.... 을(를) 말하기▼

　이동 방향으로 10 만큼 움직이기

　0.2 초 기다리기

모양 숨기기

··· **Tip**

⟨도망가기⟩

귀뚜라미는 ⟨도망가기⟩ 합니다. 귀뚜라미는 암탉에 닿을 때까지 "도망가자...."를 말하고 0.2초마다 이동 방향으로 10만큼씩 이동하며 도망갑니다. 암탉에 잡히면 귀뚜라미는 화면에 보이지 않도록 모양을 숨깁니다.

문제 07 ···

🪰 **파리 오브젝트**

▶ 시작하기 버튼을 클릭했을 때

모양 숨기기

잡은파리수▼ 를 0 (으)로 정하기

10 번 반복하기

　자신▼ 의 복제본 만들기

　1 부터 3 사이의 무작위 수 초 기다리기

👤 복제본이 처음 생성되었을때

모양 보이기

x: -40 y: 120 위치로 이동하기

자신▼ 의 y 좌푯값▼ < -160 이 될 때까지▼ 반복하기

　x 좌표를 -5 부터 5 사이의 무작위 수 만큼 바꾸기

　y 좌표를 -5 만큼 바꾸기

　만일 개구리 혀▼ 에 닿았는가? (이)라면

　　잡은파리수▼ 에 1 만큼 더하기

　　이 복제본 삭제하기

이 복제본 삭제하기

개구리 혀 오브젝트

시작하기 버튼을 클릭했을 때

모양 숨기기

x: -87 y: -60 위치로 이동하기

계속 반복하기

  만일 스페이스 ▼ 키가 눌러져 있는가? (이)라면

    모양 보이기

    0.1 초 기다리기

    모양 숨기기

    0.1 초 기다리기

문제 08

거미 오브젝트

시작하기 버튼을 클릭했을 때

모든 붓 지우기

x: 0 y: 0 위치로 이동하기

방향을 90° (으)로 정하기

그리기 시작하기

그리기 굵기를 3 (으)로 정하기

길이 ▼ 를 0 (으)로 정하기

40 번 반복하기

  이동 방향으로 길이 ▼ 값 만큼 움직이기

  방향을 60° 만큼 회전하기

  길이 ▼ 에 3 만큼 더하기

  붓의 색을 무작위로 정하기

그리기 멈추기

출제예상문제 05회 3급

프로그래밍 작업 가이드

- Part05₩5회
- 수험번호-성명 폴더를 마우스 오른쪽 버튼으로 클릭한 후, [이름 바꾸기]를 클릭
  → 본인의 수험번호-성명으로 수정하시오.
- 본인의 수험번호-성명으로 수정된 폴더 안의 파일을 문항별로 더블클릭하여 프로그램을 실행합니다.
- 문항별 조건에 따라 작업을 완료하였으면, 파일 〉 저장하기 버튼을 클릭하여 저장합니다.

과목 1 · 알고리즘 설계

문제 01 · 로봇이 양수와 음수를 구별하여 말하도록 〈조건〉에 맞게 코딩하시오. (10점)

〈조건〉

– 엔트리 프로그램 화면 [블록 꾸러미]에서 필요한 블록을 가져다 사용한다.

– 아래 〈수 판별하기〉 순서도를 참고하여 블록을 완성한다.

– ▶시작하기 버튼을 클릭했을 때 로봇은 입력받은 수가 양수인지 음수인지를 말하는 〈수 판별하기〉를 한다.

〈수 판별하기〉

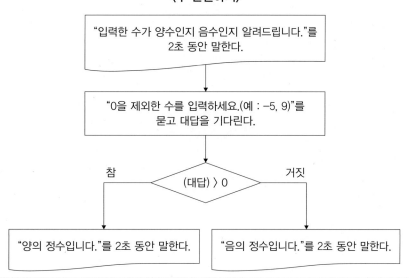

문제 02 학생이 팔 벌려 뛰기를 하도록 〈조건〉에 맞게 코딩하시오. (10점)

〈조건〉

– 엔트리 프로그램 화면 [블록 꾸러미]에서 필요한 블록을 가져다 사용한다.

– 아래 〈**팔 벌려 뛰기**〉 순서도를 참고하여 블록을 완성한다.

– ▶ 시작하기 버튼을 클릭하면 학생은 팔 벌려 뛰기 시작을 말하고 〈**팔 벌려 뛰기**〉를 한다.

〈**팔 벌려 뛰기**〉

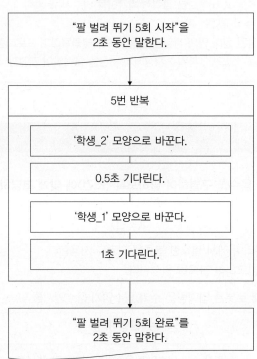

"팔 벌려 뛰기 5회 시작"을
2초 동안 말한다.

5번 반복

'학생_2' 모양으로 바꾼다.

0.5초 기다린다.

'학생_1' 모양으로 바꾼다.

1초 기다린다.

"팔 벌려 뛰기 5회 완료"를
2초 동안 말한다.

문제 03 드론을 조종하도록 〈조건〉에 맞게 코딩하시오. (10점)

〈조건〉

– 엔트리 프로그램 화면 [블록 조립소]에 주어진 명령어 블록만을 모두 사용한다.

– ▶시작하기 버튼을 클릭하면 드론은 하늘로 떠오른다.
  (1) x 좌표 0 y 좌표 –80 위치로 이동하고, "출발!"을 2초 동안 말한다.
  (2) 3번 반복하여 0.1초 기다리고, y 좌표를 30만큼 바꾼다.
– 드론은 오른쪽 화살표 키를 눌렀을 때 x 좌표를 10만큼 바꾼다.
– 드론은 왼쪽 화살표 키를 눌렀을 때 x 좌표를 –10만큼 바꾼다.
– 드론은 위쪽 화살표 키를 눌렀을 때 y 좌표를 10만큼 바꾼다.
– 드론은 아래쪽 화살표 키를 눌렀을 때 y 좌표를 –10만큼 바꾼다.

문제 04 나무를 일정한 간격으로 심도록 〈조건〉에 맞게 코딩하시오. (10점)

〈조건〉

– 엔트리 프로그램 화면 [블록 조립소]에 주어진 명령어 블록만을 모두 사용한다.

– ▶시작하기 버튼을 클릭하면 나무2는 x 좌표 –120 y 좌표 –40 위치로 이동하고, 모양을 숨긴다.
– ▶시작하기 버튼을 클릭하면 나무1은 일정한 간격으로 심겨진다.
  (1) 모든 붓을 지우고, x 좌표 –200 y 좌표 –30 위치로 이동한다.
  (2) 2번 반복하여 1초 기다리고, 도장을 찍고, x 좌표를 150만큼 바꾼다.
  (3) '이어심기' 신호를 보낸다.
– 나무2는 '이어심기' 신호를 받았을 때 일정한 간격으로 심겨진다.
  (1) 1초 기다리고, 모양이 보인다.
  (2) 2번 반복하여 1초 기다리고, 도장을 찍고, x 좌표를 150만큼 바꾼다.

잠자리가 거미줄에 걸리면 거미가 다가가도록 〈조건〉에 맞게 코딩하시오. (10점)

〈조건〉

– 엔트리 프로그램 화면 [블록 조립소]에 주어진 명령어 블록만을 모두 사용한다.

– ▶시작하기 버튼을 클릭하면 거미는 x 좌표 190 y 좌표 105 위치로 이동한다.
– ▶시작하기 버튼을 클릭하면 잠자리는 날개짓을 한다.
  (1) x 좌표 −170 y 좌표 −10 위치로 이동한다.
  (2) 계속 반복하여 0.1초 기다리고, 다음 모양으로 바꾼다.
– ▶시작하기 버튼을 클릭하면 잠자리는 3초 동안 거미줄 위치로 이동하고, '걸림' 신호를 보낸다.
– 거미는 '걸림' 신호를 받았을 때 잠자리로 다가간다.
  (1) 2초 기다리고, "드디어 잡혔군!"을 2초 동안 말한다.
  (2) 2초 동안 잠자리 위치로 이동한다.

바람개비가 완성되도록 〈조건〉에 맞게 코딩하시오. (10점)

〈조건〉

– 엔트리 프로그램 화면 [블록 꾸러미]에서 필요한 블록을 가져다 사용한다.
– 아래 〈날개 완성〉, 〈손잡이 완성〉 미완성 블록을 완성한다.

– ▶시작하기 버튼을 클릭하면 날개는 "바람개비 만들기 시작"을 2초 동안 말하고, 〈날개 완성〉을 한다.
  (1) 5번 반복하여 도장을 찍고, 방향을 72°만큼 회전하고, 1초 기다리기를 한다.
  (2) '이동' 신호를 보낸다.
– 막대는 '이동' 신호를 받았을 때 〈손잡이 완성〉을 한다.
  (1) 2초 동안 x 좌표 0 y 좌표 10 위치로 이동하고, "바람개비 완성!!"을 2초 동안 말한다.

불꽃놀이가 진행되도록 〈조건〉에 맞게 코딩하시오. (20점)

〈조건〉

– 엔트리 프로그램 화면 [블록 꾸러미]에서 필요한 블록을 가져다 사용한다.

– ▶ 시작하기 버튼을 클릭하면 불꽃은 막대 위치로 이동하고, 모양을 숨긴다.
– ▶ 시작하기 버튼을 클릭하면 사회자는 "불꽃놀이를 감상해 보세요."를 2초 동안 말하고, '시작' 신호를 보낸다.
– 불꽃은 '시작' 신호를 받았을 때 3번 반복하여 자신의 복제본을 만들고, 2초 기다리기를 한다.
– 불꽃은 복제본이 처음 생성되었을 때 하늘 위로 올라가 터진다.
  (1) 모양이 보이고, 이동 방향을 −45부터 45 사이의 무작위 수로 정한다.
  (2) 30번 반복하여 이동 방향으로 5만큼 움직인다.
  (3) '불꽃 터짐' 모양으로 바꾸고, 1초 기다리고, 이 복제본을 삭제한다.

문제 08   스마트폰을 충전기로 이동하여 충전하도록 〈조건〉에 맞게 코딩하시오. (20점)

〈조건〉

– 엔트리 프로그램 화면 [블록 꾸러미]에서 필요한 블록을 가져다 사용한다.

– ▶ 시작하기 버튼을 클릭하면 스마트폰은 x 좌표 90 y 좌표 −40 위치로 이동하고, '스마트폰 꺼짐' 모양으로 바꾼다.
– 스마트폰은 '충전율' 변수를 0으로 정하고, "충전율 0%, 충전이 필요합니다."를 2초 동안 말한다.
– 스마트폰은 충전을 위해 계속 반복하여 (1) ~ (3)을 한다.
  (1) 만일 마우스를 클릭했는가?라면 마우스포인터 위치로 이동한다.
  (2) 만일 충전기에 닿았는가?라면 0.1초 기다리고, '충전율'에 10만큼 더하기를 한다.
  (3) 만일 ('충전율'값=100)이라면 '스마트폰 켜짐' 모양으로 바꾸고, "충전율 100%, 충전이 완료되었습니다."를 2초 동안 말하고, 모든 코드를 멈춘다.

시험 종료 전

• 본인의 수험번호–성명 폴더 내에 작업한 답안 파일이 정상적으로 저장되었는지 확인합니다.
  → 시험 종료 후, 감독관이 답안 파일을 수거합니다.
• 수험번호, 성명을 잘못 기재하였거나, 답안 파일을 잘못 저장하여 발생한 문제나 불이익에 대한 일체의 책임은 수험자에게 있습니다.
• 감독관의 안내에 따라 시험지를 제출하고 퇴실합니다.

문제 01

🤖 **로봇 오브젝트 : <수 판별하기>**

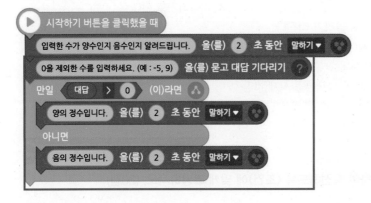

.... **Tip**

〈수 판별하기〉
로봇이 입력받은 0을 제외한 수를 **〈수 판별하기〉**합니다. 대답이 0보다 크면 양의 정수를, 아니면 음의 정수를 말합니다.

문제 02

👤 **학생 오브젝트 : 〈팔 벌려 뛰기〉**

```
▶ 시작하기 버튼을 클릭했을 때
  팔 벌려 뛰기 5회 시작 을(를) 2 초 동안 말하기 ▼
  5 번 반복하기
    학생_2 ▼ 모양으로 바꾸기
    0.5 초 기다리기
    학생_1 ▼ 모양으로 바꾸기
    1 초 기다리기
  팔 벌려 뛰기 5회 완료 을(를) 2 초 동안 말하기 ▼
```

·· **Tip**

〈팔 벌려 뛰기〉

학생이 팔 벌려 뛰기 5회 시작을 외치고 **〈팔 벌려 뛰기〉**를 합니다. 학생_2 모양으로 바꾸고 0.5초 기다린 후, 학생_1 모양으로 바꾸고 1초 기다리기를 5번 반복합니다. 그리고 팔 벌려 뛰기 5회 완료를 2초 동안 말합니다.

문제 03

🚁 **드론 오브젝트**

```
▶ 시작하기 버튼을 클릭했을 때
  x: 0 y: -80 위치로 이동하기
  출발! 을(를) 2 초 동안 말하기 ▼
  3 번 반복하기
    0.1 초 기다리기
    y 좌표를 30 만큼 바꾸기
```

```
⌨ 오른쪽 화살표 ▼ 키를 눌렀을 때
  x 좌표를 10 만큼 바꾸기

⌨ 왼쪽 화살표 ▼ 키를 눌렀을 때
  x 좌표를 -10 만큼 바꾸기

⌨ 위쪽 화살표 ▼ 키를 눌렀을 때
  y 좌표를 10 만큼 바꾸기

⌨ 아래쪽 화살표 ▼ 키를 눌렀을 때
  y 좌표를 -10 만큼 바꾸기
```

🌳 나무2 오브젝트

▶ 시작하기 버튼을 클릭했을 때
x: -120 y: -40 위치로 이동하기
모양 숨기기

🌳 나무1 오브젝트

▶ 시작하기 버튼을 클릭했을 때
모든 붓 지우기
x: -200 y: -30 위치로 이동하기
2 번 반복하기
　　1 초 기다리기
도장 찍기
x 좌표를 150 만큼 바꾸기

이어심기 ▼ 신호 보내기

🕷 거미 오브젝트

시작하기 버튼을 클릭했을 때
x: 190 y: 105 위치로 이동하기

걸림 ▼ 신호를 받았을 때
2 초 기다리기
드디어 잡혔군! 을(를) 2 초 동안 말하기 ▼
2 초 동안 잠자리 ▼ 위치로 이동하기

🜄 잠자리 오브젝트

시작하기 버튼을 클릭했을 때
x: -170 y: -10 위치로 이동하기
계속 반복하기
  0.1 초 기다리기
  다음 ▼ 모양으로 바꾸기

시작하기 버튼을 클릭했을 때
3 초 동안 거미줄 ▼ 위치로 이동하기
걸림 ▼ 신호 보내기

문제 06

▽ 날개 오브젝트 : 〈날개 완성〉

│ 막대 오브젝트 : 〈손잡이 완성〉

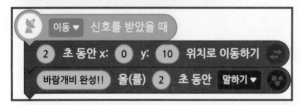

.... **Tip**

〈날개 완성〉
날개는 바람개비 만들기 시작을 말하고 **〈날개 완성〉**을 합니다. 날개는 도장 찍고, 방향을 72만큼 회전하고, 1초 기다리기를 5번 반복한 후 '이동' 신호를 보냅니다.

〈손잡이 완성〉
막대는 '이동' 신호를 받았을 때 바람개비 **〈손잡이 완성〉**을 합니다. 2초 동안 x 좌표 0, y 좌표 10 위치로 이동하고, '바람개비 완성!!'을 말합니다.

🧑 사회자 오브젝트

▶ 시작하기 버튼을 클릭했을 때
불꽃놀이를 감상해 보세요. 을(를) 2 초 동안 말하기 ▼ ⚙
시작 ▼ 신호 보내기 🚩

⚫ 불꽃 오브젝트

📡 시작 ▼ 신호를 받았을 때
막대 ▼ 위치로 이동하기 ⟳
모양 숨기기 ⚙

📡 시작 ▼ 신호를 받았을 때
3 번 반복하기 ∧
자신 ▼ 의 복제본 만들기 ∧
2 초 기다리기 ∧

👤 복제본이 처음 생성되었을때
모양 보이기 ⚙
이동 방향을 -45 부터 45 사이의 무작위 수 (으)로 정하기 ⟳
30 번 반복하기 ∧
이동 방향으로 5 만큼 움직이기 ⟳
불꽃 터짐 ▼ 모양으로 바꾸기 ⚙
1 초 기다리기 ∧
이 복제본 삭제하기 ∧

스마트폰 오브젝트

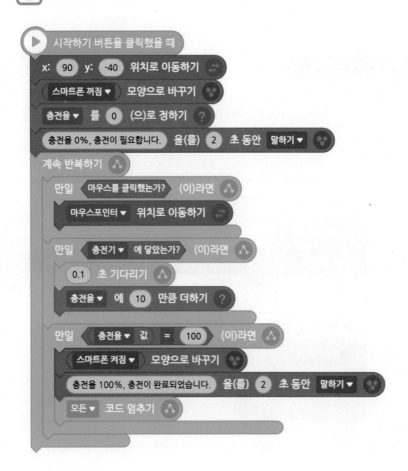